古代歷史文化研究輯刊

十四編

王 明 蓀 主編

第 11 冊

隋唐政治與文化研究論文集（上）

李 文 才 著

國家圖書館出版品預行編目資料

隋唐政治與文化研究論文集(上)／李文才 著 -- 初版 -- 新北市：
花木蘭文化出版社，2015〔民104〕
序 4+ 目 6+170 面；19×26 公分
（古代歷史文化研究輯刊 十四編；第 11 冊）
ISBN 978-986-404-319-4（精裝）
1. 政治文化　2. 隋唐
618　　　　　　　　　　　　　　　　　　　104014376

古代歷史文化研究輯刊
十四編　第十一冊　　　　　　ISBN：978-986-404-319-4

隋唐政治與文化研究論文集（上）

作　　　者　李文才
主　　　編　王明蓀
總 編 輯　杜潔祥
副總編輯　楊嘉樂
編　　　輯　許郁翎
出　　　版　花木蘭文化出版社
社　　　長　高小娟
聯絡地址　235 新北市中和區中安街七二號十三樓
　　　　　　電話：02-2923-1455 ／傳眞：02-2923-1452
網　　　址　http://www.huamulan.tw 信箱 hml 810518@gmail.com
印　　　刷　普羅文化出版廣告事業
初　　　版　2015 年 9 月
全書字數　504881 字
定　　　價　十四編 28 冊（精裝）台幣 52,000 元

隋唐政治與文化研究論文集(上)

李文才　著

作者簡介

李文才，男，1969 年生，江蘇東海人，歷史學博士，揚州大學社會發展學院教授，從事魏晉南北朝隋唐史研究。1988～1998 年，先後就讀於揚州師範學院、陝西師範大學、北京師範大學，分別獲歷史學學士、碩士、博士學位。先後在《中國史研究》、《民族研究》、《文史》、《漢學研究》（臺）、《慶州史學》（韓）等刊物發表論文八十餘篇，出版《南北朝時期益梁政區研究》（商務印書館，2002 年）、《兩晉南北朝十二講》（中國國際廣播出版社，2009 年）、《李栖筠及其政治生涯》（社會科學文獻出版社，2011 年）等專著。

提　要

　　隋唐時期政治發展、經濟繁榮、軍事強盛、文化昌明，爲令吾人倍感自豪之強盛時代，故研究隋唐歷史文化，實具弘揚中華優秀傳統、振奮民族精神之特殊功用。本書所收錄之論文 21 篇，涉及隋唐政治、經濟、文化、軍事、社會等多個方面，冀於此有所裨益焉。

　　其中隋史兩篇，一者討論隋初北邊形勢，及隋文帝之對策；一者以仁壽宮爲切入點，剖面分析隋文帝晚年政治心態、政策轉變、太子廢立等歷史情況。唐與突厥對馬邑的爭奪一文，分析唐初北方邊疆安全中的地緣構成問題。以龍朔三年「移宮」、建寧王李倓之死爲題二文，關注重點均爲統治集團內部權力之爭。圍繞河西、朔方立的四篇文章，重點關注唐朝前期西北，特別是河西隴右地區的軍事政治問題。圍繞沙州淨土寺籍帳文書三文，討論晚唐五代敦煌寺院經濟的相關問題。與李吉甫、李德裕相關之五篇論文，研究對象均爲「贊皇李氏」，涉及李氏父子政治、軍事、思想、學術、信仰等方面。唐初「明堂創制」二文，通過對明堂禮儀的分析，探討禮儀文化與現實政治的關係。《唐玄宗的後宮政策及其承繼》一文，討論唐玄宗的後宮政策及其繼承問題。《田佖及其與夫人冀氏合祔墓誌銘考釋》一文，考鏡墓誌出土時間、條疏清季學人著錄，對墓誌銘文所蘊含的歷史信息進行全面解讀。

序 言

黎 虎

　　《隋唐政治與文化研究論文集》（簡稱《論文集》）是李文才教授即將出版的關於隋唐史研究的論文集，我有幸先睹爲快，拜讀全稿之後，掩卷細思，感覺文才教授在治學上有了新的飛躍，下面淺談一下對其論文集的粗淺認識。

　　該論文集從專題角度而言，主要體現了作者一些匠心獨運的治學思路，以及近些年來的研究成果。

　　其一，在政治史研究中善於思考與歷史相關的地域或場所，並充分關注其特殊性及重要性。無論是地理因素，抑或是場所背景，這些具體空間恰恰是歷史事件發生的載體。具體而言，所收錄的兩篇關於隋史研究的論文，對隋朝北邊政局形勢、隋文帝北疆政策的分析，均充分體現對地理因素特殊性的高度重視；對仁壽宮與隋文帝晚年政治關係的分析，則從學界較爲忽略的角度，充分關注了地理位置因素所涵蓋的深層次政治問題。《武德年間唐與突厥對馬邑的爭奪》、《河西、隴右、朔方三節度使之軍事地位及其成因》、《唐代赤水軍指揮系統之構成及其特點》、《唐代河西節度使所轄軍鎮考論》、《朔方節度使與唐代中前期西北邊防》等文，乃至《試論〈元和郡縣圖志〉的成就及特點》，雖然都是從不同專題角度所展開的論述，或軍事史、或制度史，然皆可歸屬政治史範疇，其中一個共同點，就是特別關注地理位置、地緣構成等因素對歷史的影響。這與文才教授多年以來對中古史領域地緣政治問題的關注與探討不無關係，此前他的專著《南北朝時期益梁政區研究》（商務印書館2002年版），以及發表的《太極殿與魏晉南北朝政治——附論中堂》、《六朝建康之「中堂」》等論文，均高度重視歷史事件發生的場所或地域。以致於我們可以這樣說，在探討或分析歷史事件發生的背景、原因、過程等問題時，

尤其重視歷史事件背後的場所或地域問題，充分體現了文才教授在治學方面的顯著學術特色。

其二，立意高遠而選題新穎。在研讀史料的基礎上進行選題，乃是史學論文撰寫過程中的一個重要步驟，選擇什麼樣的題目，在一定程度上直接決定了文章的質量。《論文集》選取的論文主題，除前面提及的顯著特色外，還有如下三個方面的特點：第一，對於前人已有研究的成果，進行消化吸收，在充分尊重前賢論著的基礎上，以新的視角切入論題，從而得出新認識、新觀點。比如對河西節度使等問題的反思與進一步探討，不囿於學界乃至史學名家的立論，通過細緻而充分的論證、科學合理的分析與推理，從而提出新見解，體現了作者嚴謹的學風。第二，對於一些學界關注不多或未曾關注的問題，作者能夠展開系統研究，比如對於李德裕家族的研究，已呈現系統化的趨勢，作者圍繞「唐代贊皇李氏」，已先後發表十餘篇相關論文，並出版專著《李栖筠及其政治生涯》（社會科學文獻出版社 2011 年版），首先提出並論證了「贊皇李氏」的概念，對於李氏家族三代的探討，不局限於簡單的人物研究，而是結合宏大歷史背景，凸顯了這些人物在波瀾壯闊的歷史長河中的特色。第三，敢於突破已有研究領域，開闢新的研究方向。文才教授近年來對於敦煌學亦有所關注，一般而言，對於此類新史料或異於傳世文獻的資料，敢於涉足需要相當的學術勇氣，他在前些年撰寫《孫吳封爵制度——以封侯為中心》即使用了當時新見的吳簡材料；在唐史研究中，其對於墓誌材料也注意加以利用，據其介紹，他已搜集了大量揚州石刻文獻，擬進行系統專題研究。在論文集中收錄的《晚唐五代沙州淨土寺相關籍帳文書試釋》、《晚唐五代沙州淨土寺的收入與支出研究》、《飲酒與晚唐五代以後敦煌佛教的世俗化》三篇文章，係利用敦煌寺院籍帳文書所進行的專題研究，這些籍帳文書並非僅僅用為研究的佐證文獻，而是針對這些材料記錄的歷史信息所進行的系統考述。這三篇長文屬於經濟史範疇的研究論文，具體研討對象為沙州淨土寺的籍帳文書，前兩篇主要針對文書本身進行分析，第三篇則拓展至對社會經濟史的全面探討，這三篇相對獨立而有內在關聯的以敦煌文書為依託的學術研究，是文才教授在學術研究領域的最新拓展。

其三，考證嚴密。文才教授嫻於魏晉隋唐史研究，在學術生涯中，堅持論從史出、實事求是的學風，秉承乾嘉學派嚴格考據，以史為憑的學術方法。這在本書集中也有明確體現，如關於河西、朔方節度使的幾篇文章，其中對

於赤水軍指揮系統的構成、河西鎮所轄軍鎮、朔方軍與諸節度使的軍事協作等問題的考證，均可見其堅持史實考據的嚴謹學風，和紮實的學術考據功底。

史論結合，論從史出，是從事史學研究最基本要求，也只有立足於此，方能提出站得住腳的史學認識。通覽全書，無不體現文才教授紮根於史料耙梳的樸實學風。言及基於考證的史料運用，對於《論文集》中的史料運用特點還要補充一點，那就是，文才教授善於從一些特殊題材的史料中搜尋有用的論據，如《唐玄宗的後宮政策及其承繼》一文，就從《太平廣記》所載故事，引入正題；再如《半夜邀僧至，孤吟對竹烹——李德裕與佛教及「會昌毀佛」的關係》一文，則充分利用了李德裕詩文，從而彌補了正史資料的不足。凡此，均反映出他對於史料解讀的別出心裁，以及對史料理解之深刻程度。

以上為本人對該論文集的一些認識，對於該論文集內容我不再一一介紹，相信讀者諸君自有體會。最後，我想談談與文才教授認識以來，對他在學術道路上成長過程的一些感想，或許更有助於讀者瞭解該部著作及作者的用心所在。文才教授的本科學習生涯係在揚州師範學院度過；1992 年考入隋唐史研究重鎮陝西師範大學，師從趙文潤、牛致功等先生研讀隋唐史；1995 年考入北京師範大學，從隋唐史開始轉入魏晉南北朝史，我年齒在先，忝為其師，迄今我和他相識已二十年矣！文才教授在其二十年的學術生涯中，治學上有一個很大特點，不拘一格而術業專攻。不拘一格，是指他在論文選題方面而言，文才教授的學術研究範圍以魏晉南北朝隋唐史為斷代界限，所發表的數十篇論文覆蓋面很廣，單純從題目來看，似乎缺少統一的頂層設計，政治、經濟、軍事、文化、社會習俗，或魏晉南北朝，或隋唐，不一而足；術業專攻，則是指篇篇各異的選題，往往不乏內在的關聯性，如本論文集中的很多篇目之間都是有體系的文章。以言整體，文才教授是以其最為擅長的政治史為中心，在此基礎上兼及政治人物、政治事件、軍事、歷史地理、政治制度等多方面的研究。這些論文用功至深，行文流暢，體現了他對歷史深邃的把握和純熟的史學功力。除此之外，文才教授多年來潛心學術，心無旁騖，勤懇有加，近年來先後出版三部史學專著，一本文集，在當前物欲橫流的時代，能夠甘於坐穩冷板凳，不求虛名、不圖功利，君子固窮，實屬難得也！

2015 年 3 月 10 日於北京師範大學

目
次

上 冊

序言　黎虎

隋初北邊形勢及隋文帝之對策‥‥‥‥‥‥‥‥‥‥ 1

　　一、弁言 ‥‥‥‥‥‥‥‥‥‥‥‥‥‥‥‥‥‥ 1

　　二、隋初外部形勢分析：以北部邊疆爲中心 ‥ 2

　　三、隋文帝經略北疆的舉措 ‥‥‥‥‥‥‥‥‥ 12

　　四、隋朝北疆邊防政策的轉變 ‥‥‥‥‥‥‥‥ 24

仁壽宮與隋文帝晚年政治之關係‥‥‥‥‥‥‥‥ 27

　　一、史籍所載仁壽宮營造之背景 ‥‥‥‥‥‥‥ 27

　　二、仁壽宮與隋文帝晚年政治運作 ‥‥‥‥‥‥ 30

　　三、仁壽宮與開皇末年四項政治決策 ‥‥‥‥‥ 38

　　四、太子廢立與隋文帝父子權力爭奪：高潁
　　　　被黜的眞相 ‥‥‥‥‥‥‥‥‥‥‥‥‥‥ 43

　　五、空間疏離與隋文帝父子權力之爭：劉居
　　　　士案索隱 ‥‥‥‥‥‥‥‥‥‥‥‥‥‥‥ 48

武德年間唐與突厥對馬邑的爭奪‥‥‥‥‥‥‥‥ 55

　　一、新城之戰的背景：李大恩在代北的軍事
　　　　活動 ‥‥‥‥‥‥‥‥‥‥‥‥‥‥‥‥‥ 56

二、馬邑會戰的設想：李大恩軍事活動蹤跡
探賾 ………………………………………… 63

三、成也馬邑，敗也馬邑：劉武周勝敗原因
探析 ………………………………………… 68

四、武德六年唐與突厥交兵：以馬邑爭奪戰
爲中心 ……………………………………… 72

五、以夷制夷：唐朝與突厥的和親談判 …… 76

武德、貞觀時期關於明堂興造問題的討論 …… 83

一、武德時期有關明堂祭祀禮儀的討論 …… 84

二、貞觀時期有關明堂建築形制與明堂禮儀
的討論 ……………………………………… 86

三、武德、貞觀時期未建明堂的原因分析 … 94

明堂創制的構想與唐高宗的政治心態 ……… 103

一、「九室」內樣：永徽年間明堂形制的初步
構想 ………………………………………… 103

二、「創此宏模，自我作古」：總章時期明堂
形制的確定 ………………………………… 107

三、「思革舊章，損益隨時」：唐高宗創制明
堂的政治心態 ……………………………… 114

四、餘論：唐高宗朝明堂未能建立之原因 … 117

唐高宗龍朔三年「移宮」之背景及影響 …… 121

一、龍朔三年「移宮」之背景：以史籍所載
爲中心 ……………………………………… 121

二、龍朔三年「移宮」之眞相：帝后權力爭奪 126

三、龍朔三年「移宮」之影響：南衙北司之
爭與皇位繼承制度的變化 ………………… 134

河西、隴右、朔方三節度使之軍事地位及其成因 143

一、三節度使的兵力配置及其地位 ………… 144

二、新軍事制度變革與三節度使地位之形成 152

三、唐朝前期軍事活動與三節度使地位之形成 158

中　冊

唐代赤水軍指揮系統之構成及其特點 ……… 171

一、緒論 …………………………………… 171

　　二、歷任赤水軍（大）使考述 …………… 172
　　三、赤水軍副使及基層軍官考 …………… 191

唐代河西節度使所轄軍鎮考論 …………… 201
　　一、墨離軍 ………………………………… 203
　　二、赤水軍 ………………………………… 208
　　三、建康軍 ………………………………… 210
　　四、新泉軍 ………………………………… 213
　　五、豆盧軍 ………………………………… 215
　　六、玉門軍 ………………………………… 218
　　七、大斗軍 ………………………………… 221
　　八、寧寇軍 ………………………………… 223
　　九、白亭軍 ………………………………… 227
　　十、張掖守捉與交城守捉 ………………… 229

朔方節度使與唐代中前期西北邊防──以「安史
之亂」前西北地區的戰略協作為中心 …………… 231
　　一、朔方節度使及其所轄軍鎮之成立時間 … 233
　　二、朔方節度使所轄軍鎮之地緣構成及武力
　　　　配置 ………………………………… 239
　　三、朔方與西北軍事格局諸節度之間的軍事
　　　　協作 ………………………………… 244

唐玄宗的後宮政策及其承繼──兼論唐玄宗和
楊貴妃關係之真相 …………………………… 253
　　一、唐玄宗後宮政策之內涵確定 ………… 254
　　二、唐玄宗後宮政策之繼續 ……………… 262
　　三、唐玄宗和楊貴妃關係之真相 ………… 272

唐肅宗時期建寧王李倓之死的真相 ……… 283
　　一、史籍所載建寧王李倓死後之恩寵 …… 283
　　二、元帥之位的爭奪與儲位繼承 ………… 285
　　三、權力之爭與建寧王李倓之死因 ……… 290
　　四、唐代宗「手足情深」之真相 ………… 296

晚唐五代沙州淨土寺相關籍帳文書試釋 … 299
　　一、領得歷──財物交接明細帳目 ……… 300
　　二、入歷──收入明細帳目 ……………… 307

三、破歷——支出明細帳目 ……………… 316

四、附論：沙州僦司「大眾僦利」收支決算
報告 ………………………………………… 341

下　冊

晚唐五代沙州淨土寺的收入與支出研究——
基於對 P.2049 號背籍帳文書的考察 ……… 351

一、925 年淨土寺收入之分析 …………… 353

二、925 年淨土寺支出之分析 …………… 360

三、925 年淨土寺之酒水消費支出 ……… 374

飲酒與晚唐五代以後敦煌佛教的世俗化——
以 S.6452-3、S.6452-5 號文書為中心的考察 ……… 381

一、淨土寺的酒水來源：常住酒庫與「酒戶」
………………………………………………… 382

二、淨土寺酒水支出的數量、頻率、構成及
其意義 …………………………………… 392

三、淨土寺酒水消費的性質分類 ………… 397

四、敦煌寺院飲酒的背景與原因 ………… 406

李吉甫的政治活動及其評價 ………………… 411

一、李吉甫仕宦生涯簡述 ………………… 411

二、李吉甫反對藩鎮割據的活動 ………… 414

三、李吉甫整頓邊防與籌邊禦侮的措施 … 417

四、李吉甫關注民生與改革內政 ………… 421

五、對李吉甫的政治評價 ………………… 424

試論《元和郡縣圖志》的成就及特點 ……… 427

一、承前啓後的歷史地位 ………………… 428

二、實是求是的學術風格 ………………… 429

三、服務現實的實用價值 ………………… 433

四、效忠皇權的軍事主旨 ………………… 438

李德裕政治思想研究 ………………………… 447

一、尊崇君主，強化皇權的思想 ………… 448

二、「專任」賢臣與君主「獨斷」相結合的
思想 ……………………………………… 450

三、不圖虛名、「婉辭」進諫的主張 …… 453

　　　四、立功求名與反對「朋黨」的思想………455

　　　五、爲政「尙權變」的思想及其權力觀剖析 459

李德裕軍事思想研究………463

　　　一、君主執兵，強軍衛國的軍隊建設思想 463

　　　二、立足於己，積極防禦的國防建設思想 472

　　　三、政治攻勢與軍事鬥爭相結合的思想……479

　　　四、外交活動與軍事鬥爭相結合的思想……481

　　　五、機動靈活，方法多變的戰術思想………483

半夜邀僧至，孤吟對竹烹──李德裕與佛教及

「會昌毀佛」的關係………491

　　　一、李德裕詩文中與佛教有關的作品………491

　　　二、《入唐求法巡禮行記》所見李德裕與佛教

　　　　　之關係………497

　　　三、李德裕與「會昌毀佛」………506

「吳湘之獄」再探討………515

　　　一、有關「吳湘之獄」的文獻記載………516

　　　二、「吳湘之獄」案情之剖析………519

　　　三、覆審「吳湘之獄」之眞相………526

　　　四、從「吳湘之獄」看唐代官員犯罪之司法

　　　　　審判程序………529

田佖及其與夫人冀氏合祔墓誌銘考釋………533

　　　一、墓誌錄文………533

　　　二、墓誌出土時間及清代學者的相關考釋 536

　　　三、墓誌銘文所載史實考釋………542

　　　四、餘論………551

參考文獻………553

後　記………561

隋初北邊形勢及隋文帝之對策

一、弁言

隋文帝受禪前後，內憂外患迭起，史言「初，得政之始，群情不附，諸子幼弱，內有六王之謀，外致三方之亂。握強兵、居重鎮者，皆周之舊臣。」〔註1〕北周靜帝大象二年（580）五月，楊堅以后父的身份入宮輔政，當其獨攬朝權而又立足未穩之際，六月，地方上即發生了相州治總管尉遲迥、鄖州總管司馬消難、益州總管王謙相繼起兵的事件，是為「三總管之難」，亦即所謂「三方之亂」；朝廷內部則出現以趙王宇文招、陳王宇文純等為首的宇文氏宗室「六王」陰謀反對。因此，楊堅要在短時間內牢固地控制朝政，也並非輕而易舉。

儘管「三方」很快被壓平，「六王」也相繼被誅滅，然尉遲迥起兵之後，「趙、魏之士，從者若流，旬日之間，眾至十餘萬。又宇文胄以滎州，石愻以建州，席毗以沛郡，毗弟又羅以兗州，皆應於迥。」〔註2〕司馬消難在鄖州起兵響應以後，「淮南州縣多同之」。〔註3〕凡此均表明，楊堅如果不能及時、恰當地處理好這些問題，則極有可能引起全國性的叛亂，這就是楊堅執政以後所面臨的國內嚴重局面。與此同時，楊堅所面臨的外部形勢，似乎更為嚴峻。從南方來說，江南的陳氏王朝，雖然已經腐敗不堪，但一日存在，便一日對中原政權構成威脅，南方邊境「蠻夷猾夏，荊揚未一」的局面，顯然仍

〔註1〕 【唐】魏徵、令狐德棻撰：《隋書》卷二《高祖紀下》，第54頁，北京，中華書局，1973。

〔註2〕 《隋書》卷一《高祖紀上》，第3頁。

〔註3〕 《隋書》卷一《高祖紀上》，第4頁。

是楊堅執政時所不能不嚴重關切的問題。北方所面臨的形勢更爲嚴重，以突厥、高麗、吐谷渾等爲領頭羊的北邊諸族，自西北至東北形成的巨大包圍圈，對周、隋王朝的北方邊境造成了空前壓力。

綜合楊堅受禪前後的內外形勢來看，尤其以北部邊境的複雜局面最爲棘手，這直接影響到隋朝建國後的邊防政策。寡見所及，研究隋朝政治史，尤其是隋唐之際邊疆史者，對於隋朝初年北邊形勢、隋文帝爲鞏固北部邊所採取的對策，以及隋朝北疆政策的轉變諸問題，關注的力度似稍嫌欠缺。今不揣譾陋，試爲發明一二焉。

二、隋初外部形勢分析：以北部邊疆爲中心

（一）建國初期的隋陳關係

隋文帝得政之時，江南陳朝政權已然腐敗，但覬覦中原的野心並未完全泯滅，南北雙方之間的摩擦鬥爭依然頻繁激烈。如尉遲迥起兵以後，不僅主動「北結高寶寧以通突厥」，而且「南連陳人，許割江、淮之地。」〔註4〕尉遲迥試圖以割江淮之地爲代價，換取陳朝的援助。對於尉遲迥舉兵反對楊堅，陳朝立即回應，不僅接納尉遲迥送來的質子，並且派兵北上；及司馬消難舉兵響應尉遲迥，也以其子司馬泳入陳爲質，請求陳朝出兵干預。陳朝對尉遲迥、司馬消難等人的支持，目的即在於獲取江、淮之地。及司馬消難被王誼擊敗以後，又率殘部入陳避難，陳朝不僅爲之提供庇護，且任以官職。〔註5〕

陳朝不僅以實際行動積極支持楊堅的反對者，而且不時派兵北上，對江淮地區展開軍事行動。史言「陳人見中原多故，遣其將陳紀、蕭摩訶、任蠻奴、周羅睺、樊毅等侵江北，西自江陵，東距壽陽，民多應之，攻陷城鎮。」〔註6〕此處所言陳朝幾路出兵，均因其時「三總管之難」而起，儘管陳（慧）紀、任蠻奴（即任忠）等幾路人馬皆無功而返，但樊毅所部在長江中游的沔、漢地區，還是因爲司馬消難的歸降，攻取了北周（隋朝）的重要軍事據點甑

〔註4〕 【唐】令狐德棻等撰：《周書》卷二一《尉遲迥傳》，第351頁，北京，中華書局，1971。

〔註5〕 《周書》卷二一《司馬消難傳》：「隋文帝輔政，消難既聞蜀公迥不受代，遂欲與迥合勢，亦舉兵應之……使其子泳質於陳以求援。隋文帝命襄州總管王誼爲元帥，發前襄兵以討之。八月，消難聞誼軍將至，夜率其麾下，歸於陳。陳宣帝以爲都督安、隨九州八鎮、車騎將軍、司空、隨公。」（第354～355頁）

〔註6〕 《隋書》卷三九《源雄傳》，第1154頁。

山（軍鎮名，在今湖北漢川縣南）；周羅睺所部則攻佔了胡墅（在今江蘇南京江北浦口一帶）。開皇二年（582）九月，隋文帝不得已，任命長孫覽、元景山爲行軍元帥，以高熲節度諸軍，率兵南伐。及元景山兵出漢口，陳朝甑山守將棄城遁逃；次年（583），陳朝遣使請和，並歸還胡墅，高熲遂以禮不伐喪爲名，奏請班師。

　　以上就是隋文帝建國初期，隋、陳兩國關係的大致情況。一方面，隋、陳兩國雖然軍事衝突不斷，但規模都不大；另一方面，儘管陳朝積極支持隋文帝的反對勢力，但隋文帝亦未有大舉伐陳的打算，用兵規模也僅局限於收復司馬消難反叛時的失地而已。隋文帝何以在對待陳朝一系列帶有挑釁性的行爲面前，表現出極大耐心和剋制，主要原因有二，一是因爲其建國前後，鞏固內政爲頭等大事〔註7〕；二是因爲隋朝北方邊境受到突厥、吐谷渾等襲擾，所承受的軍事壓力更爲緊迫。鞏固內政與攘除北邊外患這兩大窘迫事務，迫使隋文帝只能暫時將伐陳事宜置後，因爲儘管陳朝政權最終也將是楊堅必須解決的重要外患，但目前尚非徹底解決這一問題的最佳時機。

（二）隋初西北邊疆形勢：突厥、吐谷渾與党項

　　隋文帝建國初期所面臨的外患，主要不是來自江南的陳朝政權，而是長期遊弋於北方邊境的草原民族。經過魏晉南北朝時期的長期混亂之後，北方少數民族的勢力進行了重新整合，也得到了更大發展。至周隋之際，北邊少數民族強大者，有突厥、吐谷渾、党項諸族，而遼東地區的高麗也屢屢對中原王朝進行武力侵擾。其時，隋朝北境的最大威脅來自突厥，突厥之強盛始於木杆（俟斤）可汗，史言「木杆勇而多智，遂擊茹茹，滅之，西破挹怛，東走契丹，北方戎狄悉歸之，抗衡中夏。」〔註8〕木杆死後，傳位於其弟，是爲佗鉢可汗，「佗鉢控弦數十萬，中國憚之，周、齊爭結姻好，傾府藏以事之。佗鉢益驕，每謂其下曰：『我在南兩兒常孝順，何患貧也！』」〔註9〕因此，隋文帝建國以後，欲解決北部邊患問題，首先就是突厥，其次則是位於突厥西

〔註7〕　呂思勉撰：《兩晉南北朝史》（上冊）第十五章第三節《隋并梁陳》有云：「自周滅北齊之後，北方吞并之勢已成，隋文帝篡立之初，內憂未弭，故與陳仍敦鄰好。」（第781頁，上海，上海古籍出版社，1983。）由此可知，隋文帝在建國前後，出於穩固內政及北部邊防等方面的考慮，主動向陳朝示好，乃是一種政治策略。

〔註8〕　《隋書》卷八四《北狄・突厥傳》，第1864頁。

〔註9〕　《隋書》卷八四《北狄・突厥傳》，第1865頁。

面的吐谷渾。如已故耶魯大學歷史學教授芮沃壽氏就曾經指出：「王朝在軍事上面臨的一大問題，依然是來自北方的外患。在王朝最初幾年，北方邊境遭到突厥和吐谷渾的嚴重襲擾。」〔註 10〕史學大師呂思勉氏也說：「隋初外患，莫如突厥。」〔註 11〕突厥之爲患於周隋之際，《隋書》、《周書》、《北史》、《資治通鑒》諸史載之甚詳，自無需多加闡述。唯吐谷渾、党項兩族，對於其時周、隋兩朝之威脅，往往因爲人們過多關注突厥之擾邊問題，而易被忽視。

徵諸史載，吐谷渾對於中原王朝的侵擾，自魏晉南北朝時期已然。吐谷渾，本爲慕容鮮卑同種，後因內部發生權力之爭，吐谷渾率眾西遷，止於甘松之南，洮水之西，並以吐谷渾爲國號。北魏劉宋對峙時期，吐谷渾基本依違於南北雙方之間，宋文帝、宋孝武帝、宋明帝曾經多次冊封吐谷渾，北魏太武帝、文成帝、獻文帝、孝文帝也先後多次遣使對其冊封，太武帝拓跋燾還曾就吐谷渾稱臣納貢之事，召開人數多達二百七十九人的公卿集議，商討相關對策。但就其間吐谷渾與南、北雙方的關係來看，吐谷渾雖然同北魏確立了稱臣納貢的藩屬關係，但雙方的軍事衝突始終不絕；吐谷渾和劉宋之間則不存在這方面的問題。〔註 12〕

吐谷渾在處理和南、北朝的外交外關係時，採取了一種兩屬南北的騎牆政策，主要是由南、北朝雙方與吐谷渾在地緣構成上的關係所決定。當北魏疆土囊括關隴，並呈進一步向西北地區拓展的態勢之後，它和吐谷渾的衝突就在所難免了，太武帝拓跋燾晚年、文成帝拓跋濬、獻文帝拓跋弘時期，北魏和吐谷渾之間曾多次交兵，原因即在於此。吐谷渾和北魏長期爭戰，直到文明馮太后去世，孝文帝元宏獨立執政以後，才真正得以緩和，及孝文帝駕崩，吐谷渾王伏連籌遣使赴哀，極盡誠意，此後直到宣武帝元恪統治時期，吐谷渾每年都向北魏納貢稱臣。〔註 13〕

及六鎮亂起，北魏王朝行將崩潰之際，吐谷渾也開始參與到北魏統治集團的內部鬥爭，儘管其活動範圍仍基本局限於河西一帶，但與北魏王朝

〔註 10〕【英】崔瑞德主編：《劍橋中國隋唐史》，第 102 頁，北京，中國社會科學出版社，1990。

〔註 11〕呂思勉撰：《隋唐五代史》（上冊）第一章第二節《文帝外攘》，第 9 頁，上海，上海古籍出版社，1984。

〔註 12〕【唐】李延壽撰：《北史》卷九六《吐谷渾傳》，第 3178～3185 頁，北京，中華書局，1974。

〔註 13〕《北史》卷九六《吐谷渾傳》，第 3182～3185 頁。

之間的朝貢關係卻從此斷絕。〔註14〕不久之後，伏連籌死，其子夸呂即位，始自稱可汗，一躍成爲河西大國。及至東魏北齊、西魏北周對峙，吐谷渾遂成爲東、西政權競相爭取的奧援。徵諸相關史實，在東、西對峙時期，吐谷渾和東魏北齊的關係更爲密切，雙方不僅使節頻繁往還，且互通婚姻，朝貢不絕；相形之下，吐谷渾和西魏北周則爭戰不休，吐谷渾的頻繁擾邊，在相當程度上掣肘了西魏北周對東魏北齊的作戰能力。據《北史‧吐谷渾傳》云：

> 興和（539～542）中，齊神武作相，招懷荒遠，蠕蠕既附於國，夸呂遣使致敬。神武喻以大義，徵其朝貢，夸呂乃遣使人趙吐骨眞假道蠕蠕，頻來東魏。又薦其從妹，靜帝納以爲嬪。遣員外散騎常侍傅靈橚使於其國。夸呂又請婚，乃以濟南王（元）匡孫女爲廣樂公主以妻之。此後朝貢不絕。

> 西魏大統（535～551）初，周文遣儀同潘濬喻以逆順之理，於是夸呂再遣使獻能舞馬及羊、牛等。然寇抄不已，緣邊多被其害。廢帝二年（553），周文勒大兵至姑臧，夸呂震懼，使貢方物。是歲，夸呂又通使於齊。涼州刺史史寧覘知其還，襲之於州西赤泉，獲其僕射乞伏觸狀、將軍翟潘密，商胡二百四十人，駝騾六百頭，雜綵絲絹以萬計。恭帝三年（556），史寧又與突厥木杆可汗襲擊夸呂，破之，虜其妻子，獲珍物及雜畜。武成（559～560）初，夸呂復寇涼州，刺史是云寶戰沒。賀蘭祥、宇文貴率兵討之，夸呂遣其廣定王、鍾留王拒戰。祥等破之，廣定等遁走。又拔其洮陽、洪和二城，置洮州而還……建德五年（576），其國大亂，武帝詔皇太子征之。軍至伏俟城，夸呂遁走，虜其餘眾而還。明年，又再遣使奉獻。宣政（578）初，其趙王他婁屯來降。自是，朝獻遂絕。〔註15〕

〔註14〕《北史》卷九六《吐谷渾傳》：「伏連籌內修職貢，外并戎狄，塞表之中，號爲強富。准擬天朝，樹置官司，稱制諸國，以自誇大……後秦州城人莫折念生反，河西路絕。涼州城人萬于菩提等東應念生，囚刺史宋穎。穎密遣求援於伏連籌，伏連籌親率大眾救之，遂獲保全。自爾以後，關徼不通，貢獻遂絕。」（第3185頁）

〔註15〕《北史》卷九六《吐谷渾傳》，第3186～3187頁。按，引文括號中公元紀年時間，爲筆者所加。

吐谷渾和柔然（按，史籍又稱蠕蠕、芮芮，皆不同音譯也。）關係密切，且一直受制於柔然，吐谷渾與東邊的東魏北齊政權保持友好，其中原因之一即受到柔然的影響；另外，吐谷渾和東魏北齊在地緣構成上，沒有接壤的邊境，也是其中一個重要原因。西魏北周正好相反，在地緣構成上，和吐谷渾不僅壤土相連，且與柔然之間爭戰亦相對激烈，從而影響到吐谷渾與它的邦交關係。

作為西魏北周政權的繼承者，隋朝在享受西魏北周優良政治遺產的同時，也不得不接手其種種惡劣政治後果。隋文帝建國初年，王朝西北邊境不斷遭受吐谷渾的襲擾，正是西魏北周政權與吐谷渾交惡的歷史遺留。據諸史載，隋文帝開皇初年，曾多次派兵西征吐谷渾，並在武力征討的同時，採用離間之計分化瓦解其部落，隋文帝所採取的軟硬兩手策略，效果依然不是很明顯，直到開皇九年（589）隋出兵滅陳，夸呂始「逃遁險遠，不敢為寇」，開皇十一年（591）夸呂死後，其子遣使奉表稱藩，隋文帝派刑部尚書宇文弢「撫慰之」，吐谷渾才算真正歸服隋朝。〔註16〕

和吐谷渾相比，党項的勢力要遜色不少，但其為虎作倀、助紂為虐之禍害，亦不能輕視。史載党項「魏、周之際，數來擾邊。隋文帝為丞相時，中原多故，因此大為寇掠。蔣公梁睿既平王謙，請因還師討之。」〔註17〕而且有史實表明，党項與吐谷渾有時還存在著聯合行為，據《隋書‧元諧傳》載：

> 時吐谷渾寇涼州，詔（元）諧為行軍元帥，率行軍總管賀婁子幹、郭竣、元浩等步騎數萬擊之……時賊將定城王鍾利房率騎三千渡河，連結党項。諧率兵出鄯州，趣青海，邀其歸路……虜大震駭。於是移書諭以禍福，其名王十七人、公侯十三人，各率其所部來降。〔註18〕

元諧掛帥西征青海吐谷渾之役，《隋書》高祖本紀繫於開皇元年八月，時隋文帝受禪僅有六個月時間。〔註19〕元諧西征青海之役，討伐對象主要是吐谷渾，吐谷渾「連結党項」的事實，清楚地表明二者之間確實存在某種軍事合作關係。〔註20〕

〔註16〕詳參《北史》卷九六《吐谷渾傳》，第3187～3188頁。

〔註17〕《北史》卷九六《党項羌傳》，第3192頁。

〔註18〕《隋書》卷四○《元諧傳》，第1171頁。

〔註19〕據《隋書》卷一《高祖紀上》：開皇元年二月甲子，隋文帝即位；八月「甲午，遣行軍元帥樂安公元諧，擊吐谷渾於青海，破而降之。」（第15頁）

〔註20〕關於吐谷渾和党項在軍事上有較為密切的合作關係，另有側證：1.《隋書》記錄吐谷渾寇擾邊疆事，常將二者連在一起敘述，如《隋書》卷三九《陰壽附子世師傳》有云：「拜張掖太守。先是，吐谷渾及党項羌屢為侵掠，世師至

應當就是因爲元諧西征青海之役重創了党項，故開皇初年相繼有党項部落歸化，據《隋書・党項傳》云：「開皇四年，有千餘家歸化。五年，拓拔寧叢等各率眾詣旭州內附，授大將軍，其部下各有差。」〔註 21〕對於歸化的党項，隋文帝曾予冊封以相慰撫。然而，到開皇十六年（596），党項又一度攻擊會州（隋置會寧郡，治涼川，今甘肅靖遠）〔註 22〕，隋文帝遂大發隴西諸郡兵，擊破其眾，党項諸部相率歸降，並遣子弟入朝謝罪，從此朝貢不絕。〔註 23〕

要之，吐谷渾、党項對中原政權之威脅，雖不如突厥爲甚，但二者卻在事實上構成呼應突厥的一翼，它們一旦聯手內侵，則中原政權亦將陷入手忙腳亂、窮於應付之中。

（三）隋初東北邊疆形勢：以高麗為中心

高麗位於中國東北方向，乃是構成包圍中原政權弧形網絡的東端，其對中原王朝之危害，僅次於突厥。正如呂思勉氏所言：「突厥而外，爲中國患者，莫如高麗。蓋自慕容氏入中原，而東北空虛，遼東之地，遂爲所據；遼西初入百濟，其後牟大喪敗，遷居南韓，則亦爲所控制矣。」〔註 24〕高麗入侵中國遼河流域，始於西晉覆亡以後，時慕容鮮卑因爲逐鹿中原離開遼東，遂爲

郡，有來寇者，親自捕擊，輒擒斬之，深爲戎狄所憚。」（第 1149 頁）2. 隋煬帝即位後，派觀王楊雄、許國公宇文述西征，擊破吐谷渾，吐谷渾國主伏允遁逃後，「無以自資，率其徒數千騎客於党項。」及至大業末年，天下大亂，「伏允復其故地，屢寇河右，郡縣不能禦焉。」（第 1845 頁）我們注意到，正是党項爲吐谷渾的孑遺提供庇護場所，吐谷渾被滅國之後，其國主伏允正是依賴党項的護持，經過一段時間的蟄伏和休養生息，逐漸恢復元氣，最終利用隋末天下大亂的形勢，成功恢復故國，並再次成爲隴右地區強蕃。

〔註 21〕 《隋書》卷八三《西域・党項傳》，第 1846 頁。按，党項千餘家歸化的時間，《北史》繫於開皇元年，與《隋書》不同，其卷九六《党項傳》云：「開皇元年，有千餘家歸化。」（第 3192 頁）

〔註 22〕 按，此處會州，呂思勉氏認爲即今四川茂縣（參《隋唐五代史》上冊第一章第二節《文帝外攘》，第 17 頁）。徵諸《隋書》卷二九《地理志中》「平涼郡」條下有「會寧」，云：「西魏置會州，後周廢，開皇十六年置縣。」（第 812 頁）顯然，此開皇十六年所置會寧縣，當即西魏時所置之會州，李延壽在《北史》中云「會州」，乃是沿用西魏舊名。又《北史》所載開皇十六年，党項諸部大舉進攻會州，隋文帝大發隴西兵進行征討，大破党項，因而恢復縣制之設置，在時間上也正相合。另外，會州遭到攻擊，隋文帝發「隴西」兵進討，從地緣構成上看，隴西兵不僅距離會州甚近，而且會州正在其軍事防區範圍。因此，呂氏以會州爲四川茂縣的說法，恐不能成立。

〔註 23〕 詳參《北史》卷九六《党項羌傳》，第 3193 頁。

〔註 24〕 前揭《隋唐五代史》（上冊）第一章第二節《文帝外攘》，第 14 頁。

其提供可乘之機，此後終十六國北朝，始終構成北朝政權在東北地區的掣肘之患。至隋文帝開皇初年，高麗雖然向隋朝稱臣納貢，但一直不能眞心歸附。據《隋書·高麗傳》云：

開皇初，頻有使入朝。及平陳之後，湯大懼，治兵積穀，爲守拒之策。十七年，上賜湯璽書曰：

朕受天命，愛育率土，委王海隅，宣揚朝化，欲使圓首方足各遂其心。王每遣使人，歲常朝貢，雖稱藩附，誠節未盡。王既人臣，須同朕德，而乃驅逼靺鞨，固禁契丹。諸藩頓顙，爲我臣妾，忿善人之慕義，何毒害之情深乎？太府工人，其數不少，王必須之，自可聞奏。昔年潛行財貨，利動小人，私將弩手逃竄下國。豈非修理兵器，意欲不藏，恐有外聞，故爲盜竊？時命使者，撫慰王藩，本欲問彼人情，敎彼政術。王乃坐之空館，嚴加防守，使其閉目塞耳，永無聞見。有何陰惡，弗欲人知，禁制官司，畏其訪察？又數遣馬騎，殺害邊人，屢騁姦謀，動作邪説，心在不賓。

朕於蒼生悉如赤子，賜王土宇，授王官爵，深恩殊澤，彰著遐邇。王專懷不信，恒自猜疑，常遣使人密覘消息，純臣之義豈若是也？蓋當由朕訓導不明，王之愆違，一已寬恕，今日以後，必須改革。守藩臣之節，奉朝正之典，自化爾藩，勿忤他國，則長享富貴，實稱朕心。彼之一方，雖地狹人少，然普天之下，皆爲朕臣。今若黜王，不可虛置，終須更選官屬，就彼安撫。王若洒心易行，率由憲章，即是朕之良臣，何勞別遣才彥也？昔帝王作法，仁信爲先，有善必賞，有惡必罰，四海之內，具聞朕旨。王若無罪，朕忽加兵，自餘藩國謂朕何也！王必虛心納朕此意，愼勿疑惑，更懷異圖。

往者陳叔寶代在江陰，殘害人庶，驚動我烽候，抄掠我邊境。朕前後誡勑，經歷十年，彼則恃長江之外，聚一隅之眾，悖狂驕傲，不從朕言。故命將出師，除彼凶逆，來往不盈旬月，兵騎不過數千，歷代逋寇，一朝清蕩，遐邇乂安，人神胥悅。聞王歎恨，獨致悲傷，黜陟幽明，有司是職，罪王不爲陳滅，賞王不爲陳存，樂禍好亂，何爲爾也？王謂遼水之廣何如長江？高麗之人多少陳國？朕若不存含育，責王前愆，命一將軍，何待多力！慇懃曉示，許王自新耳。宜得朕懷，自求多福。

湯得書惶恐，將奉表陳謝，會病卒。子元嗣立。高祖使使拜元爲上
開府、儀同三司，襲爵遼東郡公，賜衣一襲。元奉表謝恩，并賀祥
瑞，因請封王。高祖優冊元爲王。〔註25〕

通過對隋文帝賜高湯璽書進行解讀，可知如下信息：1. 高麗雖向隋朝稱臣納
貢，但誠節未盡；2. 對稱臣於隋朝的靺鞨、契丹等藩國，高麗一直進行策反，
試圖對它們加以控制，以充當其反隋的前鋒；3. 以重金暗中引誘隋朝工匠，
特別是那些製造弓弩兵器的工匠，目的在於擴充軍事力量；4. 對於隋朝派遣
的使節，進行嚴格控制，不許他們自由活動；5. 多次向邊境派遣騎兵部隊，
殺害隋朝邊境居民；6. 派遣間諜深入隋朝國內，設法探聽隋朝的政治動向；
7. 對江南陳朝政權的滅亡，表示出同盟國的悲傷之情。

　　賜高湯璽書發布於開皇十七年，距隋朝滅陳已經八年有餘，但主要還是
針對高湯在平陳之後「治兵積穀，爲拒守之策」的行爲而發。對於隋朝滅陳
之役，高麗所以一直關注，並對此事長期耿耿於懷，主要就是因爲它和陳朝
一直存在同盟關係。璽書所指出的高麗派遣間諜、殺害邊民、關注隋國內政
治動向等行爲，並不僅僅是簡單的隋朝和高麗關係問題，還涉及第三國陳朝。
隋文帝的璽書，正是對高麗泛海與陳朝勾結、企圖夾擊隋朝而發出的斥責和
警告。

　　徵諸史實，設法阻撓中原政權的統一大業，乃是高麗一貫奉行的政策。
其原因在於，中原地區只要不出現統一強大的政權，它就可以長期穩定地控
制遼河流域地區。爲達此目的，在整個魏晉南北朝時期，高麗和江南政權之
間一直保持密切關係，史言「自晉過江，泛海來使，有高句麗、百濟，而宋、
齊間常通貢職，梁興又加焉。」〔註26〕高麗和東晉南朝政權保持密切聯繫，
絕不止是一種文化交流的關係，而帶有明顯的軍事、政治同盟關係，據諸《南
史·高句麗傳》所載，高麗曾多次向江左政權貢獻戰馬、弓矢等軍用物資，
而且往往就是在南朝北伐的時候提供。〔註27〕

〔註25〕　《隋書》卷八一《東夷·高麗傳》，第 1815～1816 頁。

〔註26〕　【唐】李延壽撰：《南史》卷七九《夷貊傳下·序》，第 1969 頁，北京，中華
　　　　　書局，1975。

〔註27〕　據《南史》卷七九《夷貊下·高句麗傳》載：晉安帝義熙九年（413），高麗
　　　　　王高璉遣長史高翼奉表，獻赭白馬；宋文帝元嘉十六（439），「文帝欲侵魏，
　　　　　詔（高）璉送馬，獻八百匹」；宋孝武帝大明二年（458），「又獻肅慎氏楛矢
　　　　　石砮」。（第 1970～1971 頁）

對於高麗跨海與江左政權相交，北魏王朝曾多次大加責備，如孝文帝延興二年（472），高麗王高璉派遣使節餘奴等人前往江南，試圖與蕭齊政權聯絡，在光州（今山東掖縣）海岸被北魏捕獲，孝文帝遂下詔訓斥高璉，云：「（蕭）道成親殺其君，竊號江左，朕方欲興滅國於舊邦，繼絕世於劉氏，而卿越境外交，遠通篡賊，豈是藩臣守節之義！」〔註 28〕同年，百濟王餘慶上孝文帝奏表中，也說：「且高麗不義，逆詐非一，外慕隗囂藩卑之辭，內懷兇禍豺突之行。或南通劉氏，或北約蠕蠕，共相脣齒，謀陵王略……去庚辰年後，臣西界小石山北國海中見屍十餘，并得衣器鞍勒，視之非高麗之物，後聞乃是王人來降臣國……今上所得鞍一，以爲實驗。」〔註 29〕可見，高麗不僅和江南政權暗通款曲，掣肘北魏，且曾截殺北魏派往百濟的使節。魏孝明帝正光（523～524）初年，北魏光州地方官員又「於海中執得蕭衍所授（高）安寧東將軍衣冠劍佩，及使人江法盛等，送於京師。」〔註 30〕凡此，均足以說明高麗與江南政權之間，長期保持著較爲密切的軍事政治同盟關係。〔註 31〕

僅僅和江左政權結成同盟，仍不足以抗衡以黃河流域爲中心的中原政權，因此高麗在加強與南方政權合作的同時，還進一步強化與北方草原各部族的配合，從而在中原政權的北方邊境形成一個相互策應的軍事包圍圈。這個自西北到東北的軍事包圍圈，就使得中原政權陷入南北夾擊之中。及至隋朝建立，這種腹背受敵的形勢更加明顯。高麗與北方草原諸部族之間的聯絡，前揭百濟王餘慶延興二年上孝文帝奏表中「或南通劉氏，或北約蠕蠕，共相脣齒，謀陵王略」云云，已可見一斑。又據《魏書·契丹國傳》載：「太和三年，高句麗竊與蠕蠕謀，欲取地豆于以分之。契丹懼其侵軼，其莫弗賀勿于率其部落車三千乘、眾萬餘口，驅徙雜畜，求入內附，止於白狼水東。」〔註 32〕其中所說高麗和柔然謀取的對象雖爲地豆于，而非中原政權，但高麗和柔然在軍事上有合作關係，卻是不爭之事實。再如隋文帝開皇十八年（598），漢王楊諒領兵東征高麗，時百濟王餘昌遣使上表，表示願意充當隋

〔註 28〕 【北齊】魏收撰：《魏書》卷一○○《高句麗傳》，第 2216 頁，北京，中華書局，1974。
〔註 29〕 《魏書》卷一○○《百濟國傳》，第 2218 頁。
〔註 30〕 《魏書》卷一○○《高句麗傳》，第 2217 頁。
〔註 31〕 關於高麗和江左政權之間的政治軍事同盟關係，詳參李文才撰：《隋煬帝三征高麗的背景》，《江漢論壇》2005 年第 3 期，第 62～67 頁。
〔註 32〕 《魏書》卷一○○《契丹國傳》，第 2223 頁。

軍嚮導，後此事被高麗知曉，遂興兵入侵百濟。〔註33〕高麗所以作如此反應，正由其設法阻撓中原政權統一大業的一貫政策所導致。又如大業三年（607），隋煬帝巡幸突厥啓民可汗牙帳時，恰逢高麗使節訪問啓民可汗，《隋書・突厥傳》載其事云：

> 先是，高麗私通使啓民所，啓民推誠奉國，不敢隱境外之交。是日，將高麗使人見，勅令牛弘宣旨謂之曰：「朕以啓民誠心奉國，故親至其所。明年當往涿郡。爾還日，語高麗王知，宜早來朝，勿自疑懼。存育之禮，當同於啓民。如或不朝，必將啓民巡行彼土。」使人甚懼。〔註34〕

由此可見，高麗和突厥早有密切聯繫，這種「境外之交」的眞正目的，就是爲了聯手對付中原王朝。由於隋朝不允許它們之間存在這種聯合，故而只能通過秘密進行，亦即所謂的「私通使」。至於啓民可汗不敢隱瞞，乃是因爲當時突厥因內亂而實力大不如前，大業初年的隋朝又正在鼎盛時期。再看隋煬帝的態度，作爲一個有雄才偉略的君主，他的反應堅決而果斷，絕對不能允許外部的強敵聯合，是以他對高麗私遣使者至突厥的行爲，予以嚴辭警告。

綜合以上所論，隋朝初年的內外形勢極爲嚴峻。從外部來說，江南的陳朝政權依然是不能忽視的外患，陳朝不滅，則統一大業並不能算眞正完成。北方邊境自西向東環伺着突厥、吐谷渾和高麗爲中堅形成的「異民族聯盟」（按，由於牽涉到今朝鮮半島問題，爲避免不必要的麻煩，故使用「異民族聯盟」一詞，而不用「少數民族聯盟」），它們對隋王朝虎視眈眈。〔註35〕陳朝政權與北方「異民族聯盟」兩種勢力一南一北，彼此呼應，對隋朝形成南北夾擊之勢。因此，作爲隋帝國的開創者，隋文帝面臨安內與攘外的雙重任務。安內的任務，很快就得以完成。

〔註33〕《隋書》卷八一《東夷・百濟傳》：「開皇十八年，（餘）昌使其長史王辯那來獻方物，屬興遼東之役，遣使奉表，請爲軍導。帝下詔曰：『往歲爲高麗不供職貢，無人臣禮，故命將討之。高元君臣恐懼，畏服歸罪，朕已赦之，不可致伐。』厚其使而遣之。高麗頗知其事，以兵侵掠其境。」（第1819頁）

〔註34〕《隋書》卷八四《北狄・突厥傳》，第1875頁。

〔註35〕有關隋初北邊疆及其安全形勢問題，金寶祥氏曾有較爲系統的論述。他認爲，以突厥爲中心，高麗、吐谷渾在東、西兩邊，外加正在崛起的契丹等東北諸族，形成了一個巨大的弧形包圍圈，對隋朝的北部特別是東北邊疆構成了巨大壓力，隋王朝要鞏固自己的政權，就必須首先打破這個包圍圈。（詳參氏著：《隋史新探》，第10頁，蘭州，蘭州大學出版社，1989。）徵諸史實，金氏此說確實大有道理，與本文所提出的「異民族聯盟」雖行文不同，但內涵頗有相通之處。特此標出。

攘外,特別是涉及北部邊境的安全問題,卻遲遲難以解決。隋文帝曾經嘗試著去解決北方的邊防問題,但未能如願,從而將這個歷史的重擔留給了他的繼承者——隋煬帝。隋煬帝雄才大略、野心勃勃地繼續著父皇未竟的偉業,不幸的是很快出現大規模內亂,將雄富已極的隋帝國毀滅了!這樣,安定北疆的任務又留給了新興的大唐帝國。隋文帝、隋煬帝父子在解決北部邊防的問題上,儘管都未能全竟其功,從而留下個人和歷史的雙重遺憾,但他們都曾致力於北方邊防問題,從而給後來者提供了前車之鑒。因此,對於隋文帝、煬帝為解決北方邊防安全問題所作的努力,我們必須給予客觀公正的評價。

三、隋文帝經略北疆的舉措

隋文帝建國之後,首先致力於國內形勢的穩定,對邊境則採取了謹慎持重的態度,儘量避免大動干戈,尤其在處理北方邊境問題時,主要採取以防守為主的策略。需要指出的是,這種防守並非一味消極的死守,而是隨時可以轉化為主動進攻的積極防守。徵諸史籍所載,隋文帝開皇初年,對北方邊境所採取的防衛措施,可以歸結為如下幾個方面:

(一)修築長城,完善城池

在農耕民族與草原遊牧民族的戰爭中,雙方各有優劣長短,遊牧民族以騎兵為軍事主力,故衝鋒野戰為其所擅長的戰爭形式;農耕民族因築城而居的生活方式,故在戰爭中擅長築城掘池以守。隋朝在北方邊境所面臨的敵手突厥、吐谷渾、党項等族,主要軍事力量均由騎兵構成,因此隋文帝要加強北方邊境的防禦能力,就必然要以高城深池作為應對的重要措施之一。徵諸史載,隋文帝在部署北方邊境防衛時,主要對策之一就是對北方邊境已有長城進行連接、加固,從而增強邊疆防禦能力。隋文帝修築長城事,史籍明確記載共有 5 次,茲屢述如下:

1. 開皇元年(581)四月,「發稽胡修築長城,二旬而罷。」〔註36〕此次所修長城,大致在京師長安西北方向。

2. 開皇二年(582)五月,北齊殘餘勢力高寶寧勾結突厥,與沙鉢略可汗聯兵攻陷臨渝鎮,隋文帝因此下勅:「緣邊修堡障,峻長城,以備之,仍命重將出鎮幽、并。」〔註37〕開皇三年(583)七月,又調原豫州刺史周搖出任幽

〔註36〕 《隋書》卷一《高祖紀上》,第 15 頁。
〔註37〕 《隋書》卷八四《北狄・突厥傳》,第 1865 頁。

州總管。〔註38〕有跡象表明，周搖出任幽州總管，正是爲了應對開皇二年五月突厥入侵所造成的嚴重局面。此外，周搖就任幽州總管以後，「修堡障，峻長城」的工程繼續實施，其所負責修復之長城，當即臨渝鎮一帶。又，周搖在幽州任職前後長達六年時間，其間可能一直對邊境內的長城烽堠有過修治的行動。〔註39〕按，臨渝鎮所在地，即今山海關，此段長城原爲北齊所修，係防衛少數民族自東北地區入關的重要屏障。

3. 開皇五年（585）崔仲方修治長城，據《資治通鑒》陳長城公至德三年（585）年云：「隋主使司農少卿崔仲方發丁三萬，於朔方、靈武築長城，東距河，西至綏州，綿歷七百里，以遏胡寇。」〔註40〕至德三年即隋文帝開皇五年（585），是崔仲方曾於585年修築長城，共七百里。崔仲方修長城一事，《隋書・崔仲方傳》亦有載，云：「令發丁三萬，於朔方、靈武築長城，東至黃河，西拒綏州，南至勃出嶺，緜亙七百里。明年，上復令仲方發丁十五萬，於朔方已東緣邊險要築數十城，以遏胡寇。」〔註41〕據此，則崔仲方曾於開皇五年、六年兩次負責修築長城，從徵發的勞動力數量來看，開皇六年（586）的修治規模更大。（開皇六年崔仲方修治長城，詳見下文。）

朔方郡治巖綠，即原十六國時期赫連勃勃所修築之統萬城，在今內蒙古伊克昭盟烏審旗南、陝西靖邊縣境內之白城子；靈武郡治回樂，在今寧夏靈武西南；綏州郡治上縣，在今陝西榆林東南。徵諸《中國歷史地圖集》第五冊《隋・關隴諸郡》，此段長城，地跨寧夏、陝西（北部）、內蒙古三省區，西依黃河，橫貫今毛烏素沙漠，爲護衛京師長安所在關中地區的北部屏障。〔註42〕

4. 開皇六年（586）二月，「丁亥，發丁男十一萬修築長城，二旬而罷。」〔註43〕這次修治長城，當即前揭《隋書・崔仲方傳》所載「明年，上復令仲

〔註38〕《隋書》卷一《高祖紀上》：「秋七月辛丑，以豫州刺史周搖爲幽州總管。」（第19頁）

〔註39〕《隋書》卷五五《周搖傳》：「開皇初，突厥寇邊，燕、薊多被其患，前總管李崇爲虜所殺，上思所以鎮之，臨朝曰：『無以加周搖者。』拜爲幽州總管六州五十鎮諸軍事。搖修郭塞，謹斥候，邊民以安。後六載，徙爲壽州。」（第1376頁）周搖「修郭塞，謹斥候」，即爲修治轄區內的長城。

〔註40〕【宋】司馬光編著，【元】胡三省音注：《資治通鑒》卷一七六陳長城公至德三年（585）十二月，第5485頁，北京，中華書局，1959。

〔註41〕《隋書》卷六〇《崔仲方傳》，第1448頁。

〔註42〕譚其驤主編：《中國歷史地圖集》第五冊《隋・關隴諸郡》，第7～8頁，北京，中國地圖出版社，1982。

〔註43〕《隋書》卷一《高祖紀上》，第23頁。

方發丁十五萬，於朔方已東緣邊險要築數十城，以遏胡寇」一事，唯人丁數有「十一萬」、「十五萬」之區別。又《資治通鑑》陳長城公至德四年（586）二月丁亥條，亦載此事，人丁數作「十五萬」，由此可知《隋書》本紀「十一萬」可能係筆誤所致。〔註44〕

此段長城位置，李吉甫《元和郡縣圖志》卷十四「河東道三·嵐州·合河縣」有記載，云：「隋長城，起縣北四十里，東經幽州，延袤千餘里，開皇十（按，此「十」字為衍文）六年因古蹟修築。」〔註45〕合河縣在今山西興縣以西，結合《元和志》及《中國歷史地圖集》所示，此段長城對於防範突厥沿黃河南下有扼制作用；此外，這段長城還因為經過幽州綿延向東，對於防扼東北諸部也有重要作用。

5. 開皇七年（587）七月，「發丁男十萬餘修築長城，二旬而罷。」〔註46〕此段長城位置，諸史無載，有可能是對開皇六年修治長城工程的繼續。

以上即史籍所見隋文帝在位時期修治長城的記載，均在滅陳戰役展開之前。據此或可認為，在滅陳之前，隋文帝應對北方遊牧民族的策略，可能是以防守為主，修治緣邊城堡障礙，則為主要方式。

（二）慎擇將帥，廣設鎮戍

修治長城為抵禦北方遊牧民族入侵的有效手段，但一味依恃高城深池，那只能算是一種消極被動的防守。要徹底解決北部邊患，還必須有針對性地選拔熟悉邊事的將領，出鎮邊境要地，同時通過設置相關鎮戍機構，強化對邊境突發事件的預警，從而為最後的武力驅除做好前期準備。我們注意到，隋文帝開皇初期（滅陳戰役發動之前），在北方緣邊修治長城，著意強化防禦能力的同時，還注意選拔諳習邊境事務的將領置於邊地，並在邊境廣泛設置鎮戍機構，提高對少數民族騎兵入侵的快速反應能力。如前揭開皇二年五月，沙缽略可汗與高寶寧聯兵攻陷臨渝鎮，隋文帝因此下勅，要求「緣邊修保障，峻長城，以備之，仍命重將出鎮幽、并。」徵諸史籍所載，隋文帝開皇初年擇選邊將出鎮北邊，以及在北方緣邊增置鎮戍事，另有如下例證：

〔註44〕 《資治通鑑》卷一七六陳長城公至德四年（586）二月：「丁亥，隋復令崔仲方發丁十五萬，於朔方以東，緣邊險要，築數十城。」（第5485頁）

〔註45〕 【唐】李吉甫 撰，賀次君點校：《元和郡縣圖志》卷十四《河東道三》「嵐州·合河縣」條，第397頁，北京，中華書局，1983。

〔註46〕 《隋書》卷一《高祖紀上》，第25頁。

1. 元胄：河南洛陽人，開皇初年，歷任豫州、亳州、淅州刺史，「時突厥屢爲邊患，朝廷以胄素有威名，拜靈州總管，北夷甚憚焉。」〔註47〕

2. 高熲：自云渤海蓚縣人，隋文帝開皇元年，「時突厥屢爲寇患，詔熲鎮過緣邊。及還，賜馬百餘匹，牛羊千計。」〔註48〕

3. 達奚長儒：代人，「開皇二年，突厥沙鉢略可汗并弟葉護及潘那可汗眾十餘萬，寇掠而南，詔以長儒爲行軍總管，率眾二千擊之……其年，授寧州刺史，尋轉廓州刺史，母憂去職……起爲夏州總管三州六鎮都將事，匈奴憚之，不敢窺塞。以病免。又除襄州總管，在職二年，轉蘭州總管。高祖遣涼州總管獨孤羅、原州總管元褒、靈州總管賀若誼等發卒備胡，皆受長儒節度。」〔註49〕達奚長儒所任職務中，寧州刺史、夏州總管（三州六鎮都將事）、蘭州總管三職，以及後來同時受其節度之涼州、原州、靈州三總管，均處於西北邊境抗禦突厥、吐谷渾諸族的前哨。

4. 賀婁子幹：本代人，後隨拓跋鮮卑南遷，故爲河南洛陽人，「開皇元年，進爵鉅鹿郡公。其年，吐谷渾寇涼州，子幹以行軍總管從上柱國元諧擊之，功最優，詔褒美。高祖慮邊塞未安，即令子幹鎮涼州。明年，突厥寇蘭州，子幹率眾拒之……大破之……其年，突厥復犯塞，以行軍總管從竇榮定擊之……吐谷渾復寇邊，西方多被其害，命子幹討之。馳驛至河西，發五州兵，入掠其國，殺男女萬餘口，二旬而還。高祖以隴西頻被寇掠，甚患之。彼俗不設村塢，勒子幹勒民爲堡，營田積穀，以備不虞。子干上書曰：『……但隴右之民以畜牧爲事，若更屯聚，彌不獲安。只可嚴謹斥候，豈容集人聚畜。請要路之所，加其防守。但使鎮戍連接，烽候相望，民雖散居，必謂無慮。』高祖從之……高祖以子幹曉習邊事，授榆關總管十鎮諸軍事。歲餘，拜雲州刺史，甚爲虜所憚……母憂去職。朝廷以榆關重鎮，非子幹不可，尋起視事。（開皇）十四年，以病卒官，時年六十。」〔註50〕

〔註47〕《隋書》卷四〇《元胄傳》，第 1177 頁。
〔註48〕《隋書》卷四一《高熲傳》，第 1180 頁。
〔註49〕《隋書》卷五三《達奚長儒傳》，第 1350～1351 頁。
〔註50〕《隋書》卷五三《賀婁子幹傳》，第 1352～1353 頁。

5. 劉方：京兆長安人，「開皇三年，從衛王（楊）爽破突厥於白道，進位大將軍。其後歷甘、瓜二州刺史，尚未知名。」〔註51〕

6. 馮昱：不知何許人，「開皇時，有馮昱、王掎、李充、楊武通、陳永貴、房兆，俱爲邊將，名顯當時……（馮昱）開皇初，又以行軍總管屯乙弗泊以備胡……其後備邊數年，每戰常大克捷。」〔註52〕

7. 李充：隴西成紀人，「少慷慨，有英略。開皇中，頻以行軍總管擊突厥有功，官至上柱國、武陽郡公、拜朔州總管，甚有威名，爲虜所憚。」〔註53〕

8. 楊武通：弘農華陰人，「性果烈，善馳射。數以行軍總管討西南夷，每有功，封白水郡公，拜左武衛大將軍。時党項羌屢爲邊患，朝廷以其有威名，歷岷、蘭二州總管以鎮之。」〔註54〕

9. 陳永貴：隴右胡人，「本姓白氏，以勇烈知名。高祖甚親愛之，數以行軍總管鎮邊，每戰必單騎陷陣。官至柱國，蘭、利二州總管，封北陳郡公。」〔註55〕

10. 房兆：代郡人，「本姓屋引氏，剛毅有武略。頻爲行軍總管擊胡，以功官至柱國、徐州總管。」〔註56〕

11. 李徹：朔方巖綠人，北周武帝時，曾西征吐谷渾，並在汾水、晉州一帶與北齊作戰，均有功績。隋文帝受禪後，「轉雲州刺史。歲餘，徵爲左武衛將軍。及晉王廣之鎮并州也，朝廷妙選正人有文武才幹者，爲之僚佐。上以徹前代舊臣，數持軍旅，詔徹總晉王府軍事，進爵齊安郡公……明年，突厥沙鉢略可汗犯塞，上令衛王（楊）爽爲元帥，率眾擊之，以徹爲長史。遇虜於白道……遂與（行軍總管李）充率精騎五千，出其不意，掩擊大破之。沙鉢略棄所服金甲，潛草中而遁。以功加上大將軍。沙

〔註51〕　《隋書》卷五三《劉方傳》，第1357頁。
〔註52〕　《隋書》卷五三《劉方附馮昱傳》，第1358頁。
〔註53〕　《隋書》卷五三《劉方附李充傳》，第1359頁。
〔註54〕　《隋書》卷五三《劉方附楊武通傳》，第1359頁。
〔註55〕　《隋書》卷五三《劉方附陳永貴傳》，第1359頁。
〔註56〕　《隋書》卷五三《劉方附房兆傳》，第1359頁。

鉢略因此屈膝稱藩。未幾，沙鉢略為阿拔所侵，上疏請援。以徹為行軍總管，率精騎一萬赴之。阿拔聞而遁去。及軍還，復領行軍總管，屯平涼以備胡寇，封安道郡公……其後突厥犯塞，徹復領行軍總管擊破之。」〔註57〕

12. **杜彥**：雲中人，「雲州總管賀婁子幹卒，上悼惜者久之，因謂侍臣曰：『榆林國之重鎮，安得子幹之輩乎？』後數日，上曰：『吾思可以鎮榆林者，莫過杜彥。』於是徵拜雲州總管。突厥來寇，彥輒擒斬之，北夷畏憚，胡馬不敢至塞……（開皇）十八年，遼東之役，以行軍總管從漢王至營州。上以彥曉習軍旅，令總統五十營事。及還，拜朔州總管。突厥復寇雲州，上令楊素擊走之，是後猶恐為邊患，以彥素為突厥所憚，復拜雲州總管。」〔註58〕

13. **高勵**：渤海蓨縣人，北齊清河王高岳之子，「隴右諸羌數為寇亂，朝廷以勵有威名，拜洮州刺史。下車大崇威惠，民夷悅附，其山谷間生羌相率詣府稱謁，前後至者，數千餘戶。豪猾屏迹，路不拾遺，在職數年，稱為治理。後遇吐谷渾來寇，勵遇疾不能拒戰，賊遂大掠而去。憲司奏勵亡失戶口，又言受羌饋遺，竟坐免官。」〔註59〕

14. **周搖**：河南洛陽人，本普乃氏，隋文帝受禪，復姓周氏，「開皇初，突厥寇邊，燕、薊多被其患，前總管李崇為虜所殺，上思所以鎮之，臨朝曰：『無以加周搖者。』拜為幽州總管六州五十鎮諸軍事。搖修郭塞，謹斥候，邊民以安。」〔註60〕

15. **乞伏慧**：馬邑鮮卑人，「遷涼州總管。先是，突厥屢為寇抄，慧於是嚴警烽燧，遠為斥候，虜亦素憚其名，竟不入境。」〔註61〕

16. **宇文弼**：河南洛陽人，西魏北周時期曾多次在西北地區與突厥作戰，「開皇初……時西羌內附，詔弼持節安集之，置鹽澤、蒲

〔註57〕《隋書》卷五四《李徹傳》，第1367～1368頁。
〔註58〕《隋書》卷五五《杜彥傳》，第1371～1372頁。
〔註59〕《隋書》卷五五《高勵傳》，第1374頁。
〔註60〕《隋書》卷五五《周搖傳》，第1376頁。
〔註61〕《隋書》卷五五《乞伏慧傳》，第1378頁。

昌二郡而還……三年，突厥寇甘州，以行軍司馬從元帥實榮定擊破之。」〔註62〕

17. **衛玄**：河南洛陽人，開皇初「拜嵐州刺史。會起長城之役，詔玄監督之。俄檢校朔州總管事。」〔註63〕

18. **韓擒虎**：河南東垣人，平陳戰役之後，「以行軍總管屯金城，禦備胡寇，即拜涼州總管。」〔註64〕

19. **韓僧壽**：河南東垣人，韓擒虎弟，「開皇初，拜安州刺史。時擒（虎）爲盧州總管，朝廷不欲同在淮南，轉爲熊州刺史。後轉蔚州刺史，進爵廣陵郡公。尋以行軍總管擊突厥於雞頭山，破之。後坐事免。數歲，復拜蔚州刺史。突厥甚憚之。（開皇）十七年，屯蘭州以備胡。明年，遼東之役，領行軍總管，還，檢校靈州總管事。從楊素擊突厥，破之，進位上柱國，改封江都郡公。」〔註65〕

20. **韓洪**：河南東垣人，韓擒虎弟，平陳戰役後，「時突厥屢爲邊患，朝廷以洪驍勇，檢校朔州總管事。尋拜代州總管。仁壽元年，突厥達頭可汗犯塞，洪率蔚州刺史劉隆、大將軍李藥王拒之。」〔註66〕

上述20人，除韓擒虎、韓洪任職北邊的時間，是在開皇九年平陳戰役結束以後，其餘18人絕大多數都有開皇初期任職北邊的經歷。其中更有一些人，曾因有過開皇初期任職於北邊的履歷，及至開皇後期北邊有警，復又出鎮北疆。上述諸將都有同突厥或吐谷渾等北邊胡族作戰的經歷，甚爲胡族所忌憚，其中除高熲爲文官外，餘者皆以武勇將略著名，至於高熲雖爲文官，但他是隋文帝創業開國，以及建國後最爲倚重的心腹之一。以上人員被委以北邊防務或是承擔北邊作戰任務，正好表明隋文帝對於北邊的重視程度。

隋文帝擇選「重將」出鎮，以及在北邊廣泛設置鎮戍的政策，對於防禦胡族入侵、保衛北部邊疆安全頗見成效。因爲這批「重將」出鎮北疆以後，

〔註62〕 《隋書》卷五六《宇文敬傳》，第1390頁。
〔註63〕 《隋書》卷六三《衛玄傳》，第1501頁。
〔註64〕 《隋書》卷五二《韓擒虎傳》，第1341頁。
〔註65〕 《隋書》卷五二《韓擒虎附弟僧壽傳》，第1342頁。
〔註66〕 《隋書》卷五二《韓擒虎附弟洪傳》，第1342～1343頁。

或是領兵征討，斬將搴旗，大破諸夷；或是威名遠播，令胡族忌憚，不敢輕易犯邊；或是在鎮修郵塞，謹斥候，安定邊疆民心；或是恩威並施，招撫懷柔，令民夷悅附。各人採取的方式方法，雖然間有不同，但對於隋朝北疆形勢的穩定，都發揮了積極作用。

（三）採用離間之計，造成突厥內訌

隋文帝受禪建國以後，開始有意識地調整周、齊對峙時期對突厥卑躬屈膝的妥協政策，轉而對突厥強硬，結果引起突厥的極大不滿，沙鉢略可汗遂因此興兵大舉南下，並接連擊敗隋將馮昱、叱李長叉等人，隋朝西北邊境一時狼煙四起。據《隋書・突厥傳》載：

> 沙鉢略勇而得眾，北夷皆歸附之。及高祖受禪，待之甚薄，北夷大怨。會營州刺史高寶寧作亂，沙鉢略與之合軍，攻陷臨渝鎮。上勑緣邊修保郵，峻長城，以備之，仍命重將出鎮幽、并。沙鉢略妻，宇文氏之女，曰千金公主，自傷宗祀絕滅，每懷復隋之志，日夜言之於沙鉢略。由是悉眾爲寇，控弦之士四十萬。上令柱國馮昱屯乙弗泊，蘭州總管叱李長叉守臨洮，上柱國李崇屯幽州，達奚長儒據周槃，皆爲虜所敗。於是縱兵自木硤、石門兩道來寇，武威、天水、安定、金城、上郡、弘化、延安六畜咸盡。〔註67〕

沙鉢略大舉犯邊，和千金公主的挑唆是否有直接關係，或受其影響程度如何，不在本文討論範圍。但其時隋朝北方邊境，從東北到西北，所面臨的嚴峻形勢，則是周、齊對峙以來所從未見者。對於北方邊境所出現的嚴重局面，隋文帝依然堅持不妥協，在下發措辭強硬詔書的同時，下令楊弘、豆盧勣、竇榮定、高熲、虞慶則等重臣，率兵反擊。仍據前揭《隋書・突厥傳》云：

> 天子震怒，下詔曰：……
>
> 於是以河間王弘、上柱國豆盧勣、竇榮定、左僕射高熲、右僕射虞慶則並爲元帥，出塞擊之。沙鉢略率阿波、貪汗二可汗等來拒戰，皆敗走遁去。時虜飢甚，不能得食，於是粉骨爲糧，又多災疫，死者極眾。……連兵不已，各遣使詣闕，請和求援，上皆不許。會千金公主上書，請爲一子之例，高祖遣開府徐平和使於沙鉢略。〔註68〕

〔註67〕《隋書》卷八四《北狄・突厥傳》，第1865～1866頁。
〔註68〕《隋書》卷八四《北狄・突厥傳》，第1866～1868頁。

上述兩段引文所含信息甚多，大致包括：隋文帝改變對突厥妥協政策、沙鉢略大舉南侵、連敗隋將後虜掠北邊六州、隋文帝下詔訓斥及命將反擊、沙鉢略戰敗請和、隋文帝派遣徐平和出使突厥允其請和等等。以上就是隋文帝建國以後與突厥關係的梗概，《資治通鑒》繫於公元581～584年間（即陳宣帝太建十三年至陳長城公至德二年），因受限於編年體的史書體例，《資治通鑒》用了兩卷的篇幅，才斷斷續續地將以上信息敘述完畢。〔註69〕

開皇初年隋朝和突厥的這次大範圍交兵，最終以開皇四年（584）隋朝同意接受沙鉢略的請和告終，我們可以認為，隋朝取得了這次反擊作戰的軍事勝利。然而，隋文帝並未因為戰役的勝利而沾沾自喜，因為他十分清楚，此次軍事勝利只是暫時緩解了北方邊境的嚴重局面，突厥雖一時表示降服，但歷史經驗表明，突厥隨時可能捲土重來。怎樣才能獲得北方邊境的長治久安呢？

協助隋文帝解決北邊問題的最重要人物，是長孫晟（552～609）。長孫晟，河南洛陽人，《隋書》卷五一有傳，唐太宗元從功臣、貞觀時期名相長孫無忌，即長孫晟之少子。在隋文帝開皇時期籌劃北疆邊防政策，以及應對突厥長期擾邊的難題上，長孫晟之貢獻無與倫比。

據諸《隋書・長孫晟傳》載，長孫晟和隋文帝楊堅結緣甚早，大約在北周武帝宇文邕天和四年（569），時長孫晟18歲，楊堅29歲。〔註70〕長孫晟之所以後來能夠在隋文帝籌劃北邊事務上貢獻最多，與他早年在北周時期一直和突厥周旋的經歷有直接關係。據《隋書・長孫晟傳》載：

> （周）宣帝時，突厥攝圖請婚于周，以趙王（宇文）招女妻之。
> 然周與攝圖各相誇競，妙選驍勇以充使者，因遣晟副汝南公宇文神慶送千金公主至其牙。前後使人數十輩，攝圖多不禮，見晟而獨愛焉，每共遊獵，留之竟歲……攝圖喜，命諸子弟貴人皆相親友，冀

〔註69〕 詳參《資治通鑒》卷一七五、一七六，自陳宣帝太建十三年（581），至陳長城公至德二年（584）年。

〔註70〕 據《隋書》卷五一《長孫覽附從任晟傳》載，長孫晟卒於隋煬帝大業五年（609），時年58歲，因此他應當出生於552年（西魏廢帝元欽元年）。本傳云：「年十八，為司衛上士。初未知名，人弗之識也。唯高祖一見，深嗟異焉，乃攜其手而謂人曰：『長孫郎武藝逸群，適與其言，又多奇略。後之名將，非此子邪？』」（第1329頁）依此推算，長孫晟18歲時，當為569年，即北周武帝宇文邕天和四年，其時楊堅29歲（按，據《隋書》卷一《高祖紀上》，楊堅出生於西魏大統七年六月癸丑，即541年六月十三）。

昵近之，以學彈射。其弟處羅侯號突利設，尤得眾心，而爲攝圖所
忌，密託心腹，陰與晟盟。晟與之遊獵，因察山川形勢，部眾強弱，
皆盡知之。時高祖作相，晟以狀白高祖。高祖大喜，遷奉車都尉。

　　至開皇元年，攝圖……因與高寶寧攻陷臨渝鎮，約諸面部落謀
共南侵。高祖新立，由是大懼，修築長城，發兵屯北境，命陰壽鎮
幽州，虞慶則鎮并州，屯兵數萬人以爲之備。晟先知攝圖、玷厥、
阿波、突利等叔姪兄弟各統強兵，俱號可汗，分居四面，內懷猜忌，
外示和同，難以力征，易可離間，因上書曰：「……今宜遠交而近攻，
離強而合弱，通使玷厥，說合阿波，則攝圖迴兵，自防右地。又引
處羅，遣連奚、霫，則攝圖分眾，還備左方。首尾猜嫌，腹心離阻，
十數年後，承釁討之，必可一舉而空其國矣。」上省表大悅，因召
與語。晟復口陳形勢，手畫山川，寫其虛實，皆如指掌。上深嗟異，
皆納用焉。因遣太僕元暉出伊吾道，使詣玷厥，賜以狼頭纛，謬爲
欽敬，禮數甚優。玷厥使來，引居攝圖使上。反間既行，果相猜貳。
授晟車騎將軍，出黃龍道，齎幣賜奚、霫、契丹等，遣爲嚮導，得
至處羅侯所，深布心腹，誘令內附。〔註71〕

在北周時期，長孫晟曾一度較長時間生活在突厥，且與突厥攝圖可汗遊處甚
近，不僅對於突厥內部「山川形勢，部眾強弱」的情況十分熟悉，還深入瞭
解到突厥內部錯綜複雜的矛盾。因此，在隋文帝開皇初年籌劃對突厥的反制
策略時，長孫晟能夠很快提出確當的應對之策，那就是應該充分利用突厥內
部的矛盾爭鬥，「遠交而近攻，離強而合弱」，使用離間之計，挑起突厥內訌，
讓其自相殘殺，如此經過大約十年的時間，必定可以一舉覆滅其國。

　　長孫晟的建議引起隋文帝的高度關注，特別召見他面議此事。在隋文帝
面前，長孫晟「口陳形勢，手畫山川，寫其虛實，皆如指掌」，所貢獻的離間
計因此被隋文帝全部採納。此後，隋文帝一直堅持使用長孫晟所提出的反間
計，成功地將突厥搞得四分五裂，所謂「反間既行，果相猜貳」。

　　不僅開皇初期，隋文帝一直堅持對突厥使用離間計，就是開皇中後期、
仁壽時期，乃至隋煬帝大業時期，離間計也始終是隋王朝對付突厥的主要策
略，長孫晟則一直是這個計劃的主要執行人之一。茲據《隋書》本傳所載，
將長孫晟對突厥實施離間計的事迹，大致臚列如下：

〔註71〕《隋書》卷五一《長孫覽附從侄晟傳》，第 1329～1331 頁。

1. 開皇二年（582）：攝圖可汗率四十萬大軍，自蘭州入侵，擊敗隋軍達奚長儒部，準備進一步南下。長孫晟先是策反玷厥可汗，令其引兵而去；又通過染干可汗假傳「鐵勒等反，欲襲其牙」的信息，令攝圖心生恐懼而撤軍。

2. 開皇三年（583）：突厥大舉入侵，隋兵分八路抵禦。時長孫晟為竇榮定部偏將，長孫晟策反阿波可汗，阿波遂駐軍塞上，並遣使隨長孫晟入朝。攝圖襲殺阿波北邊牙帳，虜其眾殺其母，阿波西奔玷厥，乞師十萬，向東攻擊攝圖，接連獲勝。在這種情勢下，攝圖只好遣使朝貢，千金公主亦請求改姓，並乞為帝女。

3. 開皇四年（584）：作為虞慶則副使，出使攝圖可汗，賜千金公主姓楊氏，改封大義公主。舉行冊封儀式時，長孫晟誘使攝圖禮拜隋文帝詔書。〔註72〕

4. 開皇七年（587）：攝圖可汗死，長孫晟出使冊封其弟處羅侯為莫何可汗，其子雍閭為葉護可汗。莫何可汗請求攻滅阿波，隋文帝廷議此事，長孫晟力排眾議，主張「兩存之」，其議被隋文帝採納。

5. 開皇八年（588）：莫何可汗死，長孫晟擔任弔祭使，並以陳朝所獻寶器賞賜葉護可汗。

6. 開皇十三年（593）：因為流亡人楊欽及大義公主從中扇惑，突厥內部發生異動，葉護可汗不修職貢，長孫晟奉命出使。長孫晟經過暗中偵察，捕獲楊欽並揭露大義公主隱私，促成葉護可汗殺死大義公主。葉護又向隋文帝請婚，朝議多數贊同，長孫晟再次提出異議，認為不如答應染干可汗請婚，使其掣肘葉護，結果為隋文帝採納。

7. 開皇十七年（597）：染干可汗遣使隨長孫晟迎娶安義公主，並聽從長孫晟建議，率部南下居於度斤舊鎮。此後，葉護每有南下寇邊的軍事行動，染干必定馳使奏聞，「是以賊來每先有備」。

〔註72〕此事《隋書》卷四○《虞慶則傳》、卷八四《突厥傳》均有記載，其《虞慶則傳》略云：「後突厥主攝圖將內附，請一重臣充使，於是上遣慶則詣突厥所。攝圖恃強，初欲亢禮，慶則責以往事，攝圖不服。其介長孫晟又說諭之，攝圖及弟葉護皆拜受詔，因即稱臣朝貢，請永為藩附……攝圖見慶則，贈馬千匹，又以女妻之。」（第1174頁）

8. **開皇十九年（599）**：染干聯合隋軍，與葉護、達頭諸部相攻，雙方大戰於長城之下。染干敗績後，對於是否入朝舉棋不定，長孫晟時與之同行，設計使其隨己一同入朝。隋文帝封染干為啓民可汗，由長孫晟負責安置，晟遂於朔州築大利城，以居啓民。及安義公主死，又由長孫晟持節護送義城公主，以妻啓民。後來，由於啓民可汗部眾復聚，在長孫晟的建議下，又將其徙至夏、勝兩州之間的五原塞居住。從此，啓民可汗及其部落，便成為抵禦突厥南下的一道屏障和緩衝區域。

9. **開皇二十年（600）**：都藍可汗被部下所殺，突厥大亂。長孫晟奏請以啓民可汗所部分頭招誘，果然大收成效。達頭可汗復聚兵來戰，長孫晟作為行軍總管，隨晉王楊廣出征，長孫晟獻計以毒藥置水上游，造成達頭可汗人畜多被毒死，遂大敗突厥。凱旋後，隋文帝又命長孫晟返回大利城，安置新附突厥部眾。

10. **仁壽元年（601）**：長孫晟上奏表，請求大舉征伐突厥，隋文帝遂下詔以楊素為行軍元帥，晟為受降使者，送啓民可汗北伐。二年（602），長孫晟與梁默大敗突厥後，教諭啓民可汗分遣使者，前往北方招誘鐵勒諸部；三年（603），鐵勒、思結、伏利具、渾、斛薩、阿拔、僕骨等十餘部，皆背棄達頭可汗，請來降附，達頭可汗眾潰後，遂西奔吐谷渾。隨後，長孫晟又將啓民可汗安置於磧口，使其進一步遠離內地。

11. **大業三年（607）**：隋煬帝幸榆林，長孫晟奉命曉喻啓民可汗，晟遂誘使啓民舉國就役，開馳道三千里。

12. **大業五年（609）**：長孫晟卒，年五十八。「帝深悼惜之，贈贈甚厚。後突厥圍雁門，帝歎曰：『向使長孫晟在，不令匈奴至此！』」

由此可見，在解決突厥擾邊的問題上，長孫晟所做出的卓越貢獻，的確無有其匹。隋煬帝北巡邊疆，被圍困於雁門關，所發「向使長孫晟在，不令匈奴至此」之感歎，實為對其功績的最高評價。可以毫不誇張地說，正是在長孫晟反間計成功實施之後，強大的突厥帝國才被搞得四分五裂，從此再也無力單獨與中原王朝相抗衡。

四、隋朝北疆邊防政策的轉變

在古代中國，由於大漢族主義的情緒始終存在，因此在處理民族關係的問題上，歷來強調「非我族類，其心必異」、「夷狄之有君，不若諸夏之亡也」等傳統儒家民族觀念。正是在這些傳統儒家民族觀念的影響下，中原的漢族政權在解決民族紛爭的時候，最終必定要訴諸武力，在中原政權的統治者看來，能夠最終徹底解決民族紛爭的決定性因素，只有軍事手段，特別是處理中原與北邊游牧民族的關係時，武力的強大似乎才是最根本的保障。

隋文帝開皇初年，由於建國不久，也因為有江南陳朝政權尚未平定，兼之突厥又處於鼎盛時期，因此一時無力對北方邊境大規模用兵，不得已只好採取防守為主的策略。然而，時過境遷，至開皇九年（589），隨著江南陳朝政權的滅亡，隋朝在南方的掣肘力量消失了，大規模用兵北疆就有了可能性。再從北方諸少數民族自身情況來看，最有實力的突厥政權，也因為隋文帝推行的反間計而瓦解分裂，實力大不如前。這樣，隋朝在北疆一直採取以防守為主的政策，也就具備了調整的可行性，由防守轉為進攻的時機基本成熟。

隋朝邊防形勢所發生的這個變化，從周邊民族對於隋朝出兵滅陳的反應，可以十分清楚地看出來。周邊諸族對於陳朝滅亡的反應，可以高麗、吐谷渾為代表。據前引《隋書・高麗傳》云：「及平陳之後，（高麗王）湯大懼，治兵積穀，為守拒之策。」同書《吐谷渾傳》也記載：「平陳之後，（吐谷渾王）夸呂大懼，遁逃保險，不敢為寇。」〔註73〕高麗、吐谷渾何以如此反應？主要就是因為陳朝的滅亡，意味著它們在南方的奧援已經消失，隋朝將會騰出更大精力去解決北部邊疆的安全問題。

隋朝北疆政策發生轉變的標誌性事件，乃是開皇十八年（598）漢王楊諒奉命統兵東征高麗的軍事行動。相關諸史對於此役都有記載，如《隋書・高祖紀》云：「二月甲辰，幸仁壽宮。乙巳，以漢王諒為行軍元帥，水陸三十萬伐高麗……六月丙寅，下詔黜高麗王高元官爵……九月己丑，漢王諒師遇疾疫而旋，死者十八九。」〔註74〕開皇十八年漢王楊諒東征高麗，乃是隋文帝徹底解決東北邊防安全問題之政治意圖的公開顯露，也是一次帶有嘗試性的軍事行動。寡見所及，傳統研究對於此次軍事行動所包含的深刻政治意義，無論是關注力度，還是認識程度，都遠遠不夠。

〔註73〕 《隋書》卷八三《西域・吐谷渾傳》，第1844頁。
〔註74〕 《隋書》卷二《高祖紀下》，第43頁。

開皇十八年的「遼東之役」，並不因爲事發遼東地區而僅僅事涉局部的東北邊防安全問題，更是隋王朝整個北部邊防政策發生根本性轉變的標誌性事件，具有全局性的影響。開皇十八年的這次大規模軍事行動，絕非隋文帝一時起意式的偶然性、臨時性決定，而是經過了長期醞釀、反覆斟酌以後才做出的政治決策。據諸史載，大業三年八月隋煬帝北巡榆林，臨幸突厥啓民可汗牙帳，時高麗遣使通於突厥，啓民可汗不敢隱瞞，引其使朝見煬帝。時裴矩從行，因而上奏曰：「高麗之地，本孤竹國也。周代以之封于箕子，漢世分爲三郡，晉氏亦統遼東。今乃不臣，別爲外域，故先帝疾焉，欲征之久矣。但以楊諒不肖，師出無功。當陛下之時，安得不事，使此冠帶之境，仍爲蠻貊之鄉乎？」〔註75〕裴矩對隋煬帝所說的「先帝疾焉，欲征之久矣」，充分表明對於東征高麗一役，隋文帝實際上早已心中盤算許久。除此而外，這裏還要特別指出的是，東征高麗並不僅僅是統治集團上層的決策，幾乎成爲當時天下人的共識，史籍明確記載：「開皇之末，國家殷盛，朝野皆以遼東爲意。」〔註76〕東征高麗之成爲朝野共識，就決定了討伐高麗之役必不可免。

隋朝要實現北疆的長治久安，壓服突厥、高麗乃是前提條件。高麗作爲突厥最重要的盟友，如果不能使其徹底歸服，則始終構成隋朝北疆的安全隱患。相反，如果能壓服高麗，則突厥如同鳥折其翼、獸斷其足，必將有利於最終徹底解決長期困擾中原政權北方邊疆的外患問題。隋朝建國以後，北疆所面臨的長期邊患問題，因爲突厥和高麗的遙相呼應，而更趨嚴峻。關於高麗與突厥東西相應、彼此配合給隋王朝所造成的威脅，前揭芮沃壽氏就曾有指陳，云：「高麗對中國的潛在威脅更因其他因素（除了與東突厥人結盟這一因素之外）而成倍增長和更加複雜化了……此外，已有學者提出一種假設，遠處西京的隋廷擔心高麗在河北地區可以產生強大的軍事影響，因爲從北齊時期起那裏的分裂情緒遠沒有消失。」〔註77〕

由此可見，要最終解決北疆的邊患，就必須牢牢扼制住高麗和突厥，徹底切斷二者之間的聯合，這也是進而確保「河北地區」安全的重要步驟。從這個意義上說，後來隋煬帝三征高麗，並非如魏徵所說「狹殷、周之制度，

〔註75〕《隋書》卷六七《裴矩傳》，第1581頁。
〔註76〕《隋書》卷七五《儒林·劉炫傳》，第1721頁。
〔註77〕前揭《劍橋中國隋唐史》，第141頁。

尚秦、漢之規摹」〔註78〕的好大喜功之舉，而是對父皇隋文帝未竟事業的繼
承，東征高麗可謂隋文帝既定國策之一。開皇十八年「遼東之役」，雖未能取
得實質性成果，甚至還以軍事上的較大失利告終，卻宣告隋王朝北疆邊防政
策已然發生根本性轉變，表明在北疆邊防策略問題上，隋王朝已經改變此前
長期採取的防守政策，轉而為武力征討為主。這個政策上的根本性變化，不
僅直接影響到繼任的隋煬帝，甚至影響到唐朝初期，可以說唐太宗、唐高宗、
武則天時期對高麗的武力征討政策，都是發韌於此。

〔註78〕《隋書》卷四《煬帝紀下》，「史臣曰」，第 95 頁。

仁壽宮與隋文帝晚年政治之關係

　　隋文帝開皇十三年至十五年，在今陝西寶雞市麟遊縣境內修造了一座行宮——仁壽宮，唐初改名九成宮（唐高宗永徽二年/651一度改名萬年宮，乾封二年/667又復名九成宮），爲隋唐時期一座著名的皇帝行宮。關於隋文帝修造仁壽宮的動機，傳統觀點認爲主要是爲了隋朝皇家提供一處避暑勝地。實際上，隋文帝興建仁壽宮的初衷，主要還是著眼於政治方面，仁壽宮在修成以後，對隋朝政治尤其是隋文帝晚年的政治生活也產生了重要影響，由於隋文帝較長時間在這裏處理軍政大事，故仁壽宮一度成爲隋朝的政治中心之一。隋文帝晚年曾長期居住仁壽宮，並在這裏度過了他最後的歲月，歷史上著名的「仁壽宮變」正是在此演繹，隋煬帝楊廣正是通過發動「仁壽宮變」、弒殺父皇，從而走向皇帝的寶座。本文並不準備對仁壽宮的興建，及其與隋朝政治關係展開全面探討，而擬以太子楊勇被廢事件爲核心，對仁壽宮和隋文帝晚年政治生活的關係，作一切面式剖析。

一、史籍所載仁壽宮營造之背景

　　隋朝仁壽宮，唐改稱九成宮，位於今陝西省寶雞市麟遊縣境內。麟遊縣名之由來，唐李吉甫在《元和郡縣圖志》中有記述，云：「麟遊縣，本漢杜陽縣地，隋於此置西麟州，營仁壽宮。義寧元年，唐高祖輔政，廢宮。是年獲白麟於宮所，因置縣。」〔註1〕據此可知，唐高祖李淵於義寧元年（617）輔

〔註1〕　《元和郡縣圖志》卷二《關內道二》「鳳翔府・麟遊縣」條，第42頁。

政後，因爲在原仁壽宮所在地捕獲一頭麒麟，故在此設置麟遊縣。〔註2〕

仁壽宮位於麟遊縣西約一至五里處〔註3〕，始建於隋文帝開皇十三年（593）二月，至開皇十五年（595）三月，仁壽宮建成，前後歷時二年零一個月。由於仁壽宮所處地形、地質狀況均極複雜，大大增加了建築難度，又因爲建築工程量本來就十分巨大，工期又比較緊迫等因素，再加上工程營造總監楊素異乎尋常的苛酷管理，最後竟造成數萬丁壯死於溝壑。據《資治通鑒》略云：

> 二月，丙午，詔營仁壽宮於岐州之北，使楊素監之。素奏前萊州刺史宇文愷檢校將作大匠，記室封德彝爲土木監。於是夷山堙谷以立宮殿，崇臺累榭，宛轉相屬。役使嚴急，丁夫多死，疲頓顛僕，推填坑坎，覆以土石，因而築爲平地。死者以萬數。〔註4〕

仁壽宮巍峨壯麗，奢華無比，以至素來節儉的隋文帝初見此宮，竟勃然大怒，斥責楊素此舉乃是殫竭民力，以「爲吾結怨天下」〔註5〕。仁壽宮規模宏大、富麗堂皇，在唐人詩賦中頗多描寫，如初唐詩人盧照鄰這樣寫道：

〔註2〕 關於麟遊縣之名稱由來與設置，《舊唐書》卷三八《地理志一》「鳳翔府‧麟遊縣」條僅言設置及其沿革情況，不言名稱由來（第1403頁，【後晉】劉昫撰，北京，中華書局，1975。）；《新唐書》卷三七《地理志一》「鳳翔府‧麟遊縣」則言及設置、沿革及名稱由來，云：「義寧元年置，以麟遊及京兆之上宜、扶風郡之普潤置鳳棲郡。二年以仁壽宮中獲白麟，更郡曰麟遊，又以安定郡之鶉觚并析置靈臺縣隸之。武德元年曰麟州。貞觀元年州廢，省靈臺入麟遊，以麟遊、普潤來屬，上宜還隸雍州，鶉觚還隸涇州。西五里有九成宮，本隋仁壽宮，義寧元年廢，貞觀五年復置，更名，永徽二年曰萬年宮，乾封二年復曰九成宮，周垣千八百步，并置禁苑及府庫官寺等。又西三十里有永安宮，貞觀八年置。」（第966頁，【宋】歐陽修、宋祁撰，北京，中華書局，1975。）《新志》言「麟遊」之名，始自義寧二年（618），與前揭《元和志》所言義寧元年不同，且言命名「麟遊」之始，乃是名郡而非名縣，亦與《元和志》略異。抑或由於此地設郡或州（麟遊郡、麟州）時間均甚短，影響不大，故李吉甫《元和志》直接書寫爲置縣耶？

〔註3〕 按，仁壽宮距離麟遊縣究竟有多遠？諸史記載不盡一致，前揭《新志》作「西五里」；《元和志》則作「在縣西一里」（第42頁）。要之，無論一里或是五里，其在麟遊縣西不遠處，則可以肯定。

〔註4〕 《資治通鑒》卷一七八隋文帝開皇十三年（593）二月，第5539～5540頁。

〔註5〕 《資治通鑒》卷一七八隋文帝開皇十五年（595）三月：「仁壽宮成。丁亥，上幸仁壽宮。時天暑，役夫死者相次於道，楊素悉焚除之，上聞之，不悅。及至，見制度壯麗，大怒曰：『楊素殫民力爲離宮，爲吾結怨天下。』素聞之，惶恐……」（第5548頁）

九成宮者，信天子之殊庭，群山之一都也。五城既遠，得崑閬
於神京；三山已沈，見蓬萊於古輔。紫樓金閣，雕石壁而鏤群峰；
碧瑩銅池，俯銀津而橫眾壑。離宮地險，丹碉四周；徼道天迴，翠
屏千仞。衛尉寢蒙茸之署，將軍無刁斗之警。中巖罷煥，飛霜爲之
夏凝；太谷生寒，層淮以之秋沍……〔註6〕

又，魏徵在《九成宮醴泉碑銘》中寫道：

維貞觀六年孟夏之月，皇帝避暑於九成之宮，此則隋之仁壽宮
也。冠山抗殿，絕壑爲池，跨水架楹，分巖竦闕，高閣周建，長廊
四起，棟宇膠葛，臺榭參差。仰視則迢遞百尋，下臨則崢嶸千仞。
珠璧交映，金碧相輝，照灼雲霞，蔽虧日月。觀其移山迴澗，窮泰
極侈，以人從欲，良足深尤。至於炎景流金，無鬱蒸之氣；微風徐
動，有淒清之涼。信安體之佳所，誠養神之勝地。漢之甘泉，不能
尚也……〔註7〕

盧照鄰、魏徵所描寫之唐代九成宮，即隋代仁壽宮，據前揭《新志》，仁壽宮
於義寧元年（617）一度荒廢，至唐太宗貞觀五年（631）復置，加以修繕之
後更名爲九成宮。儘管九成宮經貞觀五年修繕後，已不復完全隋時舊貌，但
唐代所作之修繕均爲補充性的修理工作，其主體工程乃是隋文帝所營建，易
言之，盧、魏二人筆下所描寫之九成宮盛況，實即隋代仁壽宮之概觀。

　　儘管隋文帝楊堅力倡節儉，也曾嚴斥楊素，但仁壽宮建成後，他還是經
常行幸於此，並且有時一住長達八、九個月。隋文帝爲何營建仁壽宮？後世
多指爲提供皇室避暑之用。徵諸史籍，仁壽宮自修成以後，隋文帝、唐太宗、
唐高宗等，均曾多次避暑於此。學者據以立論的主要根據之一，乃是仁壽宮
所在地的特殊地理環境以及氣候特徵。關於仁壽宮的地理環境及氣候特徵，
如前揭魏徵有所描述，略云：「炎景流金，無鬱蒸之氣；微風徐動，有淒清之
涼。」又如題爲唐高宗御撰《萬年宮碑銘序》亦云：「複澗澄陰，扇炎風而變
冷；重巒潛暑，韜夏景而翻寒。」〔註8〕凡此均表明仁壽宮所在地夏季涼爽宜
人，「信安體之佳所，誠養神之勝地」確乎不虛。又，今人研究也指出，唐時
九成宮在六、七、八月間的平均氣溫爲 18.7℃，六月的平均溫度還要低一些，

〔註6〕　【清】董誥編：《全唐文》卷一六六（盧照鄰一）《樂府雜詩序》，第 1694 頁，
　　　　　北京，中華書局，1983。

〔註7〕　《全唐文》卷一四一（魏徵三）《九成宮醴泉碑銘》，第 1433 頁。

〔註8〕　《全唐文》卷一五（高宗皇帝五）《萬年宮碑銘并序》，第 180 頁。

爲 17.6℃，比現代還要低 1.3～1.7℃；至於盛夏時節，比現代更爲涼爽。另外，此地還具有夏短秋早的氣候特點。〔註9〕可見，仁壽宮的確是隋唐時期夏季避暑的勝地。

然而，探求隋文帝興建仁壽宮的動機，僅從避暑的角度出發，恐怕說服力不夠。就隋文帝來說，以其歷來提倡節儉之生活作風，及其近乎吝嗇之性格，如果單純爲尋覓一處避暑勝地，可能並不一定會大興土木。因此，隋文帝在進行此項決策時，應當還有其他方面的考慮。換言之，仁壽宮的功能當不止於避暑之一端，我們還應同時考慮其他因素，特別是地緣政治方面的原因。

鄙意，潛在的軍事戰略地位，應當是隋文帝在麟遊興建行宮的關鍵性原因。以言地緣構成，仁壽宮所在之麟遊縣，地居衝要，西通隴州，直達甘南，爲長安通向河隴地區的咽喉要道。從軍事戰略角度來說，麟遊不僅是大隋王朝經略河隴地區的戰略支點，也是扼制西北諸族東進、拱衛京師長安西邊門戶的屏藩，極具軍事戰略價值。及唐朝建立，有遠見者如唐太宗，著眼於經略河隴的目的，不僅對稍顯破敗的仁壽宮進行了重新修繕，更名爲九成宮，後來又在其東面接連興建玉華、仁智兩宮，這三座行宮自西向東構成了一道護衛京師的防線，一旦突厥鐵騎突破河套一帶防線南下，這些行宮要塞就可以構成拱衛京師的一道重要屏障。

基於以上分析，我初步判斷，隋文帝決策興建仁壽宮之動機，並不止於爲皇室提供避暑處所之一端，更具有軍事戰略方面的潛在用意，即仁壽宮在爲皇室提供避暑勝地的同時，也可用作京師長安西北方向軍事防線的一個戰略據點。

二、仁壽宮與隋文帝晚年政治運作

在封建專制政治體制之下，皇帝乃是整個政治運轉的核心，因此，封建帝王身居何處，政治中心一般也都隨而至之。自仁壽宮建成之後，隋文帝就經常臨幸於此，並長時間留居。因此，我們有理由相信，仁壽宮與隋朝的政治生活，尤其是隋文帝晚年政治生活之間，應當存在著不同尋常的密切關係。

茲據《隋書·高祖紀》所載（並參考《資治通鑒·隋紀》），將隋文帝居仁壽宮期間的政治活動及發生的主要政治事件，簡表列之如下 (表一：隋文帝臨幸仁壽宮期間政治事件簡表)：

〔註 9〕 陸巍、張秀芝、吳寶魯撰：《唐九成宮夏季氣溫的重建》，《考古》1998 年第 1 期，第 82～86 頁。

表一：隋文帝臨幸仁壽宮期間政治事件簡表

時 間		政治活動或事件	備註（政治活動或事件性質）
年	月、日		
開皇十三年/593	二月丙子/3 月 13 日	下詔營仁壽宮，使楊素監之。	
開皇十五年/595	三月丁亥/4 月 13 日	仁壽宮修成。丁亥，幸仁壽宮。	
	四月己丑/5 月 15 日	大赦天下。	內政（大赦）
	甲辰/5 月 30 日	趙州刺史楊達任工部尚書。	人事變動（任命）
	五月癸酉/6 月 28 日	吐谷渾朝貢。	外交（外邦貢獻）
	丁亥/7 月 12 日	制京官五品已上，佩銅魚符。	制度建設（職官）
	六月戊子/7 月 13 日	下詔鑿底柱。	內政（整頓交通）
	庚寅/7 月 15 日	相州刺史豆盧通貢綾文布，命焚之於朝堂。	內政（吏治整頓）
	乙未/7 月 20 日	林邑遣使來貢方物。	外交（外邦貢獻）
	辛丑/7 月 26 日	詔名山大川未在祀典者，悉祠之。	制度建設（禮儀）
	七月甲戌/8 月 28 日	遣蘇威巡省江南。	內政（巡撫地方）
	七月戊寅/9 月 1 日	**離開仁壽宮。**	
第一次居仁壽宮時間：自 595 年農曆三月丁亥至七月戊寅，即公曆 4 月 13 日～9 月 1 日，共 141 天			
開皇十七年/597	二月庚寅/3 月 6 日	幸仁壽宮。	
	庚子/3 月 16 日	王世積討平桂州李光仕。	軍事（內部平叛）
	壬寅/3 月 18 日	河南王昭納妃，宴群臣，頒賜各有差。	內政（宴賞大臣）
	三月丙辰/4 月 1 日	下詔要求嚴肅官階制度。	制度建設（職官）
	辛酉/4 月 6 日	上親錄囚徒。	內政（司法理獄）
	癸亥/4 月 8 日	殺彭國公劉昶。	人事變動（廢殺）
	庚午/4 月 15 日	遣治書侍御史柳彧、皇甫誕巡省河南、河北。	內政（地方吏治）
	四月戊寅/4 月 22 日	頒新曆。	制度建設（曆法）

壬午/4月26日	下詔褒獎李穆、韋孝寬、王雄、高熲、楊素等遺屬。	內政（褒獎元從）	
五月	宴百僚於玉女泉，頒賜各有差。	內政（宴賞大臣）	
己巳/6月13日	高麗遣使貢方物。	外交（外邦貢獻）	
甲戌/6月18日	左衛將軍獨孤羅出任涼州總管。	人事變動（任命）	
七月丁丑/8月20日	虞慶則討平桂州李世賢。	軍事（內部平叛）	
丁亥/8月30日	并州總管秦王俊坐事免，以王就第。	人事變動（免職）	
戊戌/9月10日	突厥遣使貢獻。	外交（外邦貢獻）	
九月甲申/10月26日	**離開仁壽宮。**		

第二次居仁壽宮時間：自597年農曆二月庚寅至九月甲申，即公曆3月5日～10月26日，共235天

	二月甲辰/3月15日	幸仁壽宮。	
	乙巳/3月16日	以漢王楊亮為行軍元帥，水陸三十萬伐高麗。	軍事（對外征討）
	三月乙亥/4月15日	以柱國杜彥為朔州總管。	人事變動（任命）
	四月癸卯/5月13日	以蔣州刺史郭衍為洪州總管。	人事變動（任命）
	辛亥/5月21日	下詔：畜貓鬼、蠱毒、厭魅、野道者，投於四裔。〔註10〕	內政（禁止巫蠱）
開皇十八年/598	六月丙寅/8月4日	下詔黜高麗王高元官爵。	外交（貶黜外蕃）
	七月壬申/8月10日	詔以河南八州水，免其課役。	內政（免除課役）
	丙子/8月14日	下詔：京官五品已上，總管、刺史以志行修謹、清平幹濟二科舉人。	制度建設（科舉）
	九月己丑/10月26日	楊諒失利而返，高麗王遣使謝罪，下詔罷兵。	外交（罷兵）
	庚寅/10月27日	下敕：舍客無公驗者，坐及刺史、縣令。	內政（地方治安）
	九月辛卯/10月28日	離開仁壽宮。	

〔註10〕 按，此詔發佈日期，《隋書》定於「五月辛亥」，查陳垣《二十史朔閏表》（北京：中華書局，1962。），開皇十八年五月辛未朔，無「辛亥」日，故此詔發布日期，從《資治通鑒》作「四月辛亥」，即公曆5月21日。

第三次居仁壽宮時間：598 年農曆二月甲辰至九月辛卯，即公曆 3 月 15 日～10 月 28 日，共 227 天			
開皇十九年/599	二月甲寅/3 月 20 日	幸仁壽宮。	
	四月丁酉/5 月 2 日	突利可汗內附，達頭可汗犯塞，史萬歲擊破之。	軍事（對外征討）
	六月丁酉/7 月 1 日	以豫章王暕爲內史令。	人事變動（任命）
	八月癸丑/9 月 15 日	上柱國、尚書左僕射、齊國公高熲坐事免。	人事變動（免職）
	九月乙丑/9 月 27 日	以太常卿牛弘爲吏部尚書。	人事變動（任命）
	十月甲午/10 月 26 日	突利可汗爲啓民可汗，築大利城以處，妻以義成公主。	外交（綏撫歸義）
	庚子/11 月 2 日	以朔州總管宇文弢爲代州總管。	人事變動（任命）
開皇二十年/600	正月辛酉朔/1 月 21 日	上在仁壽宮。突厥、高麗、契丹遣使貢獻。	外交（外邦貢獻）
	癸亥/1 月 23 日	以代州總管宇文弢爲吳州總管。	人事變動（任命）
	二月己巳/3 月 29 日	以上柱國崔弘度爲原州總管。	人事變動（任命）
	三月辛卯/4 月 20 日	張衡討平熙州李英林。	軍事（內部平叛）
	四月壬戌/5 月 21 日	達頭可汗犯塞，晉王廣爲行軍元帥，擊破之。	軍事（對外征討）
	六月丁丑/8 月 4 日	秦王俊薨。	人事（親王崩薨）
	九月壬子/11 月 8 日	**離開仁壽宮**	
第四次居仁壽宮時間：自 599 年農曆二月甲寅至 600 年農曆九月壬子，即公曆 599 年 3 月 20 日～600 年 11 月 8 日，共 598 天			
仁壽二年/602	三月己亥/4 月 18 日	幸仁壽宮。	
	壬寅/4 月 21 日	以齊州刺史張顗爲潭州總管。	人事變動（任命）
	七月丙戌/8 月 3 日	詔：內外官各舉所知。	制度建設（科舉）
	戊子/8 月 5 日	以原州總管獨孤楷爲益州總管。	人事變動（任命）
	八月己巳/9 月 15 日	皇后獨孤氏崩。	人事（皇后崩薨）
	九月丙戌/10 月 2 日	離開仁壽宮。	

第五次居仁壽宮時間：自 602 年農曆三月己亥至九月丙戌，即公曆 4 月 18 日～10 月 2 日，共 167 天			
仁壽四年/604	正月甲子/3 月 4 日	甲子，幸仁壽宮。	
	乙丑/3 月 5 日	詔賞罰支度，事無鉅細，並付皇太子。	內政（權力移交）
	四月	上不豫。〔註11〕	
	六月庚午/7 月 7 日	大赦天下。〔註12〕	內政（大赦）
	七月己亥/8 月 5 日	以大將軍段文振爲雲州總管。	人事變動（任命）
	甲辰/8 月 10 日	上以疾甚，臥於仁壽宮，與百僚辭決。	內政（託孤）
	七月丁未/8 月 13 日	隋文帝崩於大寶殿，時年 64 歲。	
	八月丁卯/9 月 2 日	梓宮至自仁壽宮。丙子（9 月 11 日），殯於大興前殿。	
第六次居仁壽宮時間：自 604 年農曆正月甲子至七月丁未，即公曆 3 月 4 日～8 月 13 日，共 162 天			

注：1. 表中「月、日」一欄，前爲干支紀時，後爲公曆日期，公曆日期係根據陳垣氏《二十史朔閏表》推算而來。

2. 因無法確知隋文帝每次往返於道路所需時間，爲避免枝節，故推算其居仁壽宮之日期，將耗費於路途的時間也一併計算在內。

依據上述「表一」可知，自開皇十五年（595）三月仁壽宮建成後，到仁壽四年（604）七月駕崩，隋文帝先後六次臨幸仁壽宮，具體時間如下（換算成公元紀年法）：

第一次，595 年 4 月 13 日——9 月 1 日，共 141 天；

第二次，597 年 3 月 5 日——10 月 26 日，共 235 天；

第三次，598 年 3 月 15 日——10 月 28 日，共 227 天；

〔註11〕 按，《隋書》卷二《高祖紀下》、《資治通鑑》均作四月「乙卯，上不豫。」查陳垣《二十史朔閏表》，仁壽四年四月丙寅朔，只有「乙亥」、「乙酉」、「乙未」、「己卯」、「辛卯」等日干，不可能有「乙卯」，故「乙卯」日干有誤。（又參《隋書》卷二《高祖紀下》「校勘記二三」，第 58 頁）

〔註12〕 按，《隋書》、《資治通鑑》均作「庚申」，據《二十史朔閏表》，本年六月乙丑朔，不可能有「庚申」日干，故二書均誤。又據《隋書》「校勘記」，同書《天文志》及《北史·隋本紀》，均作「庚午」，爲六月初六（公曆 7 月 7 日），合乎日干，故此處時間依《天文志》及《北史》，記作「庚午」。

　　　　第四次，599 年 3 月 20 日——600 年 11 月 8 日，共 598 天；

　　　　第五次，602 年 4 月 18 日——10 月 2 日，共 167 天；

　　　　第六次，604 年 3 月 4 日——8 月 13 日（駕崩），共 162 天。

以上六次時間累計：1530 天。若每年按 365 天計，則折合爲約 4.20 年。這就是說，自開皇十五年三月仁壽宮建成，至仁壽四年七月隋文帝駕崩於此，在不到九年的時間裏（約八年零四個月），隋文帝有超過一半的時間是在仁壽宮度過。由此可以斷言：仁壽宮已在事實上成爲隋文帝晚年政治活動的核心場所之一，其在隋帝國政治生活中，甚至可以和首都長安並駕齊驅。

　　由於仁壽宮所在地理位置特殊，故後人論仁壽宮之主要功能，多以唐代九成宮作爲考察視角，認爲主要是爲皇帝提供避暑場所。然如前所論，隋文帝當初興建此宮的初衷，更有軍事戰略方面的考慮，這裏我們再根據「表一」所載，對此略加申說，並對仁壽宮的政治功能稍作剖析。

　　仁壽宮的政治功能之一，表現爲它在京師長安西北方向的軍事格局中具有特殊意義，這應當是隋文帝多次臨幸並長期居住於此的一個重要原因。首先，我們可以從臨幸時間及其往返規律進行分析。據諸「表一」，隋文帝先後 6 次臨幸仁壽宮，多數是春去秋回。其中第 1 次、第 5 次前往的時間爲農曆三月（公曆四月）；第 2、3、4 次爲農曆二月（公曆三月）；第 6 次爲農曆正月（公曆三月初）。第 1 次返回的時間爲農曆七月（公曆九月一日）、第 5 次返回的時間爲農曆九月（公曆十月 2 日）；其他 4 次的返回時間則爲農曆九月（公曆十月底或十一月初，最後一次，因爲八月駕崩，可不予考慮）。依照關中地區的氣候特徵，即便是公曆五月，天氣也依然微涼，更不用說公曆三月，按農曆計算還是早春二月（特別是第六次前往的時間更在農曆正月），其時天氣寒冷。如此來說，在農曆正月、二月即前往仁壽宮「避暑」，就顯得殊爲費解。因此，隋文帝在春季即前往仁壽宮，固然可能因爲該地氣候比長安更爲宜人，但眞正動機決不可能是爲了避暑，而應該另有其他考慮，個中原因當與應對突厥、吐谷渾等少數民族的擾邊有某些關係。

　　論其時隋與周邊少數民族的關係，東北邊境的高麗固然構成潛在的巨大威脅，但突厥、吐谷渾等環伺關中的西北少數民族，對長安所造成的軍事壓力，卻更爲直接。作爲馬背上的民族，突厥、吐谷渾等均以騎兵爲主要軍事力量，季節變化對其實力消長的影響十分顯著。儘管春天是萬物復蘇，草木返青的季節，但對於剛剛挨過漫長冬天的草原民族來說，卻是最困難的時期，

因爲他們在冬眠蘇醒過來之後，直接面臨著人乏食物、馬缺草料的困境。草原民族固有的逐水草而居的生產和生活方式，決定了他們無法依靠自身解決這些困難，搶掠聚落定居的農耕民族，也就因此成爲草原民族在冬春之際補充給養、解決食物來源的主要途徑。所以，春天往往成爲草原民族頻繁南下搶掠的集中時期。

在歷經多次被搶掠的事實之後，定居的農耕民族也逐漸掌握了草原民族軍事活動的規律。對中原政權來說，大凡有卓識的政治家，他們對於草原民族的軍事防範，都特別重視從春季開始。因此，隋文帝在春天甫一來臨，就前往仁壽宮，應當與此有關。因爲從前揭「表一」所顯示的信息看，隋文帝居住仁壽宮期間，至少 11 次處理了與突厥、吐谷渾等西北少數民族有關的事務，具體包括以下三個方面的內容：

1. 任命將帥，籌劃邊疆防衛，具體爲：獨孤羅任涼州總管（開皇十七年五月）、杜彥任朔州總管（開皇十八年三月）、宇文弼任代州總管（開皇十九年十月）、崔弘度任原州總管（開皇二十年二月）、段文振任雲州總管（仁壽四年七月），此 5 次人事任命，均和西北邊疆的軍事防衛有直接關係，具體防衛對象爲突厥、吐谷渾等西北諸族。

2. 接受突厥、吐谷渾等外族貢獻，具體爲：開皇十五年五月吐谷渾朝貢；開皇十七年七月，突厥遣使朝貢；開皇二十年正月，接受突厥、高麗、契丹等貢獻。

3. 反擊突厥的戰爭以及安撫歸附突厥部落，具體爲：開皇十九年四月，突利可汗內附，達頭可汗犯塞，史萬歲擊破之；同年十月，隋以突利可汗爲啓民可汗，並築大利城處其部落，並妻之以義成公主；開皇二十年四月，達頭可汗犯塞，晉王楊廣爲行軍元帥，擊破之。

以上各項涉邊人事任命，及軍事、政治活動，時間多在春季，正與隋文帝臨幸仁壽宮的時間大致同步。這種情況不可能是偶然的巧合，卻適足表明，隋文帝在早春時節即前往仁壽宮「避暑」，眞正原因很可能就是爲了方便處理這些涉邊事務，並籌劃鎭撫西北邊地的策略。

仁壽宮與隋文帝晚年政治生活之間的關係，除上述所論，實際上還有著更爲豐富的內容。爲方便分析，茲據「表一」所載，將隋文帝六次居留仁壽宮期間的政治舉措及發生的政治事件（包括以上所論之關於突厥、吐谷渾方面的內容，大致涉及內政、外交、軍事、人事、制度建設等幾個方面），歸納

陳述如下：

1. **內政方面**：大赦（2 次）、地方吏治、巡撫地方、整頓交通、宴賞大臣（各 2 次）、褒獎元從（或元從後裔）、下詔禁止巫蠱、免除受災地區課役、整頓地方吏治、司法理獄、權力移交、託孤（各 1 次）等十二項內容，除了「權力移交」、「託孤」兩項可置而不論，其他 10 項內容幾乎涉及帝國行政的各個方面。

2. **外交方面**：接受外邦貢獻（4 次）、貶黜外蕃（1 次）、宣佈罷兵（1 次）等內容。

3. **軍事方面**：內部平叛（3 次）、對外征討（3 次）、綏撫歸義（1 次）等內容。

4. **人事變動方面**：人事任命（11 次）、免職（2 次）、廢殺、親王崩薨、皇后崩薨（各 1 次）等內容。

5. **制度建設方面**：職官（2 次）、科舉（2 次）、禮儀（1 次）、曆法（1 次）等內容。

以上五個方面涉及隋帝國政治生活的方方面面，舉凡外交伐謀、內政治理、賞功伐叛、軍事攻討、人事任免、課役蠲除、平治冤獄、吏治建設、選賢舉能、職官禮儀、天文曆法等，所有關乎帝國政權運作的政治舉措或決策，皆從仁壽宮發出。以此言之，仁壽宮在隋文帝的晚年，已在事實上成為隋王朝政治運轉的中心。

仁壽宮之在事實上成為帝國一個新的政治中心，還另有理由。徵諸史載，開皇十八年十二月，隋文帝下令在京師長安與仁壽宮之間修建了 12 處行宮。〔註13〕隋文帝此舉所包含的政治意義，應該如何理解？

竊意應該從仁壽宮對隋帝國政治生活影響的角度進行探尋。隋文帝既長時間居留仁壽宮，並在此發布一系列治國理政的大政方針，那麼，提高仁壽宮與京師長安之間的信息溝通效率就尤有必要。今西安到麟遊縣之間的直線距離，大約 130 公里，這也是隋帝國首都長安到仁壽宮之間的距離，就其時交通條件及手段來說，130 公里並非很容易就跨越的距離。隋唐時代的信息溝通方式，主要依靠驛站間的接力式傳遞，因而加強驛站建設，就成為提高信

〔註13〕《隋書》卷二《高祖紀下》：開皇十八年十二月，「是月，自京師至仁壽宮，置行宮十有二所。」（第 44 頁）

息溝通效率的主要途徑。然而，如何強化和提高驛站的效率，卻不是簡單地下達幾道行政文書，或是發布幾道命令，就可須臾辦到。開皇十八年十二月，在長安與仁壽宮 130 公里左右的區間，一下子建造起十二所行宮，密度如此之大，如單純從皇帝臨幸需要的角度尋繹其原因，實屬費解。職此之故，我認爲，這十二所行宮的用途，應當不止於爲皇帝臨幸仁壽宮提供後勤保障一端，以之同時充當長安與仁壽宮兩地間的交通驛站，從而提高兩地之間的信息溝通效率，也許應當就是興建這十二所行宮的深層原因。

三、仁壽宮與開皇末年四項政治決策

由於上述內容涉及範圍過於寬泛，以之揆度仁壽宮與隋文帝晚年政治關係之真相，難以切中肯綮，故接下來讓我們選取其中若干有代表性的政治事件或政治決策，稍作個案式剖析。

隋文帝居仁壽宮期間之政治決策，值得特別關注者，竊意有如下四項：1. 開皇十七年三月發布「丙辰詔書」；2. 開皇十八年二月，下詔以漢王楊諒爲主帥，東征高麗；3. 開皇十八年七月，下詔「京官五品已上，總管、刺史以志行修謹、清平幹濟二科舉人」；4. 開皇二十年九月，隋文帝自仁壽宮回到長安，十月，廢黜太子楊勇，改立晉王楊廣爲太子。

上述四者，均爲事關隋帝國政治生活之重大事件，皆決策於隋文帝居仁壽宮期間，仁壽宮已成隋文帝晚年最重要的決策中心之一，由此可見一斑。以下分而述之。

（一）開皇十七年三月「丙辰詔書」

開皇十七年（597）三月丙辰（公曆 4 月 1 日）頒佈的詔書，《隋書》高祖本紀、《資治通鑑》等均有記載。茲據《隋書》將詔書移錄如次：

> 三月丙辰，詔曰：「分職設官，共理時務，班位高下，各有等差。若所在官人不相敬憚，多自寬縱，事難克舉。諸有愆失，雖備科條，或據律乃輕，論情則重，不即決罪，無以懲肅。其諸司論屬官，若有愆犯，聽於律外斟酌決杖。」〔註14〕

「丙辰詔書」爲何值得我們特別關注？

眾所週知，作爲封建職官制度的重要特徵之一，嚴格區分官階等差，既是封建等級制度的具體體現，也是確保上級機關對下級屬吏權威性的制度性

〔註14〕《隋書》卷二《高祖紀下》，第 41 頁。

依據。然而，在隋文帝看來，其時之官階制度卻出現了很大問題，主要表現為下級僚屬對於上級領導官員，缺乏起碼的敬畏，結果造成寬容放縱、職事荒廢的政治局面（即所謂「多自寬縱，事難克舉」）。「丙辰詔書」進而指出，對於這種下不敬上的行為，儘管也有相應的法律條文進行約束，但由於「據律乃輕，論情則重」等原因，實際上並未達到「懲肅」的目的。為此，「丙辰詔書」特別申明：以後若再出現下不敬上的「愆犯」行為，上級領導官員有權對其作「律外斟酌決杖」。

「丙辰詔書」的精神本質，乃是突出了上級官僚機構對所屬下級部門的絕對領導權威，規定在行政範圍內，上級官員有權突破法律條文的約束，對屬下加以懲治。「丙辰詔書」的發布，儘管是為了克服下不敬上以致「多自寬縱，事難克舉」的弊端，卻在事實上為官員權力的無限擴張打開了一道方便之門，所謂「聽於律外斟酌決杖」，就是指官員可以超越法律的限制，對自己認為有所「愆犯」的屬吏隨意處置。

「丙辰詔書」之所以值得我們特別關注，就在於它實為隋文帝統治後期政治作風已然發生根本性轉變的標誌性事件。對於隋文帝的政治品格及其統治後期政治作風的轉變，唐太宗貞觀時期的宰相魏徵，其實已經有所指陳，略云：「然天性沉猜，素無學術，好為小數，不達大體……逮于暮年，持法尤峻，喜怒不常，過於殺戮。」〔註15〕魏徵所言隋文帝「逮于暮年，持法尤峻」，究竟始於何時？對於隋文帝前後政風的變化，現代學界討論頗多，儘管每個人研究的學術路徑不盡相同，但得出的結論卻較為一致，都認為隋文帝晚年政治的重要特徵之一，就是「持法尤峻」，亦即開始偏重法家「重賞重罰」的執政理念。然而，隋文帝執政理念發生轉變，始於何時？寡見所及，學界卻鮮少有人提出時間上的明確斷限。

事實上，早在北宋時期，司馬溫公就已經注意到隋文帝晚年「持法尤峻」的問題了，他在敘述完「丙辰詔書」之後，曾對詔書有一段評論性文字，略云：「於是上下相驅，迭行捶楚，以殘暴為幹能，以守法為懦弱。」〔註16〕這就是說，自「丙辰詔書」發布以後，隋王朝國家機關從上到下，施政作風都開始發生明顯變化，法律條文不再作為行政的基準，守法者被視為懦弱，官員勤政與否、能力高下，竟以殘暴程度作為判斷標準。其實，不僅官吏隊伍

〔註15〕 《隋書》卷二《高祖紀下》，第 54 頁。
〔註16〕 《資治通鑒》卷一七八隋文帝開皇十七年（597）三月，第 5553 頁。

普遍如此，素以守法自居的隋文帝，但憑喜怒而不循法度的政治傾向，到其統治後期也愈加明顯地表現出來。隋文帝行政作風所發生的這些變化，不勝枚舉，基於《資治通鑑》敘事時間明確且較有條理，故錄其所載如下，以窺其一斑，略云：

> 帝以盜賊繁多，命盜一錢以上皆棄市，或三人共盜一瓜，事發即死。於是行旅皆晏起早宿，（胡注：恐邂逅觸罪也。）天下懍懍……

> 帝晚節用法益峻，御史於元日不劾武官衣劍之不齊者，帝曰：「爾為御史，縱捨自由。」命殺之；諫議大夫毛思祖諫，又殺之。將作寺丞以課麥稅遲晚，武庫令以署庭荒蕪，左右出使，或授牧宰馬鞭、鸚鵡，帝察知，並親臨斬之。

> 帝既喜怒不恒，不復依準科律。信任楊素，素復任情不平，與鴻臚少卿陳延有隙，嘗經蕃客館，庭中有馬屎，又眾僕於氈上樗蒲，以白帝。帝大怒，主客令及樗蒲者皆杖殺之，捶陳延幾死。

> 帝遣親衛大都督長安屈突通往隴西檢覆羣牧，得隱匿馬二萬餘匹，帝大怒，將斬太僕卿慕容悉達及諸監官千五百人。通諫曰：「人命至重，陛下奈何以畜產之故殺千有餘人！臣敢以死請！」帝瞋目叱之，通又頓首曰：「臣一身份死，就陛下匀千餘人命。」帝感寤……於是悉達等皆減死論，擢通為左武候將軍。〔註17〕

以上所述隋文帝「用法益峻」、「喜怒不恒，不復依準科律」等事迹，均在「丙辰詔書」發布之後，這表明隋文帝的政治作風確然已經發生明顯變化。

隋文帝晚年政治作風發生明顯改變，還表現為仁壽元年（601）六月大規模關停各級學校，將太學、四門學以及全國範圍內的州縣學校全部廢除，僅保留國子學生七十人，據《隋書·高祖紀》略云：

> （仁壽元年六月）乙丑，詔曰：「儒學之道，訓教生人，識父子君臣之義，知尊卑長幼之序，升之於朝，任之以職，故能贊理時務，弘益風範。朕撫臨天下，思弘德教，延集學徒，崇建庠序，開進仕之路，佇賢雋之人。而國學冑子，垂將千數，州縣諸生，咸亦不少。徒有名錄，空度歲時，未有德為代範，才任國用。良由設學之理，多而未精。今宜簡省，明加獎勵。」於是國子學唯留學生七十人，

〔註17〕《資治通鑑》卷一七八隋文帝開皇十七年（597）三月，第5553～5556頁。

太學、四門及州縣學並廢。〔註18〕

僅從詔書內容來看，隋文帝大規模關停學校，似乎頗有理由，既然在校諸生「徒有名錄，空度歲時」，各級學校「多而未精」，無法培養對國家有用之才，那麼，將之「簡省」也無不可。然而，如果將此事置於隋文帝晚年行政作風轉變的背景下考察，就不難發現其眞正的原因。竊意，仁壽元年六月下令在全國範圍內大規模關停學校，並不能簡單視爲隋文帝對儒學態度的轉變，而應該看作是他施政理念轉變的必然結果，或許在隋文帝看來，既然以德化治國的道路行之不通，那就只有走嚴刑峻法、重刑重罰之途了。

基於以上分析，我認爲開皇十七年三月發布的「壬辰詔書」，實爲隋文帝統治晚期政治作風發生根本性轉變的標誌。與此相對應，隋朝國家機關的行政作風也發生了全面性變化，依法行政、守法執政的精神遭到拋棄，任情喜怒、殘暴以逞的政治行爲成爲時尚，由此給隋文帝晚年政治蒙上一層厚厚的塵土，並埋下了隋王朝最終走向滅亡的隱患，魏徵在闡述隋朝滅亡原因時，曾一針見血地指出：「迹其衰怠之源，稽其亂亡之兆，起自高祖，成於煬帝，所由來遠矣，非一朝一夕。」〔註19〕揆諸隋唐之際諸多史實，魏徵此語信乎確然。

（二）開皇十八年二月楊諒東征高麗

隋文帝開皇十八年二月甲辰（公曆 598 年 3 月 15 日），隋文帝第三次臨幸仁壽宮。次日，即二月乙巳（公曆 3 月 16 日），隋文帝在仁壽宮發布命令，以漢王楊諒爲行軍元帥，率 30 萬大軍征伐高麗。〔註20〕

開皇十八年二月，漢王楊諒領兵東征高麗，儘管最終以失利告終，但此事在隋朝的歷史上卻是一個標誌性事件，意味著隋文帝對高麗的政策，已經發生根本性的轉變。楊諒東征高麗，結果儘管很不理想，卻奠定或開啓了後來隋煬帝三征高麗的政策基礎或先河，意味著隋朝國家邊防重心開始向東北方向轉移。〔註21〕

〔註18〕 《隋書》卷二《高祖紀下》，第46～47頁。

〔註19〕 《隋書》卷二《高祖紀下》「史臣曰」，第56頁。

〔註20〕 《隋書》卷二《高祖紀下》：二月「乙巳，以漢王（楊）諒爲行軍元帥，水陸三十萬伐高麗。」（第43頁）

〔註21〕 前揭拙撰《隋煬帝三征高麗的背景》，《江漢論壇》2005年第3期，第62～67頁。

（三）開皇十八年七月「丙子詔書」

值得關注的事件，還有開皇十八年七月丙子（公曆 598 年 8 月 14 日）所發布的詔書：「（七月）丙子，詔京官五品已上，總管、刺史，以志行修謹、清平幹濟二科舉人。」〔註22〕

這是一道關於選舉制度的詔書，爲何說此事重大？主要因爲此詔與隋唐科舉制度創立等問題密切相關。學者多數已經認可，開皇十八年七月丙子發布的這道詔書，標誌著隋唐科舉制度的正式成立。〔註23〕後來，仁壽二年（602）七月丙戌頒布的詔書，內容也與選舉有關：「（七月丙戌），詔內外官各舉所知」〔註24〕，如果說隋文帝整飭選舉制度存在一個連貫性政策的話，那麼仁壽二年七月丙戌詔書，或可視爲開皇十八年七月「丙子詔書」的延伸或深化。

（四）開皇二十年十月太子廢立事件

與上述三者相比，發生於開皇二十年農曆十月間的太子廢立一事，更值得我們關注。

開皇二十年太子廢立事件，最後決策雖然是在隋文帝回到長安以後做出，但醞釀過程卻始於居仁壽宮期間。正如前揭「表一」所示，自仁壽宮建成以後，隋文帝即經常行幸於此，往往春至秋還，一年中有超過一半的時間居住於此。特別是開皇十九年二月到開皇二十年九月之間，更是一直居住於仁壽宮，時間長達一年零七個月，這和他每年二月至，九月還的習慣甚爲不同。其中尤需注意者，爲開皇十九年八月的高熲免官事件，我認爲這很可能是太子楊勇被廢這一重大政治事件的前奏。

開皇二十年農曆九月二十六（據陳垣《二十史朔閏表》，開皇二十年九月丁亥朔，壬子爲二十六），隋文帝從仁壽宮還京，在回到長安的第二天，便下令對皇太子楊勇進行調查。半個月後，十月初九（是月丁巳朔，乙丑爲初九），皇太子楊勇及其諸子被廢爲庶人。十一月初三（是月丙戌朔，戊子爲初三），晉王楊廣立爲太子。從太子楊勇廢黜，到晉王楊廣確立，只有短短的 26 天時間，如此短暫的時間就完成了新舊儲君的更替，這不免讓人心生疑竇：這期間到底發生了什麼，

〔註22〕《隋書》卷二《高祖紀下》，第 43 頁。
〔註23〕關於隋唐科舉制度正式成立的時間及其標誌諸問題，可參吳宗國氏《唐代科舉制度研究》（瀋陽，遼寧大學出版社，1986。）一書的有關論述。
〔註24〕《隋書》卷二《高祖紀下》，第 47 頁。

使得剛剛從仁壽宮返回京城的隋文帝做出廢立太子的決策？

四、太子廢立與隋文帝父子權力爭奪：高熲被黜的真相

從《隋書》等核心史料的記載來看，太子楊勇被廢是由於他失去了父皇的信任，以及失愛於母后獨孤氏所致。楊勇之所以失愛於父母，又和他貪圖享受、喜愛奢華的生活作風，以及「率意任情，無矯飾之行」〔註25〕的性格有直接關係。考察楊勇被廢的原因，對於這些記述，當然不能否認。不過，生活奢侈、失信於父、失愛於母等，都不是楊勇被廢的決定性原因，楊勇被廢的根本性原因，實在於太子楊勇與隋文帝之間的權力之爭。

細繹史籍，太子楊勇與隋文帝之間的權力爭奪，跡象頗為明顯。包括《隋書》、《資治通鑑》在內諸史，都曾較為詳細地記述了太子楊勇在冬至日接受百官朝賀，並因此激怒隋文帝一事。茲錄《資治通鑑》所載如下：

> 後遇冬至，百官皆詣（楊）勇，勇張樂受賀。上知之，問朝臣曰：「近聞至日內外百官相帥朝東宮，此何禮也？」太常少卿辛亶對曰：「於東宮，乃賀也，不得言朝。」上曰：「賀者正可三數十人，隨情各去，何乃有司徵召，一時普集！太子法服設樂以待之，可乎？」因下詔曰：「禮有等差，君臣不雜。皇太子雖居上嗣，義兼臣子，而諸方岳牧正冬朝賀，任土作貢，別上東宮；事非典則，宜悉停斷。」自是恩寵始衰，漸生猜阻。〔註26〕

多至日百官朝賀東宮事件的具體發生時間，已不得而知，儘管由於敘事體例的緣故，《資治通鑑》將此事放在開皇二十年進行敘述，但此事發生時間，不當如此之晚。

《隋書·禮儀志》中有這樣一條史料記載，值得我們關注，云：「及開皇初，皇太子勇準故事張樂受朝，宮臣及京官，北面稱慶。高祖誚之。是後定儀注，西面而坐，唯宮臣稱慶，臺官不復總集。」〔註27〕與前引《資治通鑑》所載相參比，可知《隋志》所述與《通鑑》所載當為同一事件，由此可以判斷楊勇在冬至日接受百官朝賀一事，發生於開皇初期。兩書所載均明確顯示，隋文帝對此事甚為不滿，認為有違禮法，遂下詔規定：此後東宮冬至慶典，只能由東宮官員（「宮臣」）自行慶祝，中央官員（「京官」、「臺官」）一律不得前往。

〔註25〕《隋書》卷四五《文四王·房陵王勇傳》，第1230頁。
〔註26〕《資治通鑑》卷一七九隋文帝開皇二十年（600）六月，第5573～5574頁。
〔註27〕《隋書》卷九《禮儀志四》，第188頁。

〔註28〕冬至朝賀東宮事件的發生，造成隋文帝對太子楊勇「恩寵始衰」，並從此開啓父子之間的「猜阻」。

又據《隋書》高祖本紀載，開皇六年（586）三月，曾有洛陽男子高德上書，請隋文帝爲太上皇，傳位皇太子。對此，隋文帝予以明確回絕，曰：「朕承天命，撫育蒼生，日旰孜孜，猶恐不逮。豈學近代帝王，事不師古，傳位於子，自求逸樂者哉！」〔註29〕洛陽男子高德上書一事，《隋書》高祖本紀言之鑿鑿，當非虛妄。儘管並無史料能夠說明，此事與前揭冬至百官朝賀東宮之事有所關聯，但這兩件事情或前或後的出現，卻隱約表明：自開皇初年起，可能就確有這麼一股政治勢力存在，他們迫不及待地期望太子能夠早登大位。

這股政治勢力是否與東宮有某種關係？抑或本就出於東宮之指使？諸如此類的揣測，相關史料均未提供直接證據。不過，有一點卻是可以肯定，即這兩件事情接連發生，對於太子楊勇已然造成負面影響。這主要因爲隋文帝天生性格多疑，這些事件疊加到一起，就不能不引起他對太子楊勇心生狐疑，尤其是洛陽男子高德的上書，可能更是會讓隋文帝浮想聯翩。據此我初步推斷，從開皇初年起，「天性沉猜」的隋文帝就已經對太子楊勇心生猜疑，儘管其時太子羽翼尚未豐滿。

老而彌猜，隋文帝對太子楊勇的猜防之心，至開皇晚年，也隨著年齡的增長而日益加劇，對皇位的眷戀之情也轉更加強。不僅如此，由對太子的猜忌轉而對朝臣產生了普遍性的懷疑之情，最後竟至許多與他一同打江山的元老重臣，也不免受到猜疑，其中高熲更是成爲隋文帝的重點懷疑對象。

〔註28〕 據《舊唐書》卷四三《職官志二》載禮部郎中職掌，云：「凡元日，大陳設於含元殿，服袞冕臨軒，展宮懸之樂，陳歷代寶玉輿輅，備黃麾仗，二王後及百官、朝集使、皇親，並朝服陪位。大會之日，陳設如初。凡冬至，大陳設如元正之儀。其異者，無諸州表奏祥瑞貢獻。凡元正、冬至大會之明日，百官、朝集使等皆詣東宮慶賀。」（第1829頁）儘管這裏說的是唐朝元會、冬至之禮儀制度，但唐承隋制，以此推測隋朝相關制度，亦當如此。元日、冬至爲隋唐時代最爲隆重之國家慶典，屆時皇家親屬、文武百官、地方進京彙報工作的朝集使均應到含元殿參加盛大集會，向皇帝表示慶賀。元日、冬至的第二天，百官、朝集使方可前往太子東宮慶賀。因此，楊勇在冬至當天，卻在東宮設宴張樂，接受百官慶賀，就明顯違反了禮儀制度的規定，其行爲輕者可視爲違規悖禮，重者可以認爲是和皇帝搞政治對抗之「僭越」行爲。

〔註29〕 《隋書》卷一《高祖紀上》，第23～24頁。

高熲，自云渤海蓨縣人。自隋文帝執北周政柄，即成為最受信重之人，及隋朝建國，更是受到重用，成為顯赫於時的朝廷「四貴」之一。〔註30〕高熲不僅政治地位顯赫，更與皇室結為姻親，高熲之子娶太子楊勇之女，兩家互為婚姻。此事表明，開國之初，隋文帝不僅希望高熲能盡力助己，更希望以後能輔佐太子，鞏固帝業。然而，任何事情都有兩面性，高熲與太子楊勇之間，既因互結婚姻而強化了政治合作關係，也同時為後來隋文帝心生猜忌埋下伏筆。

開皇十九年（599）六月，隋文帝潛有廢立之意，曾試探高熲的態度，說是有神告訴晉王妃，言晉王必有天下，此事應該怎麼看？聽完隋文帝所說，高熲當即長跪，以長幼有序為辭，表示反對。在聽到高熲的回答之後，隋文帝「默然而止」。〔註31〕隋文帝的試探性問詢、高熲長跪勸阻以及隋文帝默然而止，均包含深刻政治涵義。我們當然不能據此說明，隋文帝與高熲已在政治上全面分道而行，但視為君臣二人在儲君廢立的問題上，已然發生分歧，則斷無疑義。

緊接著，就發生了徵調東宮衛士入衛上臺的事件，此事一直沒有引起歷代史家的特別關注。然則，此事實為高熲與隋文帝在政治上發生實質性衝突的標誌性事件，表明君臣二人在太子廢立問題上的尖銳對立。徵調東宮衛士入臺，發生於君臣二人就太子廢立問答後不久，據《資治通鑑》略云：

> 會上令選東宮衛士以入上臺，熲奏稱：「若盡取強者，恐東宮宿衛太劣。」上作色曰：「我有時出入，宿衛須得勇毅。太子毓德春宮，左右何須壯士！此極弊法。如我意者，恒於交番之日，分向東宮，上下團伍不別，豈非佳事！我熟見前代，公不須仍踵舊風。」熲子表仁，娶太子女，故上以此言防之。〔註32〕

隋文帝下令徵調東宮衛士以入上臺，其用意當不止一端，一者可以削弱東宮武力，以防其不測；二者可以此試探東宮及其擁護者的態度。

〔註30〕《隋書》卷四三《王雄傳》：「高祖受禪，除左衛將軍，兼宗正卿……雄時貴寵，冠絕一時，與高熲、虞慶則、蘇威稱為『四貴』。」（第1216頁）

〔註31〕《隋書》卷四一《高熲傳》：「時太子失愛於上，潛有廢立之意。謂熲曰：『晉王妃有神憑之，言王必有天下，若之何？』熲長跪曰：『長幼有序，其可廢乎！』上默然而止。」（第1182頁）

〔註32〕《資治通鑑》卷一七八隋文帝開皇十九年（599）六月，第5566頁。

對於此事，高熲明確表示反對，理由是這樣勢必削弱東宮的宿衛力量。高熲如此主張，表明他希望東宮能夠繼續擁有可以自主支配的武裝力量，其中當然不能排除高熲確實雜有私心，但此事仍不足以說明高熲真的要和隋文帝搞政治對立。

聯繫前此隋文帝與高熲就太子廢立問題的問答，並揣摩此次二人對話的內容及語境，可知隋文帝此舉乃是對高熲所作的一次深度試探，以便進一步確認高熲對儲君廢立的真實態度；與此同時，將東宮衛士調入上臺，確實也直接造成東宮與上臺宿衛武力的此消彼長，具有一石二鳥之效果。正因為試探高熲的態度為此舉的主要動機，故而在高熲提出反對意見之後，隋文帝借題發揮，指出東宮宿衛以壯士，乃是「極弊法」，進而正告高熲：「我熟見前代，公不須仍蹈舊風。」從措辭之激烈、口氣之堅決等情況來看，基本可以斷定，高熲反對改立儲君的立場與態度，已經引起隋文帝的強烈不滿。

不過，關於隋文帝疏忌高熲的原因，史料所展示給我們的，卻是別樣風貌。包括《隋書》、《資治通鑑》等在內，均認為隋文帝對高熲失去信任，並在政治上有意識地對其疏遠，很大程度上是受到獨孤皇后的挑唆。〔註33〕將隋文帝疏遠高熲，歸因於獨孤氏的挑撥，並非歷史真相。當然，我們並不否認獨孤氏的挑撥離間，乃是隋文帝疏遠高熲的原因之一，但決不可能是主要原因，隋文帝之疏遠甚至是猜忌高熲，根本原因乃是高熲在一些重大政治問題上，已經和他產生明顯分歧，以及高熲與太子楊勇在政治上的合作關係。

高熲與隋文帝在重大政治決策上的分歧，最典型者莫過於開皇十八年（598）東征高麗一事。開皇十八年七月，漢王楊諒受命，率師 30 萬東征高麗，乃是隋文帝晚年一次重大決策，直接涉及到國家邊防政策的調整。然而，對於東征高麗，高熲卻持堅決反對的態度，儘管高熲後來也從軍東征，但內心深處卻十分勉強，而且在軍事行動過程中，高熲與漢王楊諒一直將帥不和。

〔註33〕 《隋書》卷四一《高熲傳》：「獨孤皇后知熲不可奪，陰欲去之。初，夫人卒，后言於上曰：『高僕射老矣，而喪夫人，陛下何能不為之娶！』上以后言謂熲，熲流涕謝曰：『臣今已老，退朝之後，唯齋居讀佛經而已。雖陛下垂哀之深，至於納室，非臣所願。』上乃止。至是，熲愛妾產男，上聞之極歡，后甚不悅。上問其故，后曰：『陛下當復信高熲邪？始陛下欲為熲娶，熲心存愛妾，面欺陛下。今其詐已見，陛下安得信之！』上由是疏熲。」（第1182頁）

凡此，均或多或少地引起或加劇了隋文帝對他的猜忌與不滿。〔註34〕

不過，造成隋文帝和高熲君臣之間政治裂痕的根本性原因，還是出於隋文帝對高熲與太子楊勇政治合作關係的某種擔心，在天性多疑的隋文帝看來，高熲與太子楊勇的姻親關係，以及高熲多次維護東宮的言行，都是對自己帝位的嚴重威脅。開皇十九年八月，王世積案發生，經過一番調查，證明高熲與此案有染，隋文帝遂下令免去其上柱國、左僕射之職。關於高熲受累於王世積案，並被免職的過程，《隋書》、《資治通鑑》諸史均有詳述，茲錄《隋書·高熲傳》所載，以供分析：

> 俄而上柱國王世積以罪誅，當推覈之際，乃有宮禁中事，云於熲處得之。上欲成熲之罪，聞此大驚。時上柱國賀若弼、吳州總管宇文弼、刑部尚書薛冑、民部尚書斛律孝卿、兵部尚書柳述等明熲無罪，上逾怒，皆以之屬吏。自是朝臣莫敢言者。熲竟坐免，以公就第。〔註35〕

這是說審理王世積案時，發現有來自宮禁的文書，這些文書又被指認為獲自高熲。由於其時王世積已死，因此這個指認的真偽，實已無從考證。然而，正是這個難辨真偽的指認，一下子將高熲逼到死角，這正是隋文帝所需要的效果。因為對隋文帝來說，指認的真假無關緊要，重要的是通過此案名正言順地整垮高熲。不過，高熲畢竟是有重大政治影響的朝廷重臣，單憑一份死無對證的指控證詞，就對其進行處理，顯然不能服眾。於是，在拿到這份指控證詞以後，老謀深算的隋文帝還是要在眾人面前裝出一幅震驚的模樣。

果然，一切都在隋文帝的預料之中，因為當指控高熲的案詞公布以後，賀若弼、宇文弼、薛冑、斛律孝卿、柳述等重臣，紛紛上書為高熲辯解，認為高熲清白無辜。群臣鳴冤叫屈，非但沒能幫助高熲脫困，反而讓隋文帝更加惱怒，他下令將上書諸臣交付有司質詢。隋文帝為何如此反應？原因即在於，

〔註34〕《隋書》卷四一《高熲傳》：「會議伐遼東，熲固諫不可。上不從，以熲為元帥長史，從漢王征遼東，遇霖潦疾疫，不利而還。后言於上曰：『熲初不欲行，陛下強遣之，妾固知其無功矣。』又上以漢王年少，專委軍於熲。熲以任寄隆重，每懷至公，無自疑之意。諒所言多不用，甚銜之。及還，泣言於后曰：『兒幸免高熲所殺。』上聞之，彌不平。」（第1182～1183頁）由此可見，開皇十八年的遼東之役，高熲本不贊同，勉強從征後，又與楊諒將帥不和，且對楊諒限制過多，引起楊諒的極度不滿，回師後楊諒哭訴於獨孤后，從而引起隋文帝對高熲更大猜疑。

〔註35〕《隋書》卷四一《高熲傳》，第1183頁。

隋文帝生性猜忌，爲高熲鳴冤者全爲朝廷重臣，他們齊聲爲高熲說話，只能讓隋文帝更加懷疑高熲，並由此進一步坐實自己的推斷：高熲確實在拉幫結派，結黨營私！在隋文帝看來，上述諸臣既然替高熲說話，就一定屬於太子一黨，因爲高熲乃是太子的堅定支持者，他們既黨同高熲，也就是站在了太子一邊。或曰，如果以上諸臣當時保持沉默，是不是高熲不會那麼快就被免職。這種想法看似頗有道理，其實也經不起推敲。因爲搞垮高熲既爲隋文帝的眞正目的，那麼無論群臣上書與否，都不能改變高熲被黜退的結局，只不過，那麼多人一起上書，促使隋文帝加快了對高熲進行懲處的步伐。

不久之後，在秦王楊俊府的一次宴會上，隋文帝對高熲說：「朕不負公，公自負也。」又過了不長一段時間，高熲的屬下「國令」上了一道奏章，揭發其「陰事」，隋文帝因此下令將高熲囚禁於內史府進行審訊，御史臺又因而進一步參奏「他事」，竟然得出高熲有謀反的企圖，有司遂上奏要求斬殺高熲，儘管隋文帝因爲有所顧忌而未殺高熲，但再三權衡之後，還是把他貶黜爲民，終結了高熲的政治生命。〔註36〕

再簡單回溯一下王世積案對高熲的影響，當隋文帝拿到那份可能本就授意於己的指控案詞後，就已經握住一把隨時可以刺向高熲的利器。然而，在手握致命利器之後，隋文帝還是首先裝出一幅吃驚模樣，主要是因爲其時他還想通過此案進一步瞭解，朝中究竟還有哪些人繼續支持高熲，從而摸清在背後支持高熲的政治勢力，以爲下一步政治謀劃作好準備。可以說，從審理王世積案開始，到高熲被廢黜，整個局面一直沿著隋文帝所預想的方向發展，一切都在他的掌控之中。要之，無論隋文帝出於何種考慮而廢黜了高熲，都是對太子楊勇政治集團的一次致命打擊。隨著高熲被免，廢黜太子楊勇的進程，就開始加速了。

五、空間疏離與隋文帝父子權力之爭：劉居士案索隱

考察隋文帝與太子楊勇在政治上的分歧，以及楊勇被廢，還要從開皇后期隋文帝父子二人在空間距離上的疏遠入手。

自開皇十五年三月仁壽宮建成，隋文帝不僅經常行幸於此，且往往居留長達數月。依太子監國制度規定，當皇帝外出，京城留守事務由太子全權負責。因此，當隋文帝長居仁壽宮，長安的軍政事務就由太子楊勇負責。如此

〔註36〕 《隋書》卷四一《高熲傳》，第 1183 頁。

一來，就在事實上形成兩個政治中心，一個是隋文帝所在的仁壽宮，一個是太子楊勇留守的長安。固然，太子要定期前往仁壽宮，向隋文帝彙報工作，但畢竟仁壽宮與長安之間還是有一定距離，在其時交通、通訊條件下，由空間距離所造成的疏離感是一個極易產生、卻又很難解決的問題。太子楊勇與隋文帝分隔兩地，彼此音訊通傳的困難，無疑加深了二者感情與政治上的隔閡，太子任何一點有逾規矩的言行，都可能成爲隋文帝揣測、猜疑其政治意圖的引線。從這個意義上來說，較長時間居於仁壽宮的隋文帝，因爲空間距離的隔閡而強化了對遠在京城的太子心生猜忌，就勢所難免。

徵諸史籍，隋文帝在居仁壽宮期間，曾派楊素回京監視楊勇，就充分說明了這一點：

> 上知勇不自安，在仁壽宮，使楊素觀勇所爲。素至東宮，偃息未入，勇束帶待之，素故久不進以激怒勇；勇銜之，形於言色。素還言：「勇怨望，恐有他變，願深防察！」上聞素譖毀，甚疑之。（皇）后又遣人伺覘東宮，纖介事皆聞奏，因加誣飾以成其罪。〔註37〕

由此可見，隋文帝居仁壽宮期間，對遠在京師的太子一直有較爲嚴密的監控措施。楊素以親信重臣的身份，卻被委以監視太子一類的特務活動，實爲隋文帝對太子楊勇心存猜忌的最有力證明。

《資治通鑑》所載楊素監視東宮的時間，大概在開皇二十年六月至九月間，爲隋文帝第四次臨幸仁壽宮期間。此次隋文帝臨幸仁壽宮，從開皇十九年二月起，一直到二十年九月離開，時間長達一年零七個月（598 天）。如此長時間留居外地，隋文帝如何掌握太子在長安的活動情況呢？除了要求太子定期到仁壽宮彙報工作以外，當然只能是暗中派人監視。如果考慮到楊素的政治地位，及其受信任的程度，我們不難想像，隋文帝對太子的猜防與戒備，已經到了何種程度！既然將監視之重任委諸楊素，那麼，楊素的陳述之辭，也就成爲隋文帝判斷是非的主要甚至是唯一標準。其實，楊素在密報中所說，太子「怨望」、「恐有他變」云云，都是一些莫須有式的誣辭，眞假本易識別，但由於隋文帝對楊勇早就心存猜忌，因此，楊素所言還是進一步加深了他的猜疑。又，據上引《資治通鑑》可知，獨孤皇后也暗中派人對楊勇進行監視，將發生在東宮的「纖介」小事，經過「誣飾」之後，全部上報給隋文帝，這就進一步讓楊勇百口莫辯。

〔註37〕《資治通鑑》卷一七九隋文帝開皇二十年（600）六月，第 5577 頁。

有跡象顯示，隋文帝對太子楊勇的疏離猜忌，在其留居仁壽宮期間而變本加厲。在聽完楊素的彙報，以及獨孤皇后的「誣飾」之後，東宮有謀反企圖的念頭，就已經在隋文帝的腦海中基本形成，爲此他開始加大對東宮的監視力度，並著手加強對東宮武力的控制，進而採取實際措施削奪東宮的武裝力量。具體包括：1. 在玄武門與至德門之間，加置偵探人員（「候人」），對東宮的一舉一動進行嚴密監視；2. 將東宮衛士名籍，劃歸諸衛府管轄，裁減其中的「勇健者」，將有「器幹」的東宮將領調到外地任職。〔註38〕隋文帝的這些做法，也直接引起了太子楊勇的不滿。

隋文帝刻意削弱東宮武力的根本性動機，當然不是由於聽信了楊素等人的所謂「讒言」，而是出於防患於未然。作爲一個老謀深算而又秉性多疑的政治家，楊堅心中十分清楚，由於自己長期居住於仁壽宮，對於遠在長安的太子，無論怎樣嚴密的防範手段，也總是難免百密而有一疏。退一步來說，即使太子本人不曾想入非非，也不能確保太子僚屬中絕對沒有產生非分之想的投機分子！正如前文所言，隋文帝對東宮的猜防，其實由來已久，發生於開皇十七年二月的劉居士謀反案，就曾引起隋文帝的高度戒心。

開皇十七年二月，隋文帝臨幸仁壽宮，三月，京師長安即發生劉居士謀反案，此事《隋書》、《資治通鑒》均有記載。茲錄《隋書·劉昶女傳》所載如下：

> （劉昶）與高祖有舊。及受禪，甚親任，歷左武衛大將軍、慶州總管。其子居士，爲太子千牛備身，聚徒任俠，不遵法度，數得罪。上以昶故，每輒原之。居士轉恣，每大言曰：「男兒要當辮頭反縛，簷椽上作獠儴。」取公卿子弟膂力雄健者，輒將至家，以車輪括其頸而棒之。殆死能不屈者，稱爲壯士，釋而與交。黨與三百人。其矯捷者號爲餓鶻隊，武力者號爲蓬轉隊……長安市里無貴賤，見之者皆辟易，至於公卿妃主，莫敢與校者……

> 有人告居士與其徒遊長安城，登故未央殿基，南向坐，前後列

〔註38〕《資治通鑒》卷一七九隋文帝開皇二十年（600）六月：「上遂疏忌勇，迺於玄武門達至德門量置候人，以伺動靜，皆隨事奏聞。又，東宮宿衛之人，侍官以上，（胡注：侍官，謂直閤、直寢、直齋、直後、備身、直長等，蓋東宮率府所統，略同十二衛府。）名籍悉令屬諸衛府，有勇健者咸屏去之。出左衛率蘇孝慈爲淅州刺史，（胡注：蘇孝慈有器幹，故出之。《隋志》：淅陽郡，西魏置淅州。）勇愈不悅。」（第5577～5578頁）

－50－

隊,意有不遜,每相約曰:「當爲一死耳。」又時有人言居士遣使引
突厥令南寇,當於京師應之。上謂昶曰:「今日之事,當復如何?」
昶猶恃舊恩,不自引咎,直前曰:「黑白在于至尊。」上大怒,下昶
獄,捕居士黨與,治之甚急。〔註39〕

《資治通鑒》所載大致相同。單從二書所載文字來看,劉居士謀反一案似乎
並無深刻背景,更像是一次暴徒作亂事件。

然而,時至開皇二十年(600)九月,隋文帝從仁壽宮回到長安。第二天,
即在大興殿質詢留京大臣,並有意識地將話題引向東宮,同時又將太子左庶
子唐令則等人交給有司審訊。隨後,隋文帝即命楊素向「近臣」陳述東宮近
期發生的事情。於是,楊素公開宣稱:

臣奉敕向京,令皇太子檢校劉居士餘黨。(胡注:言自仁壽宮奉敕向
長安。)太子奉詔,作色奮厲,骨肉飛騰,語臣云:「居士黨盡伏法,
遣我何處窮討!爾作右僕射,委寄不輕,自檢校之,何關我事!」
又云:「昔大事不遂,我先被誅,(胡注:謂禪代時事。)今作天子,竟
乃令我不如諸弟,一事以上,不得自遂!」因長歎回視云:「我大覺
身妨。」〔註40〕

其時楊素早已黨同晉王楊廣,故其陳述容有誇大不實之辭。不過,其中所說
太子楊勇與當初劉居士一案,可能確實有所關聯。楊素所云太子楊勇對於追
查劉居士一案的異常反應——「作色奮厲」、「骨肉飛騰」,並說無處追查劉居
士餘黨云云,也不全屬空穴來風。

太子楊勇與開皇十七年(597)三月的劉居士案,究竟有無聯繫?我的看
法是,不能排除這種可能性。理由之一,案件發生時,劉居士正擔任太子千
牛備身,爲東宮的禁衛武職;理由之二,劉居士任職東宮期間,「聚徒任俠」,
公然招募公卿子弟膂力雄健者結爲黨羽,並恣意於長安城中。根據上引《隋
傳》,劉居士如此膽大妄爲,是因爲其父劉昶和隋文帝關係親密,位高權重。
然則,即使劉昶與隋文帝關係親密,劉居士也不至於如此恣意妄爲,是以,
劉居士的背後應該還有更爲強硬的支撐。劉居士的後臺會是誰呢?竊意應該
就是太子楊勇,因爲劉居士當時正任職於東宮,且其所任太子千牛備身又是
東宮重要的禁衛武職。

〔註39〕 《隋書》卷八○《列女·劉昶女傳》,第1808頁。
〔註40〕 《資治通鑒》卷一七九隋文帝開皇二十年(600)九月,第5579頁。

　　如果以上推測成立，則劉居士邀結黨羽、聚徒任俠的行為，或許就沒有那麼簡單，不排除有受意於太子楊勇之可能。易言之，劉居士的行為很有可能得到了皇太子的默許或暗中支持。劉居士所組織的「餓鶻隊」、「蓬轉隊」，在某種意義上也就可以看作東宮的「編外」衛隊。

　　至於太子楊勇為何要利用劉居士組建上述「編外」衛隊，竊意這是由於隋文帝此前已經開始有意識地削弱東宮的禁衛武裝，並加強對東宮的監視力度，讓太子楊勇心存憂慮；另外，楊勇諸弟晉王楊廣、蜀王楊秀等人，此時也都出鎮一方，各擁強兵，這對楊勇來說也是一種潛在威脅。面對強勢的父皇和兄弟，太子楊勇自然也需要擁有一支忠誠於自己的衛隊，以便在關鍵時刻能夠保證自己的安全，劉居士的「餓鶻隊」、「蓬轉隊」很可能就是這樣組織起來。這也正是劉居士案發以後，隋文帝「捕居士黨與，治之甚急」，楊勇奉命檢校劉居士餘黨卻態度消極的原因所在。

　　實際上，在父皇暗中派人監視東宮的既成事實面前，太子楊勇也並未完全束手待斃，他也暗中派人秘密刺探仁壽宮的消息。開皇二十年十月，太子既廢之後，隋文帝拘捕了元旻、裴弘等人，因為此前他們一直暗中向太子楊勇通傳消息。據《資治通鑑》云：

　　　居數日，有司承（楊）素意，奏元旻常曲事於勇，情存附託，在仁壽宮，勇使所親裴弘以書與旻，題云：「勿令人見。」上曰：「朕在仁壽宮，有纖介事，東宮必知，疾於驛馬，怪之甚久，豈非此徒邪！」遣武士執旻於仗……上以旻及裴弘付獄。〔註41〕

隋文帝所說「朕在仁壽宮，有纖介事，東宮必知」，正表明太子楊勇對父皇隋文帝行蹤舉止的暗中窺探，這種窺探絕非出於父子親情的關心，而是政治上相互猜防、爾虞我詐的表現。

　　綜合以上所論，隋文帝之所以廢黜太子楊勇，根本原因並不是楊勇喜好奢侈，難當大任，而是緣於政治經驗日益豐富的太子與年齡日益衰老的皇帝之間的一場權力鬥爭。開國之初，隋文帝確立楊勇為繼承人，對其寄予厚望。但是，楊勇不善矯飾的性格、奢侈的生活作風卻讓生性節儉的隋文帝甚為不悅。冬至接受百官朝賀的僭越行為、洛陽男子高德的上書奏請等事，讓本就心存猜疑的隋文帝深感不安，使他對太子楊勇的態度急劇轉變，而潛生廢黜之意。元老重臣高熲力保太子，更讓隋文帝懷疑兩人有政治上的牽連，於是

〔註41〕　《資治通鑑》卷一七九隋文帝開皇二十年（600）九月，第5580頁。

借機坐免高熲等人，斬斷楊勇的政治支持；速查劉居士案，又徹底瓦解了東宮的軍事力量。居仁壽宮期間，派出大臣暗中監視太子，一方面觀察其是否有逆反舉動，另一方面爲而後廢黜楊勇收集證據。

　　然而，細析史籍所載，並無確鑿史料能夠證明太子楊勇有聯合重臣、坐空皇帝的謀反之心，所謂太子謀反的證據，多數不過是揣測之辭。而且，以隋文帝猜忌心之集中、防範手段之嚴密，太子楊勇即使有心謀反，也很難找到合適的機會，至今仍多隱晦的劉居士謀反案就是最好的說明。因此，楊勇被廢的眞正原因，乃是隋文帝晚年隨著年事漸高，愈加留戀皇位，只怕日益成熟的皇太子聯合重臣架空自己。也許正是在這種心態的支配下，隋文帝認爲，只有廢黜太子楊勇，清除可能會帶來威脅的朝中重臣，才能讓自己安心。

　　自仁壽宮修成之後，隋文帝即經常行幸於此，仁壽宮亦因此成爲長安之外的又一個政治中心。魏徵就曾說過：「建彼維城，權侔京室，皆同帝制，靡所適從。」〔註42〕由此可知，仁壽宮在建制上，已然侔於長安，其政治地位之重要由此可見。開皇十五年（595）三月仁壽宮建成以後，隨著隋文帝越來越多地居住於仁壽宮，他與留守長安的太子楊勇之間，不僅在父子親情上日益疏遠，在政治上的隔閡也日漸加深，以隋文帝爲核心的皇權政治集團和以太子楊勇爲首的東宮政治集團，圍繞統治權的爭奪進行了角逐，這場權力之爭最後以太子楊勇廢黜、晉王楊廣繼立爲太子而宣告結束。

〔註42〕《隋書》卷二《高祖紀下》「史臣曰」，第 55 頁。

武德年間唐與突厥對馬邑的爭奪

　　馬邑，即今山西朔州市朔城區〔註1〕，為隋朝馬邑郡、唐朝朔州的治所，係隋唐時期河東地區特別是桑乾河流域的一處重要戰略要地。〔註2〕隋末戰亂中，劉武周軍事集團興起於馬邑，並以之為根據地參與逐鹿中原的混戰。同時，馬邑也是突厥南下的重要基地。因此，唐高祖入主長安以後的征戰過程中，其在河東戰場上的軍事對手，除了突厥支持下的劉武周等反唐勢力外，突厥本身也是主要敵手之一。綜觀唐朝初年在河東戰場上的軍事行動，尤其是在代北地區的軍事活動，很多時候都是圍繞對馬邑的爭奪而展開。

　　武德五年（622），唐將李大恩上奏，請求會攻馬邑，受到唐高祖的高度重視，立即組織相應的軍事行動。但由於唐軍在配合上出現失誤，最終造成新城之戰失利以及李大恩戰死。新城之戰李大恩戰死，對當時的河東戰場產生較大影響，其後劉黑闥反唐勢力與突厥聯兵一度攻入忻州等河東腹地。本文擬以新城之戰李大恩戰死為線索，對武德年間唐與突厥及其支持下的反唐勢力圍繞馬邑爭奪所展開的戰爭進行考察，以窺馬邑在隋末唐初河東戰場上的戰略地位。

〔註1〕 按，1958年，朔縣、平魯合併，成立新朔縣，隸屬晉北專區，1970年晉北專區改為雁北專區。1961年，恢復平魯縣建制。1988年成立地級朔州市，原朔縣改為朔城區。

〔註2〕 據《隋書·地理志》、兩《唐書·地理志》，並參考《中國歷史地圖集》第五冊之「隋·河東諸郡」、「唐·河東道」所載，隋朝馬邑郡的地理範圍遠遠大於唐朝的朔州轄境，大致包括唐時朔州全部、雲州（治雲中，今山西大同）大部，以及關內道東北部的單于都護府（雲中都護府，治所在今內蒙古和林格爾）的小部分地區。

一、新城之戰的背景：李大恩在代北的軍事活動

新城之戰、李大恩戰死始末、以及新城之戰以後的北方軍事形勢，《舊唐書‧突厥傳》有載。茲摘要抄錄於下，以供分析：

> 頡利可汗者，啓民可汗第三子也……武德三年，頡利又納義成公主爲妻，以始畢之子什鉢苾爲突利可汗，遣使入朝，告處羅死，高祖爲之罷朝一日，詔百官就館弔其使。

> 頡利初嗣立，承父兄之資，兵馬強盛，有憑陵中國之志。高祖以中原初定，不遑外略，每優容之，賜與不可勝計，頡利言辭悖傲，求請無厭。四年四月，頡利自率萬餘騎，與馬邑賊苑君璋將兵六千人共攻雁門，定襄王李大恩擊走之。先是漢陽公（李）瑗、太常卿鄭元璹、左驍衛大將軍長孫順德等各使于突厥，頡利並拘之，我亦留其使前後數輩，至是爲大恩所挫，於是乃懼，仍放順德還，更請和好，獻魚膠數十斤，欲令二國同於此膠。高祖嘉之，放其使者特勤熱寒、阿史德等還蕃，賜以金帛

> 五年春，李大恩奏言突厥飢荒，馬邑可圖。詔大恩與殿內少監獨孤晟帥師討苑君璋，期以二月會于馬邑，晟後期不至，大恩不能獨進，頓兵新城以待之。頡利遣數萬騎與劉黑闥合軍，進圍大恩。王師敗績，大恩歿于陣，死者數千人。六月，劉黑闥又引突厥萬餘騎入抄河北，頡利復自率五萬騎南侵，至于汾州，又遣數千騎西入靈、原等州，詔隱太子出豳州道，太宗出蒲州道以討之。時頡利攻圍并州，又分兵入汾、潞等州，掠男女五千餘口，聞太宗兵至蒲州，乃引兵出塞。〔註3〕

《舊傳》此處記載所含信息頗多，如：唐高祖開國之初的北疆形勢（唐與突厥的關係）、新城之戰發生的背景、李大恩戰死以後，河北、代北地區的軍事形勢，等等。僅以新城之戰，及李大恩戰死一事而言，值得我們關注的信息，至少包括如下幾個方面：

1. 唐開國之初，因爲略定中原大業正在展開，一時無力應對來自突厥的武力襲擾，在北方邊境只能暫時採取以防守爲主的優容妥協對策，從而刺激了頡利可汗的貪欲和野心，這是武德四年（621）四月，頡利可汗大舉進攻雁門關的背景。

〔註3〕《舊唐書》卷一九四上《突厥傳上》，第5155～5156頁。

2. 武德四年（621）四月，頡利可汗進攻雁門關，得到馬邑賊帥苑君璋的導引配合，李大恩擊敗頡利與苑君璋聯兵，頡利主動放還前此扣押的唐朝使節長孫順德等人，請求和好並貢獻方物，唐高祖予以嘉獎，並遣使賞賜突厥金帛。這表明當時唐朝的中心任務，仍在於逐鹿中原，尚不具備對突厥大規模用兵的條件，故對突厥仍以綏撫為主。

3. 武德五年（622）春，突厥受北方大飢荒的重創，實力大損，李大恩建議乘機奪取馬邑。唐高祖許可其奏，並派獨孤晟配合其行動，雙方約定於二月在馬邑會師。

4. 獨孤晟所部沒能如期趕到，李大恩只能孤軍頓守新城待援，頡利可汗與劉黑闥聯兵攻擊新城，李大恩突圍戰死。

5. 李大恩戰死後，突厥與劉黑闥一時橫行於北邊，西起今內蒙古河套地區，東至今河北西北部，包括今山西全境在內的漫長戰線，均遭到攻擊，唐朝不得已只能派遣太子李建成、秦王李世民同時領兵抵禦。

如果孤立地看新城之戰，則此役並無多少值得關注的地方，李大恩之戰死也不過就是唐朝損失一員戰將而已。但是，若將此役與此前此後的唐朝北方邊境形勢，聯繫起來考察，則新城之戰失利及李大恩戰死，就頗具深入玩味的價值。

首先要指出的是，新城之戰的發生具有一定偶然性，蓋此役之展開出乎唐朝與突厥雙方決策層之預料。所以如此言之，主要是因為雙方原本關注的是馬邑，而非新城。以言唐朝，此役目標是奪取馬邑而非屯守新城，李大恩只是因為獨孤晟一路唐軍沒能如約趕到，而不得不暫屯新城待援；以言突厥與河東反唐勢力聯軍，本意也是在馬邑部署迎敵，初不料會在新城覓得戰機，從而提前展開攻擊行動，並獲得勝利。

武德五年春，李大恩向唐高祖提出攻佔馬邑，並很快得到批准，原因在於馬邑具有十分重要的戰略地位。對唐朝而言，控制馬邑，就可以取得對突厥軍事行動的戰略主動權，以便從根本上打擊和削弱突厥的軍事實力，並大大削弱其對河東反唐武裝的支持力度；從突厥方面來說，頡利可汗的戰略目標也比較明確，那就是置李大恩於死地，因為李大恩是一位熟知突厥內情、多次令突厥軍隊吃盡苦頭的唐軍將領。

　　這裏首先說頡利可汗爲何必置李大恩於死地的原因。徵諸史載，李大恩本恒山胡人，史籍稱之曰恒山胡大恩，曾任竇建德行臺尚書令。武德三年（620），大恩請降，武德四年（621）正月，唐高祖賜大恩姓李氏，任命其爲代州總管，封定襄郡王。〔註4〕作爲一個新歸順的胡人，大恩甫一降唐，唐高祖不僅賜予皇室姓氏，上屬籍宗正，而且封予王爵，可謂青眼有加。〔註5〕唐高祖李淵爲何如此寵待李大恩？原因就在於，唐高祖希望通過李大恩迅速穩定代北地區的局勢，蓋代北地區曾爲劉武周集團的重要據點，亦在突厥勢力範圍之內，李大恩胡人的身份及其所部戰鬥力強悍，讓唐高祖感到他就是穩定代北局勢的最佳人選。

　　李大恩降唐以後，確實沒有辜負唐高祖的厚望，其所部迅速成爲唐朝在河東地區，特別是代北地區抗禦突厥的勁旅。李大恩被任命爲代州總管後，隨即率部四出征戰，很快就扭轉了代北地區的局面，一如前揭《資治通鑑》所云「代州石嶺之北，自劉武周之亂，寇盜充斥，大恩徙鎮雁門，討擊，悉平之。」李大恩的頻繁攻勢及接連獲勝，引起了頡利可汗的深度不安。武德四年四月，頡利可汗親率突厥騎兵萬餘騎，加上苑君璋反唐武力六千餘人，對李大恩駐守的代州治所雁門發動進攻。聯繫此前此後的形勢分析，我認爲頡利可汗發動此次雁門戰役的目的，就是要徹底消滅李大恩，因爲李大恩在代北地區的軍事存在，已經直接影響到突厥南進的戰略目標。

〔註4〕　《舊唐書》卷一《高祖紀》：武德四年正月「丁卯，竇建德行臺尚書令胡大恩以大安鎮來降，封定襄郡王，賜姓李氏。」（第11頁）按，李大恩降唐時間，《資治通鑑》以爲在武德三年（620），賜姓、封王在武德四年正月，據卷一八八唐高祖武德三年（620）、四年（621）正月云：「竇建德行臺尚書令恒山胡大恩請降。（胡注：恒山，恒州。）四年，春，正月，癸酉，以大恩爲代州總管，（胡注：代州，隋之鴈門郡。）封定襄郡王，賜姓李氏。代州石嶺之北，自劉武周之亂，寇盜充斥，大恩徙鎮鴈門，（胡注：鴈門，漢廣武縣，隋更名。隋、唐代州皆治鴈門，漢鴈門郡治陰館。李大恩豈徙鎮漢鴈門邪？宋白曰：句注在代州西北三十五里，鴈門界西陘山也。始皇十三年移樓煩於善無縣，今句注山北下館城是也，故《續漢書》云：鴈門郡理陰館。建安立新興郡，陘北悉棄之，其地荒廢。魏文帝移鴈門郡，南渡句注，置廣武城，即今州西廣武故城是也。後魏明帝又移置廣武東古上館城內，即今州城是也。或曰李大恩自恒山請降，授代州總管，故自恒山徙鎮鴈門。）討擊，悉平之。」（第5900頁）

〔註5〕　按，胡大恩來降後，唐高祖專門下詔褒獎，據《全唐文》卷二《褒胡大恩來降詔》略云：「疇庸旌善，哲王彝訓；任賢使能，有國通典。胡大恩往因隋季，夷狄交侵，繕甲聚徒，輯寧邊境；既而阻隔戎寇，自保方隅，遠慕朝風，因機立效，摧破凶黨，亭徼無虞，抗疏闕庭，以申誠節，忠義克舉，宜隆寵命。因其所統，即加榮秩。可使持節、代州諸軍事、代州總管，加授上柱國，封定襄郡王，食邑五千戶，賜姓李氏，上屬籍宗正。」（第29頁上欄）

　　按，武德四年三月，李世民率大軍圍困洛陽，竇建德派兵增援王世充，雙方一時呈對峙之勢。四月「己亥，突厥頡利可汗寇鴈門，李大恩擊走之。」〔註6〕洛陽之戰，事關唐朝帝業，正在這緊要關頭，突厥突然發兵攻擊雁門，因此，李大恩在雁門指揮的阻擊戰，勝敗如何關涉極大。李大恩在關鍵時刻，一舉擊敗頡利可汗與苑君璋的聯軍，如果從戰略全局的角度考量，也可以說是間接支持了洛陽之戰。不僅如此，雁門關阻擊戰的勝利，還直接影響到唐與突厥的外交關係走向，據前揭《舊唐書・突厥傳》載，雁門之戰失利後，頡利可汗主動遣使求和。

　　由此可見，李大恩雁門反擊作戰的勝利，其意義並不止於軍事層面，也扭轉了當時唐朝在處理與突厥外交關係中的被動局面。此前，頡利可汗連續扣壓漢陽公李瓌、鄭元璹、長孫順德等唐朝外交使臣；無奈之下，唐高祖也只能以扣留對方使臣作為應對之策，可以說，唐朝其時在應對突厥的外交活動中基本處於被動狀態。雁門反擊作戰勝利之後，頡利可汗不僅首先放還長孫順德等唐朝使臣，而且主動遣使請求與唐朝修好，這是唐高祖武德年間在對突厥的外交活動中第一次取得主動權。

　　不過，要全面瞭解李大恩在代北地區軍事活動的重要意義，以及新城之戰發生的前因後果，還需要對李大恩戰死前後所參與的主要戰爭，以及其間唐與突厥的外交關係事迹，稍作一番梳理。茲以《資治通鑑》的敘述為線索，將其事臚列如下：

　　　武德三年（620）：竇建德行臺尚書令恒山胡大恩請降。（卷一八八，第5900頁）

　　　武德四年（621）：正月，癸酉（十五），以大恩為代州總管，封定襄郡王，賜姓李氏。代州石嶺之北，自劉武周之亂，寇盜充斥，大恩徙鎮鴈門，討擊，悉平之。（同上）

　　　四月己亥（十二），突厥頡利可汗寇鴈門，李大恩擊走之。（卷一八九，第5911頁）

　　　四月戊申（二十一），突厥寇并州。初，處羅可汗與劉武周相表裏，寇并州；上遣太常卿鄭元璹往諭以禍福，處羅不從。未幾，處羅遇疾卒，國人疑元璹毒之，留不遣。上又遣漢陽公（李）瓌略頡

利可汗以金帛，頡利欲令璵拜，璵不從，亦留之。又留左驍衛大將軍長孫順德。上怒，亦留其使者。（卷一八九，第5912頁）

五月己卯（二十二），代州總管李大恩擊苑君璋，破之。（卷一八九，第5920頁）

突厥寇邊，長平靖王（李）叔良督五將擊之，叔良中流矢；師旋，六月，戊子（初二），卒於道。（卷一八九，第5920頁）

八月，丁亥（初二），命太子安撫北邊。（卷一八九，第5926頁）

八月，丁酉（十二），劉黑闥陷鄃縣，魏州刺史權威、貝州刺史戴元祥與戰，皆敗死，黑闥悉取其餘眾及器械。竇建德舊黨稍稍出歸之，眾至二千人，為壇於漳南，祭建德，告以舉兵之意，自稱大將軍。詔發關中步騎三千，使將軍秦武通、定州總管藍田李玄通擊之；又詔幽州總管李藝引兵會擊黑闥。（卷一八九，第5926～5927頁）

八月，癸卯（十八），突厥寇代州，總管李大恩遣行軍總管王孝基拒之，舉軍皆沒。甲辰（十九），進圍崞縣。乙巳（二十），王孝基自突厥逃歸，李大恩眾少，據城自守，突厥不敢逼，月餘引去。（卷一八九，第5927頁）

九月，乙卯（初一），突厥寇并州；遣左屯衛大將軍竇琮等擊之。戊午（初四），突厥寇原州，遣行軍總管尉遲敬德等擊之。（卷一八九，第5929頁）

十一月，壬寅（十九），劉黑闥陷定州，執總管李玄通，黑闥愛其才，欲以為大將，玄通不可……即引刀自刺，潰腹而死。（卷一八九，第5939頁）

十一月，庚戌（二十七），幽州大饑，高開道許以粟賑之。李藝遣老弱詣開道就食，開道皆厚遇之。藝喜，於是發民三千人，車數百乘，驢馬千餘匹往受粟，開道悉留之，告絕於藝。復稱燕王，北連突厥，南與劉黑闥相結，引兵攻易州不克，大掠而去……開道與突厥連兵數入為寇，恒、定、幽、易咸被其患。（卷一八九，第5939～5940頁）

十二月，乙卯（初三），劉黑闥陷冀州，殺刺史麹稜。黑闥既破淮安王神通，移書趙、魏，故竇建德將卒爭殺唐官吏以應黑闥……

半歲之間，盡復建德舊境。又遣使北連突厥，頡利可汗遣俟斤宋邪那帥胡騎從之。（卷一八九，第5940～5941頁）

武德五年（622）：三月，秦王世民與劉黑闥相持六十餘日……黑闥眾大潰，斬首萬餘級，溺死數千人，黑闥與范願等二百騎奔突厥，山東悉平。（卷一九〇，第5948～5949頁）

四月，壬申（二十一），代州總管定襄王李大恩爲突厥所殺。先是，大恩奏稱突厥饑饉，馬邑可取，詔殿少監獨孤晟將兵與大恩共擊苑君璋，期以二月會馬邑；失期不至，大恩不能獨進，頓兵新城。（胡注：新城，當在朔州南。杜佑曰：魏都平城，於馬邑郡北三百餘里置懷朔鎮；及遷洛後，於郡北三百餘里置朔州。魏初雲中郡，在今郡北三百餘里定襄故城北；北齊置朔州在故都西南。新城，一名平城，後移於馬邑，即今郡城也。馬邑郡治善陽縣，亦漢定襄縣地。新城，即魏之新平城也。）頡利可汗遣數萬騎與劉黑闥共圍大恩，上遣右驍衛大將軍李高遷救之。未至，大恩糧盡，夜遁，突厥邀之，眾潰而死，上惜之。獨孤晟坐減死徙邊。（卷一九〇，第5950～5951頁）

五月，突厥寇忻州，李高遷擊破之。（卷一九〇，第5951頁）

六月，辛亥（初一），劉黑闥引突厥寇山東，詔燕郡王李藝擊之。（卷一九〇，第5951頁）丁卯（十七），劉黑闥引突厥寇定州。（卷一九〇，第5952頁）〔註7〕

從以上所列可見，突厥與今山西、河北境內的反唐勢力，一直存在某種聯動關係。儘管有些時候，突厥與反唐勢力主觀上可能並無溝通，更似一種客觀上的呼應關係；但多數情況下，雙方確有明顯的軍事合作關係，無論是此前已經敗亡的馬邑劉武周，還是後來的劉黑闥，都曾接受突厥的封號和軍事援助，劉黑闥兵敗之後，其逃亡地也正是突厥，此前劉武周敗後，其部下也多有前往突厥避難者，原因均在於此。可以說，唐高祖武德初期的北方邊境，之所以一直處於窘迫不安的動亂狀態，在很大程度上就是由於河東、河北地區反唐勢力不斷興起，這些反唐勢力又多數與突厥形成軍事聯合，或得到突厥的支持。

由於地緣構成的關係，自北魏末年以後，東魏北齊與西魏北周對峙時期，太原一直是中原政權抗禦突厥南侵的軍事中心，戰略地位至爲關鍵。對大唐

〔註7〕　按，以上干支記時之轉換，係據陳垣《二十史朔閏表》推算而來。凡本文之干支記時轉換，均根據《二十史朔閏表》推算，以下不再出注。

而言，太原還具有至高無上的象徵意義，因爲它是唐高祖的「龍興」之地。所以，太原安全與否，不僅事關整個河東戰略區，乃至整個華北地區的局勢，還會直接影響到大唐王朝的政治形象。作爲并州治所，太原北面爲嵐、忻、朔、代、雲諸州，代州的雁門關則爲其防線的一個關鍵性的戰略據點，乃是塞北通向三晉大地的重要門戶，歷代北方游牧民族攻擊太原，往往取道雁門關南下。李大恩本爲竇建德行臺尚書令，不僅地位顯赫，且所部軍事實力較強，故其歸唐以後，唐高祖立即任命爲代州總管，並將其派往雁門關駐防，實有深刻用意。就以上所揭史料來看，李大恩從降唐至戰死，不足二年時間，時間雖然不長，卻爲大唐王朝立下了赫赫戰功。綜合分析李大恩的軍事活動，我們可以總結出如下幾個特點：

1. 李大恩所部的作戰區域基本在代北地區，自然地理範圍涉及桑乾河、滹沱河兩大流域，行政區劃大致包括代州、朔州、雲州、嵐州、忻州等地（按照隋朝的行政區劃，則涉及雁門、馬邑、樓煩三郡）。

2. 李大恩所部的作戰對象，首先是突厥，其次是代北地區原劉武周集團的殘餘勢力（如苑君璋所部），以及原竇建德的餘部劉黑闥等反唐武裝。

3. 從作戰效果來看，除最後的新城之戰，因爲敵我力量懸殊過甚，且孤軍無援、糧草耗盡之後突圍戰死之外，李大恩所指揮或參與的其他戰役，均取得勝利，即使是處於比較明顯的劣勢情況下，對手也不敢過於逼迫。

據此可以認爲，李大恩在代北地區的軍事存在，對於大唐王朝在整個河東地區的軍事活動具有十分重要的戰略意義，李大恩所部不僅是唐朝打擊河東地區（尤其是代北地區）反唐武力的勁旅，也是唐朝在河東地區抵禦、扼制突厥入寇的有生力量，對於保證唐朝河東戰略區域的安全具有舉足輕重的作用。從某種意義上可以說，正是由於李大恩歸唐後在代北地區的一系列征戰，不僅確保了「龍興之地」太原北面的安全防衛，更爲唐朝經略整個河東地區開創了有利局面。職此之故，在得知李大恩被圍新城的消息後，唐高祖立即調兵遣將，派李高遷迅速馳援。及至新城之戰失利、李大恩突圍戰死，唐高祖又立即追究其他軍事將領的責任，進一步顯示出唐朝最高統治者對於此人此戰的高度關注，因爲一城一地之失尙屬事小，斯人安危卻茲事體大！

從突厥與河東地區反唐勢力的角度來說，李大恩的存在不啻爲其軍事行動的巨大障礙，突厥勢力想要完全佔領或有效控制代北地區，甚至是進一步

南侵河東腹地，首先必須剷除李大恩這個強勁敵手，劉武周、竇建德等反唐勢力的餘部，想要繼續立足或生存於代北地區，或圖謀在河東、河北地區的進一步發展，也必須消滅李大恩。就這樣，李大恩一時成為突厥，以及河東反唐勢力必欲除之而後快的對象，這也是頡利可汗在覓得戰機以後，立即動用數倍兵力，對孤軍屯駐於新城的李大恩部展開圍攻的根本原因。

二、馬邑會戰的設想：李大恩軍事活動蹤跡探賾

李大恩歸唐後即出任代州總管，以雁門（今山西代縣）為治所，開始其在代北地區的征戰。根據相關史籍所記錄之李大恩軍事活動事迹，我們首先找出李大恩征戰代北的幾個戰略支撐點，然後根據《中國歷史地圖集》第五冊開元二十九年《唐・河東道》地圖〔註8〕，截圖製作為「圖一：李大恩征戰代北形勢圖」。

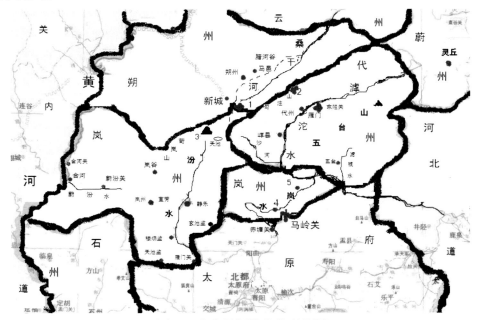

圖一：李大恩征戰代北形勢圖

說明：1. 本圖據《中國歷史地圖集》第五冊第46～47頁《唐・河東道（開元二十九年）》截圖製作。

　　　2. 圖中數字1，指樓煩關；數字2，指雁門關；數字3，指管涔山；數字4，指秀容（忻州）；數字5，指定襄。

〔註8〕《中國歷史地圖集》第五冊《唐・河東道》，第46～47頁。按，此河東道地圖所示，為唐玄宗開元二十九年河東道的情況。

結合「圖一」所示，我們約略可以瞭解李大恩征戰區域及其作戰線路圖，在此基礎上，進而分析李大恩在代北地區的軍事活動，對於唐朝在河東地區軍事戰略中的意義或作用。

（一）征戰區域與戰略支點

李大恩歸唐以後，首先征戰的區域乃是「代州石嶺之北」。據「圖一」所示，忻州（治秀容，今山西忻縣）之南有石嶺關，爲代北地區一處重要關隘，石嶺關與其西南方向的赤塘關互爲掎角，均爲代北通往太原府的關卡，從忻州越過石嶺關，就進入河東政治中心太原府的地界。唐朝前期與突厥的多次軍事鬥爭中，石嶺關一直就是雙方必爭之地。〔註9〕就地圖所顯示的區域範圍看，「石嶺之北」即指秀容爲中心的忻州以及代州，從自然地理範圍來劃分，均屬嘑沱河流域，這一帶有著名的五臺山山脈，地形十分複雜，而且秀容一

〔註 9〕 石嶺關是代北通往太原府的一個重要關隘，它與西面偏南方向的赤塘關，掎角策應，構成并州北邊的一道屏障。唐朝前期與突厥之間圍繞石嶺爭奪所進行的軍事鬥爭頗多，諸多史實表明，石嶺一旦失守，突厥兵鋒就直指并州的中心——太原，職此之故，唐朝對突厥用兵，石嶺關每爲必爭必守之地。茲舉例以成其說：1. 武德三年（620）六月，李世民討伐劉武周，突厥處羅可汗派兵相助，劉武周敗後，處羅可汗至晉陽，總管李仲文不能制，「又留倫特勒，使將數百人，云助仲文鎮守，自石嶺以北，皆留兵戍之而去。（胡注：石嶺關在代州，杜佑曰：忻州定襄縣、漢陽曲縣，有石嶺關，甚嶮固。）」（《資治通鑑》卷一八八唐高祖武德三年六月，第5884頁）按，石嶺關在忻州，胡三省說在代州，顯誤。處羅可汗所以要留兵「助守」石嶺關，是因爲他已經認識到石嶺關在軍事上的重要價值。2. 武德八年（625）四月，以突厥爲寇不已，議大舉擊突厥，六月丙子，「遣燕郡王李藝屯華亭縣及彈箏峽，水部郎中姜行本斷石嶺道以備突厥。」七月丙辰，「代州都督藺謩與突厥戰於新城，不利；復命行軍總管張瑾屯石嶺，李高遷趨大谷以禦之。」八月壬戌，「突厥逾石嶺，寇并州；癸亥，寇靈州；丁卯，寇潞、沁、韓三州。」（《資治通鑑》卷一九一唐高祖武德八年六月、七月、八月，第5995、5996、5997頁）是武德八年六、七月，征討突厥之役，先後派遣將領屯駐石嶺關，以切斷突厥行軍通道；八月，突厥越過石嶺關，直接進寇并州。3. 武則天長安二年（702）三月庚寅，「突厥破石嶺，（胡注：忻州定襄縣有石嶺關。杜佑曰：定襄縣本漢陽曲縣，有石嶺關甚險固。漢定襄郡在今馬邑郡地。）寇并州。以雍州長史薛季昶攝右臺大夫，充山東防禦軍大使，滄、瀛、幽、易、恒、定等州諸軍皆受季昶節度。夏，四月，以幽州刺史張仁愿專知幽、平、媯、檀防禦，仍與季昶相知，以拒突厥。」（《資治通鑑》卷二〇七則天后長安二年三月、四月，第6558頁）是武后長安二年（702）三月，突厥突破石嶺關以後，直接攻擊并州，爲此武則天先是任命薛季昶爲山東防禦軍大使，節度山東（太行山以東）諸軍應對，後命幽州刺史張仁愿接應配合，共同應對突厥在并州的軍事行動。

帶民族構成複雜、胡族勢力昌熾，從北魏末年以來就是易生動亂之地。所以，儘管劉武周被殺以後，其軍事集團勢力亦衰，但動亂卻一時難以平息，首先與該地的傳統有直接關係。李大恩歸唐後，首要任務就是「討擊」石嶺以北的「寇盜」，正符合唐高祖穩定代北地區局勢的戰略目標，因為李大恩出自「恒山胡」，對於石嶺之北「寇盜」的活動特點正好十分熟悉。

另外，我們還注意到，李大恩歸唐後封爵「定襄郡王」，定襄（今山西定襄）也正是忻州下轄的一個縣，位於滹沱河與嵐水之間，與石嶺關成掎角之勢的赤塘關，又恰好位於嵐水支流。據此，我們或可推測，李大恩歸唐以後的首次征戰，很有可能就是從征討定襄與石嶺關之間的「寇盜」開始，石嶺關應當就是李大恩征戰代北地區的首個重要戰略點，其時間大致就在武德四年（621）正月至四月之間。

武德四年四月開始的雁門反擊作戰，包括雁門（今山西代縣）、崞縣（今代縣西南，滹沱河西岸）兩個戰略點，從地圖顯示看，雁門、崞縣均在滹沱河西岸（北岸），距離並不遙遠，在地緣構成上可以互為支撐。武德四年四月開始的雁門反擊作戰，征戰對象既有突厥軍隊，也有苑君璋等反唐勢力。四月己亥（十二日），頡利可汗進寇雁門，被李大恩擊退；戊申，突厥繞道避開李大恩，轉而攻擊并州；五月己卯（二十二日），李大恩領兵擊破苑君璋；八月癸卯（十八日），突厥大舉入侵代州，行軍總管王孝基戰敗被俘，甲辰（十九日），突厥進圍崞縣，乙巳（二十日），王孝基自突厥逃回，李大恩以寡不敵眾，據城自守，突厥圍城月餘後，主動撤兵。從中可見，李大恩的代州的軍事行動，無論是主動出擊，還是嬰城固守，基本圍繞雁門、崞縣兩個點展開。

馬邑為李大恩征戰代北地區的第三個戰略點。作為長期生活、征戰於代北地區的將領，李大恩十分清楚馬邑戰略地位的重要性，這就是他武德五年提議會攻馬邑的根本原因。會攻馬邑之戰，由於獨孤晟所部沒能如期趕到，導致了最後的失利。

從李大恩在新城遭到突厥與劉黑闥聯合圍攻的情況，大致可以分析出他的行軍路線：通過雁門關，翻越勾注山以後，沿桑乾河河床向西北前行；再通過樓煩關，然後到達新城，新城應當是李大恩與獨孤晟約定的會師地點。然而，獨孤晟部沒有如期而至，突厥頡利可汗卻發現了唐軍的戰略意圖，遂趁李大恩勞師以遠、孤軍無援之機，與劉黑闥聯兵而進，以數倍兵力將李大恩圍困於新城，李大恩終因糧草耗盡而突圍，結果突圍不成而戰死。

（二）會攻馬邑的戰略構想

如果我們在地圖上將李大恩征戰代北的行動路線標示出來，就不難發現：李大恩征戰代北地區的作戰方向，總體上是自南向北，由滹沱河流域轉向桑乾河流域。但是，從軍事戰略上看，壓平石嶺之北寇盜、雁門關卻敵之役、崞縣防衛作戰，都具有防禦作戰的性質。只有會攻馬邑，才是主動性的戰略進攻。李大恩為何要提出會攻馬邑的戰略設想？竊意，會攻馬邑是李大恩在取得一系列防禦性的軍事勝利後，所籌劃的一次進攻性軍事行動，目的則是為了從根本上打擊突厥以及代北地區的反唐武力。

李大恩提出會攻馬邑，還因為有天時方面的有利因素。我們注意到，突厥從武德三、四年前後，開始加大在河東地區軍事活動的力度。其原因主要有二：1. 河東地區乃是反唐軍事活動的重要區域，在河北等地反唐勢力相繼被壓平之後，河東地區就逐漸成為反唐勢力活躍的中心區域，突厥很容易在這裏尋找到合作夥伴，或是供自己驅使的傀儡。2. 武德三、四年持續乾旱，嚴重損害了突厥的經濟基礎，連年天災所造成的物資短缺，迫使突厥必須加強掠奪方可解決物資供應的難題。〔註 10〕上述兩個原因中，後者居於主導地位，乃是促使突厥加強進犯中原力度的直接推動因素。

對於突厥因天災而陷入困境的狀況，李大恩敏感地意識到了。因此，他在武德五年（622）正月，主動向唐高祖提議，請求利用「突厥飢饉」的有利時機，出兵奪取馬邑。

李大恩奪取馬邑的提議頗具戰略眼光，蓋因馬邑在地緣構成上具有重要軍事戰略價值。馬邑，即今山西朔州市朔城區，結合「圖一」所示可知，馬邑為桑乾河流域一座重要城池，從馬邑沿今恢河河谷〔註 11〕向南，可直達控扼長城關隘的重要關口——樓煩關，在馬邑與樓煩關之間的新城，則是位於恢河東岸另一處戰略要地，新城與馬邑在南北方向上又可以構成軍事上的相

〔註10〕 《新唐書》卷三五《五行志二》：「武德三年夏，旱，至于八月乃雨。四年，自春不雨，至于七月。」（第 915 頁）武德三年的大旱從四月持續到八月，長達 4 個月；武德四年的乾旱，從正月持續到七月，長達 7 個月。連續兩年的持久乾旱，均發生於春、夏兩季，這兩季乃是植物生長最需要雨水的時期，因此春、夏乾旱對農作物的影響也最大，突厥以畜牧業為主，受氣候變化的影響更大。因此，突厥在武德三、四年明顯加強對中原地區的襲擾力度，與嚴重旱災所造成的「飢饉」有直接關係，為了解決生存問題，突厥統治者不得不對加強對唐朝的掠奪。

〔註11〕 按，圖一中的「臘河谷」當即今恢河河谷起點，圖中虛線所示，即今恢河。

互支撐；從馬邑向東南方向穿過桑乾河、翻越句注山一帶的長城，就是著名的雁門關，過了雁門關就是位於滹沱水（今滹沱河）西岸的雁門（代州治所，今山西代縣），馬邑作爲河東地區尤其是代北地區的戰略要地，其重要性由此可知。

　　需要指出的是，對於馬邑軍事戰略價值的認識，並非今人依據對代北地理構成形勢分析所得出，唐人對此就已經有了明確認識。例如，武德六年（623）六月，劉世讓被任命爲廣州總管，在走馬上任前夕，唐高祖問以備邊之策。劉世讓這樣回答：

> 突厥南寇，徒以馬邑爲其中路耳。如臣所計，請於崞城置一智勇之將，多儲金帛，有來降者厚賞賜之，數出奇兵略其城下，芟踐禾稼，敗其生業。不出歲餘，彼當無食，馬邑不足圖也。〔註12〕

由此可見，作爲突厥南侵的中繼站，馬邑對突厥具有關乎存亡的重要戰略價值。反過來說，唐朝若能奪取馬邑，便從戰略上取得對突厥軍事行動的主動權。因此，劉世讓應對突厥的戰略謀劃，實際上就是圍繞如何攻取馬邑而進行。劉世讓提出行動計劃後，唐高祖即派他駐守崞城，相機奪取馬邑。對於馬邑的重要戰略地位，突厥一方自然也十分清楚，因此他們對於劉世讓的到來感到了恐慌，遂施行反間計除掉了劉世讓。〔註13〕劉世讓能夠從戰略的高度提出奪取馬邑，與其軍事生涯有直接關係，因爲在被任命爲廣州總管之前，他曾經較長時間征戰於代北，並一度擔任并州總管，統兵屯駐於雁門。〔註14〕

　　正是由於特殊的戰略地位，馬邑勢必成爲唐與突厥雙方都要極力爭奪的熱點。以言唐朝，奪取並控制馬邑至少有兩個方面的意義：其一，作爲河東地區尤其是代北地區反唐勢力的巢穴之一，唐朝攻取制馬邑，對反唐勢力而言無異釜底抽薪；其二，作爲突厥南下的中繼站，唐朝控制馬邑，無異於清除突厥南進的一個軍事基地，因而可以更加有效地扼制突厥對河東腹地的襲擾。

　　以言突厥（包括代北反唐勢力），馬邑同樣具有攻、守雙重價值，從攻的方面來說，佔據並控制馬邑，不僅可以有效控制整個桑乾河流域，還可南下越過

〔註12〕 《舊唐書》卷六九《劉世讓傳》，第 2523 頁。

〔註13〕 據《舊唐書》卷六九《劉世讓傳》載，劉世讓提出應對之策以後，「高祖曰：『非公無可任者。』乃使馳驛往經略之。突厥懼其威名，乃縱反間，言世讓與可汗通謀，將爲亂。高祖不之察，遂誅世讓，籍沒其家。貞觀初，突厥來降者言世讓初無逆謀，始原其妻子。」（第 2523 頁）

〔註14〕 《舊唐書》卷六九《劉世讓傳》：「累轉并州總管，統兵屯於鴈門。突厥處羅可汗與高開道、苑君璋合眾攻之，甚急……經月餘，虜乃退。及（鄭）元璹還，述世讓忠貞勇幹，高祖下制褒美之，錫以良馬。未幾，召拜廣州總管。」（第 2523 頁）

長城關隘直接威脅代州、忻州、嵐州，進而對整個河東州地區形成震懾；從守的角度來說，一旦并州地區軍事行動失利，只要控制馬邑，就可以從容撤往雲州乃至漠北。劉武周起兵反唐，從馬邑起家並以之作爲最後的根據地，理由正在於此地可攻可守，且能夠就近獲得突厥的援手，突厥支持劉武周等反唐，並刻意經營馬邑，也是由於同樣的原因。

因此，武德五年正月，李大恩提出乘機奪取馬邑，即刻得到唐高祖的批准，並立即組織實施，正是因爲唐高祖深知馬邑戰略地位的重要，唐高祖之所以對馬邑戰略地位有清楚的認識，既是因爲他在隋朝末年曾較長時間任職於河東，也和此前劉世讓對馬邑戰略地位的分析有某種關係。

三、成也馬邑，敗也馬邑：劉武周勝敗原因探析

馬邑之於代北，乃至河東地區軍事戰略地位上的重要性，還可通過對劉武周勝敗經歷的考察窺其一斑。

劉武周，本河間景城人。自其父劉匡徙家馬邑，遂定居於此，並發展爲馬邑當地有顯著影響力的地方豪族。〔註 15〕劉武周出生於馬邑，自幼驍勇善射，交通豪俠，年輕時曾離家來到洛陽，在太僕楊義臣帳內聽命，後來應募投軍，參與東征高麗的「遼東之役」，並依靠軍功歷任建節校尉、鷹揚府校尉諸職。隋煬帝大業十三年（即隋恭帝義寧元年，617），天下大亂，時任馬邑校尉的劉武周積極聯絡豪傑，斬殺隋朝馬邑太守王仁恭後起兵。劉武周自幼生活在朔州，十分熟悉當地社會狀況，深知突厥在這個地區的重要性，故而在起兵以後便迅速與突厥取得聯繫，並接受突厥「定楊可汗」的稱號及突厥的狼頭纛，儼然以突厥麾下武裝自居。〔註 16〕

在突厥武力的支持下，劉武周在代北地區連連取得軍事勝利。但種種跡象表明，劉武周在開始階段似乎並無南下攻掠并州之圖謀，因爲他在連續幾

〔註 15〕 劉氏原本祖籍河北景城，但因兩代定居馬邑，至劉武周一代，已被視爲馬邑土著豪族。兩《唐書》均徑稱其爲「州里之雄」（《舊唐書》卷五五《劉武周傳》，第 2252 頁，《新傳》作「州里雄」，第 3711 頁）。至如司馬溫公，乾脆直接呼其爲「土豪」，據《資治通鑑》卷一八三隋恭帝義寧元年（617）二月：「馬邑太守王仁恭，多受貨賂，不能振施。郡人劉武周，驍勇喜任俠，爲鷹揚府校尉。仁恭以其土豪，甚親厚之，令帥親兵屯閤下。」（第 5718～5719 頁）隋朝馬邑太守王仁恭之所以「親厚」劉武周，就是希望利用其「土豪」的身份與號召力，維持其在馬邑的統治秩序。

〔註 16〕 《舊唐書》卷五五《劉武周傳》，第 3711～3712 頁。

次獲勝之後，還是回到了馬邑。據《舊唐書‧劉武周傳》略云：

> 武周自稱太守，遣使附于突厥。隋鴈門郡丞陳孝意、虎賁將王
> 智辯合兵討之，圍其桑乾鎮。會突厥大至，與武周共擊智辯，隋師
> 敗績。孝意奔還鴈門，部人殺之，以城降于武周。於是襲破樓煩郡，
> 進取汾陽宮，獲隋宮人以賂突厥，始畢可汗以馬報之，兵威益振。
> 乃攻陷定襄，復歸于馬邑。〔註17〕

這裏我們注意到，在接連攻克雁門（隋雁門郡，治所雁門，今山西代縣）、樓煩（隋
樓煩郡，治所靜樂，今山西靜樂縣）、定襄（隋屬定襄郡，治所大利，在今內蒙古和林格爾以
北偏西方向）之後〔註18〕，劉武周均沒有稍作停留，既未乘勝南攻晉陽，也未
在北邊的定襄滯留，而是返回馬邑。劉武周此次軍事行動，先南後北，但最
終還是回到馬邑，其中主要原因應該在於，馬邑乃是劉武周集團的根本所在，
在馬邑境內進退有據，背後既有突厥的武力支撐，也有綿延的長城可依為屏
障，當然還有廣闊的後方可供周旋。〔註19〕

劉武周產生南下晉陽、攻掠并州以爭天下的想法，要到宋金剛歸服以後。
據前揭《舊唐書‧劉武周傳》云：

> 先是，上谷人宋金剛有眾萬餘人，在易州界為群盜，定州賊帥
> 魏刀兒與相表裏。後刀兒為竇建德所滅，金剛救之，戰敗，率餘眾
> 四千人奔于武周。武周素聞金剛善用兵，得之甚喜，號為宋王，委
> 以軍事，中分家產遺之。金剛亦深自結納，遂出其妻，請聘武周之
> 妹。又說武周入圖晉陽，南向以爭天下。武周授金剛西南道大行臺，
> 令率兵二萬人侵并州，軍黃蛇鎮。又引突厥之眾，兵鋒甚盛，襲破
> 榆次縣，進陷介州。高祖遣太常少卿李仲文率眾討之，為賊所執，一
> 軍全沒。仲文後得逃還。復遣右僕射裴寂拒之，戰又敗績。武周進逼，

〔註17〕 《舊唐書》卷五五《劉武周傳》，第2253頁。

〔註18〕 按，隋朝河東諸郡的行政轄區，遠遠大於唐朝河東道諸州，據諸《中國歷史
地圖集》第五冊《隋‧河東諸郡》（第17～18頁，隋大業八年地理圖）、《唐‧河東
道》（第46～47頁，唐開元二十九年地理圖），其對應情況大致如下：隋雁門郡大致
相當於唐朝代州、蔚州，治雁門，在今山西代縣；隋樓煩郡，大致相當於唐
朝之嵐州、忻州，治靜樂，在今山西靜樂縣；隋定襄郡，相當於唐關內道所
屬之單于都護府轄區，定襄郡治所大利，在今內蒙古和林格爾以北偏西方向。

〔註19〕 據前揭《中國歷史地圖集》隋、唐情況對比可知，隋馬邑郡的轄區，大致相
當於唐朝之朔州、雲州，治所善陽，即今山西朔州市朔城區。就《隋‧河東
諸郡》地圖所示，隋馬邑郡不僅疆域遼闊，且境內長城曲折綿延，河川山谷
交錯雜陳，地形地勢均極險要，特別有利於防守藏身。

　　總管齊王（李）元吉委城遁走，武周遂據太原。遣金剛進攻晉州，六

　　日城陷，右驍衛大將軍劉弘基沒于賊。進取澮州，屬縣悉下。〔註20〕

由此可見，宋金剛歸服及其勸說，乃是促成劉武周決策南攻并州的重要原因。
從中還可知道，宋金剛「入圖晉陽，南向以爭天下」的戰略謀劃，包含聯絡
突厥武力介入的內容，在隨後襲破榆次、進陷介州、攻克太原、奪取晉州、
澮州等一系列戰役中，突厥均曾直接派兵參戰。除直接參與攻城掠地外，突
厥武裝在其他地區的軍事行動更是對唐軍形成了掣肘，宋金剛之所以能夠接
連戰勝唐軍，很大程度上是由於唐軍不得不分兵應對突厥在其他方向上的侵
擾，這應該視為突厥對宋金剛軍事行動的隱性支持。

　　宋金剛連戰皆捷，迅速佔領包括太原在內的河東大部，不僅改變了河東
戰局形勢，直接影響到唐朝在整個河東地區的既定作戰部署，更引起關中地
區的強烈震動。綜合諸史所載可知，「關中震動」是在宋金剛攻克「澮州，屬
縣悉下」之後，因為攻取澮州不久，宋金剛的前鋒部隊即乘勝攻克了黃河渡
口——龍門（今山西河津），兵鋒直指關中。〔註21〕宋金剛攻佔晉州、澮州之後，
河東地區其他反唐勢力也乘機掀起一股反唐高潮，如「夏縣人呂崇茂殺縣令，
自號魏王，以應賊。河東賊帥王行本又密與（宋）金剛連和，關中大駭。高
祖命太宗益兵進討，屯於柏壁，相持者久之。」〔註22〕唐高祖急令秦王李世
民領兵進討，顯然是想通過加大對宋金剛的反擊力度，以減輕關中所承受的
巨大壓力。李世民就是在河東告急的形勢下，以重兵進駐柏壁。〔註23〕

〔註20〕　《舊唐書》卷五五《劉武周傳》，第 2253～2254 頁。

〔註21〕　據《元和郡縣圖志》卷一二《河東道一》「絳州」條：「翼城縣，本漢絳縣地
　　　　　也，屬河東郡。後魏明帝置北絳縣，隋開皇末改為翼城縣，屬絳州，因縣東
　　　　　古翼城為名也。武德元年於此置澮州，四年廢澮州，縣屬絳州。」（第333頁）
　　　　　據此可知，澮州係武德元年（618）新設州，本為絳州翼城縣，當是唐高祖為
　　　　　籠絡歸服的勢力而設。

〔註22〕　《舊唐書》卷五五《劉武周傳》，第 2254 頁。

〔註23〕　李世民以重兵屯駐柏壁，與柏壁所處特殊地理位置有密切關係。作為扼守河
　　　　　東兵馬前往龍門、蒲津兩處黃河渡口的津要之地，柏壁是守護黃河渡口的一
　　　　　道重要壁壘，不容絲毫閃失。只要牢牢控制柏壁，即使反唐武力繞道而行，
　　　　　插入其後的蒲州直逼蒲津、龍門渡口，也終究不能不因為柏壁踞其身後而心
　　　　　存顧忌。相反，若柏壁失守，反唐勢力就會毫無顧忌地猛攻龍門與蒲津，直
　　　　　接威脅黃河對岸的關中。柏壁在雙方的軍事對壘中，具有鎖鑰式的重要戰略
　　　　　地位，因此，李世民以重兵進駐柏壁頗具戰略眼光。李世民屯駐柏壁後，憑
　　　　　藉有利的地理形勢，採取持重不出、堅守疲敵的戰略，大量消耗宋金剛的有
　　　　　生力量，最終在雀鼠谷之役將其徹底擊潰，從根本上扭轉河東戰局。

在突厥支持與配合下，劉武周在河東地區的反唐活動一度形勢大好，但終究還是迅速破滅而未能稍作持久。其中原因何在？竊意主要因為在連番獲勝之後，劉武周匆忙之間聽信宋金剛南向以爭天下的主張，卻忽略對馬邑及整個代北地區的經營。實際上，就在劉武周與宋金剛謀劃南下晉陽以爭天下的時候，苑君璋就曾提出異議，其說辭略云：「唐主舉一州之兵，定三輔之地，郡縣影附，所向風靡，此固天命，豈曰人謀。且并州已南，地形險阻，若懸軍深入，恐後無所繼，不如連和突厥，結援唐朝，南面稱孤，足為上策。」〔註24〕

顯然，在苑君璋看來，不應該幻想與唐高祖李淵爭奪天下，理由之一是唐高祖能夠所向風靡，「此固天命」；理由之二是，并州已南，地形險阻，不宜孤軍深入。基於此，苑君璋提出，應該「連和突厥，結援唐朝」，從而實現「南面稱孤」的目標。

「天命」之說自是無徵，苑君璋對當時形勢的分析確當與否，唐高祖李淵是否同意與其講和，也都屬未知之數。不過，平心而論，苑君璋「連和突厥，結援唐朝，南面稱孤」的政治設想，還是頗有可取之處。因為從地緣政治的角度來看，苑君璋謀劃的核心內容就是，以馬邑為中心，牢固控制朔州地區，然後通過與突厥、唐朝締結盟約，形成相互制衡局面，從而實現割據代北的戰略目標。揆諸其時形勢，苑君璋提出的這個計劃，比較符合劉武周集團其時的實際狀況。因為當時唐朝軍事經略的重心，為洛陽的王世充集團與河北的竇建德集團，相較之下，代北地區或曰河東地區，包括劉武周及突厥的軍事存在，均非當務之急，因此劉武周如果在這個時候提出議和，唐高祖即便出於權宜暫緩等方面的考慮，也應該能夠答應其請求。

然而，劉武周卻拒絕了苑君璋的主張，決心南下并州以爭天下。劉武周為何如此決策，原因自是不一而足，或許和他不願意永遠只做突厥卵翼下的「代北王」的心理有些關係，當然，也可能與他本來就心存逐鹿中原的夢想，宋金剛的加盟及鼓動，則進一步增強了角逐天下的野心也有關係。不過，對於苑君璋的提議，看來劉武周也並非全無考慮，他在做出南下晉陽決定的同時，也留下苑君璋駐守朔州。朔州治所善陽，在今山西朔州，唐時位於馬邑的西部偏南方向，地緣構成上與馬邑形成掎角呼應。此事隱約表明，劉武周對於苑君璋固守馬邑的戰略設想，以及馬邑的在地緣構成中的戰略地位，還是稍有措意。

〔註24〕 《舊唐書》卷五五《劉武周附苑君璋傳》，第 2255 頁。

　　苑君璋其人事迹，載諸《舊唐書》卷五五《劉武周附苑君璋傳》，從中可知：苑君璋與劉武周同縣，爲馬邑土著，又是劉武周的妹婿，在劉武周接受突厥援助稱定楊可汗時，擔任內史令，係劉武周武裝集團的骨幹分子之一。劉武周領兵南下汾、晉以爭天下，持異議的苑君璋負責留守馬邑，駐防朔州。及劉武周南下敗死，苑君璋繼領其部眾，接受突厥「大行臺」之任命，頡利可汗同時派郁射設率突厥兵幫助他鎮守馬邑。這表明，在劉武周南下行動失利後，苑君璋改變了策略，開始著意經營馬邑的防守，而從突厥派兵幫助其鎮守一事，也可以看出，頡利可汗對經營馬邑在戰略上的重要性，應該也有了進一步的認識。

　　面對苑君璋的戰略調整，唐高祖的應對策略也有所改變，試圖通過和平方式促成苑君璋主動歸服，於是就派使者前往招諭。唐高祖的懷柔政策很快就產生了效果，苑君璋的部將高滿政，因此勸說其歸服唐朝，云：「夷狄無禮，本非人類，豈可北面事之，不如盡殺突厥以歸唐朝。」〔註25〕然而，苑君璋卻拒絕了高滿政的提議。高滿政遂「因人心夜逼君璋」，發動兵變，企圖武力迫使苑君璋降唐。苑君璋連夜逃往突厥尋求庇護，高滿政以馬邑城投降了唐朝。〔註26〕高滿政以馬邑降唐，時在武德六年（623）六月十四日，距離李大恩提出會攻馬邑的時間（武德五年二月）又過去了一年多。〔註27〕

四、武德六年唐與突厥交兵：以馬邑爭奪戰爲中心

　　武德六年六月，高滿政以馬邑降唐，不僅對代北地區的反唐勢力造成沉重打擊，也使突厥喪失了侵擾中原內地的一處重要戰略要地。因此，對馬邑落入唐朝之手的現實，無論苑君璋等反唐勢力，還是突厥，都無法容忍，他們必然要設法奪回馬邑，至少不能讓唐朝穩固地控制馬邑。於是，雙方圍繞馬邑控制權的爭奪戰，就不可避免地發生了。

　　茲依《資治通鑒》卷一九○唐高祖武德六年（623）的敘述時間爲序，將武德六年六月十四日（高滿政降唐）至十月二十五日（突厥請求和親，以馬邑歸唐）期間，突厥及反唐勢力對唐朝所發動的軍事攻擊行動。依次臚列如下：

　　　　六月，戊午（十四），高滿政以馬邑來降……是時，馬邑人多不

〔註25〕　《舊唐書》卷五五《劉武周附苑君璋傳》，第 2255 頁。
〔註26〕　《舊唐書》卷五五《劉武周附苑君璋傳》，第 2255 頁。
〔註27〕　《資治通鑒》卷一九○唐高祖武德六年（623）六月：「戊午，高滿政以馬邑來降。」（第 5968 頁）按，武德六年六月乙巳朔，戊午爲十四日。

願屬突厥，上復遣人招諭苑君璋。高滿政說君璋盡殺突厥戍兵降唐，君璋不從。滿政因眾心所欲，夜襲君璋，君璋覺之，亡奔突厥，滿政殺君璋之子及突厥戍兵二百人而降。（第5968頁）

壬戌（十八），梁師都以突厥寇匡州。（胡注：武德分綏州延福縣地置北吉州、羅州、匡州。）（第5968頁）

丁卯（二十三），苑君璋與突厥吐屯設寇馬邑，高滿政與戰，破之。以滿政為朔州總管，封榮國公。（胡注：朔州，馬邑郡。）（第5968頁）

七月，丙子（初二），苑君璋以突厥寇馬邑，右武候大將軍李高遷及高滿政禦之，戰于臘河谷，破之。（第5969頁）

高開道掠赤岸鎮及靈壽、九門、行唐三縣而去。（胡注：《九域志》：定州唐縣有赤岸鎮。三縣皆屬恒州，時以靈壽屬并州。）（第5969頁）

癸未（初九），突厥寇原州。（第5970頁）

乙酉（十一），寇朔州，李高遷為虜所敗，行軍總管尉遲敬德將兵救之。（第5970頁）

己亥（二十五），遣太子將兵屯北邊，秦王世民屯并州，以備突厥。（第5970頁）

八月，甲辰（初一），突厥寇真州，（胡注：《舊志》：武德二年，置綏州總管府，管雲、銀、真等十一州。真州蓋置於銀州真鄉縣也。）又寇馬邑。（第5970頁）

己未（十六），突厥寇原州。（第5971頁）

辛未（二十八），突厥陷原州之善和鎮。（第5971頁）

癸酉（三十），又寇渭州。（胡注：渭州，隴西郡。）（第5971頁）

高開道以奚侵幽州，州兵擊卻之。（第5971頁）

九月，丙子（初三），太子班師。（胡注：自幽州道班師。）（第5972頁）

庚寅（十七），突厥寇幽州。（第5972頁）

壬寅（二十九），高開道引突厥二萬騎寇幽州。（第5972頁）

突厥惡弘農公劉世讓為己患，遣其臣曹般陁來，言世讓與可汗通謀，欲為亂，上信之。冬，十月，丙午（初四），殺世讓，籍其家。（第5972頁）

　　秦王世民猶在并州，己未（十七），詔世民引兵還。（第5972頁）

　　壬戌（二十），頡利以高開道善爲攻具，召開道，與之攻馬邑甚
急。頡利誘（高）滿政使降，滿政罵之。糧且盡，救兵未至，滿政
欲潰圍走朔州，右虞候杜士遠以虜兵盛，恐不免，壬戌（二十），殺
滿政降於突厥，苑君璋復殺城中豪傑與滿政同謀者三十餘人。

　　丁卯（二十五），突厥復請和親，以馬邑歸唐；上以將軍秦武通
爲朔州總管。（第5973頁）

自武德六年六月十四日，高滿政舉馬邑降唐，至十月二十五日突厥請和親、以
馬邑歸還唐朝，四個多月的時間裏，突厥及其支持下的反唐勢力先後發動 13
次軍事進攻。在 13 次軍事行動中，至少 5 次是以馬邑作爲攻擊目標，還有幾次
雖然不是直接進攻馬邑，但仍間接地或多或少與馬邑相關，如六月十四日，高
滿政以馬邑降唐，十八日，梁師都即率突厥兵攻擊匡州，此役很可能是突厥授
意下的一次軍事行動，目的則是爲配合即將對馬邑展開的軍事行動。〔註28〕

　　六月二十三日，即高滿政以馬邑降唐 8 天之後，苑君璋在突厥支持下，
對馬邑展開第一次攻擊，結果被高滿政擊敗；8 天後，即七月初二，苑君璋率
突厥兵捲土重來，對馬邑發起第二次攻擊，高滿政與趕來增援的李高遷率軍
禦敵，雙方大戰於臘河谷，再次擊敗苑君璋；初九，突厥從西線進攻原州（治
平高，今寧夏固原），十一日，第三次進攻馬邑，擊敗唐軍李高遷部；八月初一，
突厥進攻眞州，同時第四次攻擊馬邑；十月二十日，頡利可汗將高開道從幽
州一線召來，對馬邑發起第五次攻擊，終於攻克馬邑。

　　以上五次攻擊馬邑的軍事行動，均以突厥兵爲主力。對於這些軍事行動，
我們決不能以孤立的眼光分別看待，而應該從宏觀全局的角度把握，將它們
全部視爲「馬邑之戰」的組成部分。如此，方可對馬邑爭奪戰作進一步分析：

　　1. 首先，馬邑之戰前後歷時四個多月，乃是突厥與河東反唐勢力聯合作
戰，對一處戰略目標實施軍事攻擊時間最長的一次戰役，單從時間跨度看，
此役在唐朝與突厥軍事鬥爭史上十分罕見，甚至稱得上絕無僅有，馬邑畢竟

〔註28〕　按，匡州屬綏州，位於今陝西米脂東南方、黃河西岸，河對岸即石州、嵐州
　　　　（見《中國歷史地圖集》第五冊「唐・京畿道 關內道，第40～41頁）。從地緣構成看，
　　　　儘管在匡州的軍事行動無法給嵐州以北的馬邑提供直接支持，但因匡州位於
　　　　關內道，在這裏展開軍事行動，可直接威脅關內道、京畿道，唐朝對此自然
　　　　不能置之不理，從而受到掣肘。如此一來，突厥就可以在其他地區從容展開
　　　　各種軍事行動。

不過就是代北地區的一座城池而已，目標並非很大。然而，就是這樣一座本不起眼的城池，突厥卻聯合河東反唐勢力，多次投入較大兵力，對其進行反覆爭奪。這說明了什麼？只能表明馬邑戰略地位的重要。

2. 其次，五次攻擊馬邑的戰鬥，均以突厥兵為主力，其中第 3、4 兩次是突厥兵單獨作戰，第 1、2、5 三次則是突厥兵與河東反唐勢力的聯合作戰，而以突厥兵為主（第 1 次為苑君璋與吐屯設聯合指揮，第 2 次主要由苑君璋指揮，第 5 次的指揮官為頡利可汗，高開道則是主要將領之一），這種情況表明，隨著河東地區反唐勢力日益衰弱，突厥兵已逐漸成為唐朝在河東地區的主要軍事對手。

3. 最後，整個馬邑之戰前後共發生 5 次戰鬥，五次戰鬥的時間間隔分別為：第 2 次與第 1 次間隔 8 天；第 3 次與第 2 次間隔 8 天；第 4 次與第 3 次之間間隔時間稍長，有 19 天；第 5 次與第 4 次間隔 78 天。根據戰役時間間隔上的特點，我們或可把馬邑之戰分為三個階段，即第 1、2、3 三次為一階段，第四次、五次分別為一個階段。

戰役第一階段（六月二十三日至七月十一日），突厥及其控制下的反唐勢力，在 20 天的時間裏，連續三次攻擊馬邑。根本原因乃在於馬邑為突厥南下的中繼站，對突厥具有極為重要的戰略意義，高滿政以馬邑降唐，造成突厥南下戰略支撐點喪失，故頡利可汗希望在最短時間內將馬邑重新奪回，這就是他在 20 天的時間裏連續三次攻擊馬邑之動力所在。

隨著第一階段三次攻擊馬邑不果，突厥對馬邑的爭奪戰進入第二階段（七月十二日至八月初一）。我們注意到，從第 3 到第 4 次之間的 19 天時間裏，唐朝與突厥雙方的軍事部署均未停止，七月十一日，突厥三攻馬邑、擊敗李高遷部，二十五日，唐高祖「遣太子將兵屯北邊，秦王世民屯并州，以備突厥。」這就告訴我們，在馬邑遭到突厥連續三次進攻之後，唐高祖也認識到北方邊境的嚴峻形勢，故而將太子李建成、秦王李世民同時派到北方前線，以加強對突厥軍事鬥爭的領導工作。八月初一，突厥向馬邑發起第 4 次攻擊，史籍雖未有關於此次戰況的詳細記載，可以推知的是，突厥此次進攻依然無功而返，當與太子、秦王同時出防北邊，唐朝的軍事準備比較充分有關係。

自八月初一第四次進攻馬邑未果，一直到十月二十日，在長達 78 天的時間裏，未再見到突厥對馬邑採取軍事行動。不過，我們卻發現，其間突厥對原州、渭州、幽州等地區頻繁用兵，對於突厥的這些軍事行動，我們很難判斷出有何明確戰略指向，從戰術層面上看，這些軍事行動更似襲擾戰。但是，

到了十月二十日，頡利可汗卻突然親自領兵，協同苑君璋以及從幽州前線緊急調回、擅長攻城的高開道，對馬邑發起了第五次攻擊，並一舉攻克馬邑城。根據頡利可汗、苑君璋、高開道全部參與此次攻擊作戰等情況綜合分析，我大膽推測：此前突厥攻擊原州、渭州、幽州等軍事行動，很可能都是為了吸引或轉移唐朝的注意力，以掩護其攻擊馬邑的真實戰略意圖，大有明修棧道，暗度陳倉之意味。若非如此，就很難解釋頡利可汗突然現身馬邑，以及高開道從幽州前線被緊急徵調到馬邑等事實。

不過，隨後所發生的事情卻頗令人感到費解，頡利可汗在費心勞神、經過五次攻擊才奪取馬邑，卻突然因為請求與唐朝和親而將之主動歸還。據前引《資治通鑑》載，十月二十日突厥攻佔馬邑，二十五日，頡利可汗主動將馬邑歸還唐朝，唐高祖隨即任命秦武通接任朔州總管，進駐馬邑。這一戲劇性的變化，真相是什麼？其中原因又何在？

五、以夷制夷：唐朝與突厥的和親談判

頡利可汗和親之議與攻克馬邑之第五次戰鬥，在《資治通鑑》的敘事中前後連貫，如此編排方式隱約透露出，此二事可能並非彼此孤立，而存在一定關聯性，否則司馬溫公不應如此行文。為便於分析，茲抄撮《資治通鑑》本節敘事如下：

> 初，上遣右武候大將軍李高遷助朔州總管高滿政守馬邑，苑君璋引突厥萬餘騎至城下，滿政擊破之。頡利可汗怒，大發兵攻馬邑。高遷懼，帥所部二千人斬關宵遁，虜邀之，失亡者半。頡利自帥眾攻城，滿政出兵禦之，或一日戰十餘合。上命行軍總管劉世讓救之，至松子嶺，不敢進，還保崞城。會頡利遣使求婚，上曰：「釋馬邑之圍，乃可議婚。」頡利欲解兵，義成公主固請攻之。頡利以高開道善為攻具，召開道，與之攻馬邑甚急。頡利誘滿政使降，滿政罵之。糧且盡，救兵未至，滿政欲潰圍走朔州，右虞候杜士遠以虜兵盛，恐不免，（武德六年十月）壬戌（二十），殺滿政降於突厥，苑君璋復殺城中豪傑與滿政同謀者三十餘人。上以滿政子玄積為上柱國，襲爵。丁卯（二十五），突厥復請和親，以馬邑歸唐；上以將軍秦武通為朔州總管。〔註29〕

此處所述苑君璋進攻馬邑，被高滿政擊敗一事，當指發生於七月初二的

〔註29〕 《資治通鑑》卷一九〇唐高祖武德六年（623）十月，第5973頁。

臘河谷之役，是役「頡利可汗怒，大發兵攻馬邑」，即指頡利可汗親自指揮之第五次攻擊行動。本來，參與防守的唐軍除了高滿政部以外，還有李高遷部，隨軍事行動展開，李高遷懼敵而逃，從而造成防守馬邑的重任全部落在高滿政的身上，從「或一日戰十餘合」等情況來看，高滿政部與頡利可汗之間的戰鬥激烈頻繁。在李高遷懼敵逃跑、高滿政孤軍守城待援的緊急狀況下，唐高祖又令行軍總管劉世讓緊急增援馬邑，但劉世讓行軍至松子嶺，也因懼敵而退回崞城（即崞縣）。

就在劉世讓退回崞城，高滿政身陷重圍、孤軍奮戰之時，頡利可汗卻向唐朝提出和親的請求。唐高祖則以「釋馬邑之圍」，作爲「議婚」的前提條件。但是，由於義成公主的堅持，頡利又放棄撤軍的想法，轉而將善於攻城的高開道從幽州戰場調來。十月二十日，頡利率軍攻克馬邑城，二十五日，頡利再次提出和親，並主動將馬邑歸還唐朝。表面上看，頡利放棄撤軍轉而攻城，是由於義成公主的堅持，實際情況應該是，他前一次所提出的和親，可能還包括其他一些要求在內，因此遭到唐高祖的拒絕。求婚被拒，頡利可汗又重新攻城，以獲得在與唐朝和親談判中的主動權，換言之，圍攻馬邑之役在當時實際上已成爲頡利可汗與唐朝和親談判的一塊砝碼。

頡利爲何在攻擊馬邑行將下之的情況下，提請和親？在攻克馬邑之後，爲何再次提出和親，並主動歸還馬邑？鄙意，頡利可汗除了想用馬邑作爲和親談判的砝碼外，更主要的是突厥自身也遇到了麻煩。

眾所週知，頡利可汗繼承汗位以後，利用中原內亂的有利時機，頻頻南侵。唐高祖晉陽起兵後，也迫於形勢而不得不暫時委曲求全，待突厥甚厚。〔註30〕但是，一味的縱容與優待畢竟不能從根本上解決問題，因此，在優容寬待與軍事反擊的同時，唐高祖也開始注意利用突厥的內部爭鬥，試圖通過「以夷制夷」的方式，扼制和打擊頡利可汗。就在頡利繼承汗位、頻頻南侵同時，西突厥統葉護可汗遣使向唐朝貢獻。於是，唐高祖便有意識地加強了和統葉護可汗之間的友好關係，希望能夠利用西突厥對頡利可汗進行制衡。對此，《舊唐書‧西突厥傳》有明確記述，略云：

> 武德三年，遣使貢條支巨卵。時北突厥作患，高祖厚加撫結，與之并力以圖北蕃，統葉護許以五年冬。大軍將發，頡利可汗聞之大懼，

〔註30〕《舊唐書》卷一九四上《突厥傳上》：「頡利初嗣立，承父兄之資，兵馬強盛，有憑陵中國之志。高祖以中原初定，不遑外略，每優容之，賜與不可勝計，頡利言辭悖傲，求請無厭。」（第5155頁）

復與統葉護通和，無相征伐。統葉護尋遣使來請婚，高祖謂侍臣曰：「西
突厥去我懸遠，急疾不相得力，今請婚，其計安在？」封德彝對曰：「當
今之務，莫若遠交而近攻，正可權許其婚，以威北狄。待之數年後，
中國盛全，徐思其宜。」高祖遂許之婚，令高平王（李）道立至其國，
統葉護大悅。遇頡利可汗頻歲入寇，西蕃路梗，由是未果爲婚。〔註31〕

可見，至遲從武德三年（620）起，唐高祖就已經開始有意識地利用突厥內部矛
盾，用西突厥對頡利可汗進行牽制和打擊，唐高祖對西突厥統葉護可汗「厚加
撫結」，目的就是爲了對付「北蕃」即頡利可汗領導的北突厥。〔註32〕唐朝與西
突厥確立友好關係，果然引起頡利可汗恐懼，所謂「頡利可汗聞之，大懼」，並
主動與統葉護可汗「通和」，均充分表明唐高祖「以夷制夷」方略已然奏效。

　　不久之後，統葉護又遣使請婚，希望進一步加深與唐朝的友好關係。對統
葉護的和親之請，唐高祖一時拿不准主意，遂問計於侍臣。封德彝認爲，爲對
付頡利可汗，必須「遠交而近攻」，可以先許諾和親，實現「以威北狄」的戰略
目標，至於最後和親與否，待幾年後形勢完全明朗再做決斷。唐高祖認爲此議
頗有道理，遂許統葉護和親之請，並派宗室高平王李道立前往西突厥，商議和
親事宜。唐朝與西突厥的和親之議，雖然最終因爲頡利可汗連年入寇而未能付
諸實施，但唐朝的「和親」外交，卻加深了西突厥統葉護可汗與頡利之間的猜
忌和矛盾，同時，這也迫使頡利可汗在處理與唐朝的關係上，必須對政策進行
調整，而不能一味恃強要挾。這就是頡利可汗提出和親請求的背景。〔註33〕

〔註31〕　《舊唐書》卷一九四下《突厥傳下》，第5181～5182頁。

〔註32〕　《舊唐書》卷一九四下《突厥傳下》：「西突厥本與北突厥同祖……射匱可汗
者，達頭可汗之孫也。既立後，始開土宇，東至金山，西至海，自玉門已西
諸國皆役屬之。遂與北突厥爲敵，乃建庭於龜茲北三彌山。尋卒。弟統葉護
可汗代立。」（第5179～5181頁）可見，西突厥自射匱可汗起，就開始與北
突厥展開爭鬥。

〔註33〕　對於西突厥與唐朝的「和親」之議，頡利可汗反應十分強烈，前引《舊唐書·
突厥傳下》云：「頡利可汗不悅中國與之和親，數遣兵入寇，又遣人謂統葉護
曰：『汝若迎唐家公主，要須經我國中而過。』統葉護患之，未克婚。」（第
5182頁）可見，唐高祖答應統葉護的和親之請，首先強烈地刺激了頡利可汗，
並成爲武德四年前後頡利頻頻出兵攻唐的一個重要原因。不過，此事具有兩
面性，統葉護的和親之請，以及唐朝的積極回應，對頡利既是一種刺激，也
是一種啓發，在刺激其頻頻侵犯唐朝邊疆的同時，也啓發他與唐朝締結婚姻
的想法。因爲畢竟他所領導的（北）突厥與統葉護麾下的西突厥，才是在廣
漠草原上直接競爭的兩隻雄鷹，西突厥如果與唐朝結爲盟友並締結婚姻，對
於頡利可汗來説，自然構成潛在的巨大威脅。

頡利可汗向唐朝提出和親，具體是在什麼時間？史籍並無明確記述。但是，唐高祖答應和親的時間，卻有相對明確的史料記錄，據《舊唐書・李瓌傳》略云：

> 義師克京城，授瓌左光祿大夫。武德元年，封漢陽郡公。五年，進爵爲王。時突厥屢爲侵寇，高祖使瓌賚布帛數萬段與結和親。頡利可汗初見瓌，箕踞，瓌餌以厚利，頡利大悅，改容加敬，遣使隨瓌獻名馬。後復將命，頡利謂左右曰：「李瓌前來，恨不屈之，今者必令下拜。」瓌微知之，及見頡利，長揖不屈節。頡利大怒，乃留瓌不遣。瓌神意自若，竟不爲之屈。頡利知不可以威脅，終禮遣之。〔註34〕

從中可知，唐高祖答應頡利可汗和親請求的時間當在武德五年，李瓌兩次前往突厥，就是與頡利可汗商談此事。雙方第一次商談後，頡利可汗遣使回饋唐朝名馬；及李瓌再次前往突厥，結果被頡利扣留。從字面上看，頡利可汗扣留李瓌，是因爲雙方在外交禮儀上發生爭執所導致，眞正的原因卻可能與雙方在和親談判過程中出現較大分歧有關係。

頡利可汗放還李瓌等唐朝使臣的時間，史籍記載也很明確，據《資治通鑑》唐高祖武德五年（622）三月載：

> 上遣使賂突厥頡利可汗，且許結婚。頡利乃遣漢陽公瓌、鄭元璹、長孫順德等還，庚子，復遣使來修好，上亦遣其使者特勒熱寒、阿史那德等還。幷州總管劉世讓屯鴈門，頡利與高開道、苑君璋合眾攻之，月餘，乃退。〔註35〕

頡利可汗放還李瓌、鄭元璹、長孫順德等唐朝使節，時間在武德五年三月庚子（十九日），原因則是唐高祖答應了頡利可汗的結婚請求。

關於頡利可汗放還唐朝使節的原因，史書還有其他記載，據前揭《舊唐書・突厥傳》云：

> （武德）四年四月，頡利自率萬餘騎，與馬邑賊苑君璋將兵六千人共攻雁門，定襄王李大恩擊走之。先是漢陽公瓌、太常卿鄭元璹、左驍衛大將軍長孫順德等各使于突厥，頡利並拘之，我亦留其使前後數輩。至是爲大恩所挫，於是乃懼，仍放順德還，更請和好，

〔註34〕《舊唐書》卷六〇《宗室・河間王孝恭附弟瓌傳》，第2350頁。
〔註35〕《資治通鑑》卷一九〇唐高祖武德五年（622）三月，第5948頁。

　　　獻魚膠數十斤，欲令二國同於此膠。高祖嘉之，放其使者特勤熱寒、

　　　阿史德等還蕃，賜以金帛。〔註36〕

如據此段記述，則頡利可汗主動放還李瑗等人的原因，是由於他在武德四年
（621）四月雁門之役中遭到李大恩的重創，長孫順德等人被放還的時間，應
爲武德四年四月。這就與上引《資治通鑑》記載的時間不合。《舊傳》與《資
治通鑑》所載，孰是孰非？

　　實際上，《舊傳》與《資治通鑑》所載的時間，並無實質性矛盾，二者只
是因爲敘事方式不同而造成扞格。我們完全可以這樣理解：武德四年（621）
四月，頡利可汗與苑君璋聯兵攻擊雁門，被定襄王李大恩擊敗後，就主動放
還此前所扣壓的唐朝使臣長孫順德，並且「更請和好」，「獻魚膠數十斤，欲
令二國同於此膠」。無論是請求「和好」，還是貢獻魚膠，都經由長孫順德致
意轉達，也就是說，長孫順德獲得人身自由的同時，也充當頡利可汗向唐朝
示好請和的中介，所獻禮物中的魚膠，則明確表達了和唐朝締結婚姻的請求。
〔註37〕

　　如果以上解釋成立，則武德五年（622）李瑗出使突厥，實爲對武德四年
頡利可汗求婚的回應，一切順理成章。不過，我們也注意到，從武德四年四、
五月，頡利可汗提出請婚，到武德五年三月李瑗出使，其間相隔將近一年時
間，這表明唐高祖對於頡利可汗請婚的提議，至少進行了長達數月的思考，
這是因爲唐高祖還要同時顧及與西突厥統葉護之間的和親之約。在決定與頡
利可汗和親之後，唐高祖之所以要派李瑗出使，乃是因爲他具有宗室的身份，
以之出使，至少能夠讓頡利可汗感到唐朝答應和親請求的誠意。

　　然而，李瑗出使以後，唐朝與頡利可汗之間並沒有能夠立即實現完全停
火，雙方談判並非一直在和平氣氛中進行，幾乎是邊打邊談。這就是李瑗出
使談判時的背景。頡利可汗所以要扣留李瑗，很有可能是雙方在和親問題上
發生了較大分歧。和親談判一直持續到武德五年三月十九日，頡利可汗放還

〔註36〕《舊唐書》卷一九四上《突厥傳上》，第5155頁。

〔註37〕就中國婚姻發展史來看，漢晉時期「膠」、「漆」均爲締結婚姻關係必備之禮
　　　物，因此頡利可汗貢獻「魚膠」，並表示以此「令二國同於此膠」，實爲向唐
　　　高祖明確表達了求婚的信息。又，引文中「特勤熱寒、阿史德」，上引《資治
　　　通鑑》作「特勤熱寒、阿史那德」，其中「特勒」，當作「特勤」爲是，「阿史
　　　德」當作「阿史那德」。按，「特勤」、「特勒」，字形極爲近似，史籍常常混淆，
　　　如《資治通鑑》有時作「特勤」，有時也作「特勒」，凡作「特勒」者，均誤；
　　　突厥姓氏中有阿史那氏，無「阿史氏」。

李瓊，還有更早被扣壓的鄭元璹等唐朝使臣。〔註38〕在放還李瓊、鄭元璹的同時，頡利可汗再次遣使至唐朝，重新表達和好請婚的意願，對頡利可汗的這個舉動，唐高祖也投桃報李，放還了此前所扣押的突厥使者熱寒、阿史那德等人，並賜予金帛。

綜合以上所論，頡利可汗向唐高祖提出和親，時間當在武德四年（621）四月雁門之役失利，主動放還長孫順德的時候，長孫順德充當了轉達致意的中介；唐高祖答應和親，則一直拖到武德五年（622）的正月至三月十九日之間。在此期間，雙方圍繞和親問題展開了多次談判，與談判同時進行的，是雙方之間的爭戰。種種跡象顯示，頡利可汗請求和親的時間，與西突厥統葉護可汗的求婚時間相差無幾，很可能就是接踵其後，換言之，大概在西突厥統葉護可汗向唐朝求婚不久之後，頡利可汗也向唐高祖提出了和親的請求。很顯然，頡利可汗的和親之請，在某種意義上，正是對西突厥向唐朝提出結婚背景下的一種應對策略，既是為了和西突厥競爭，也是為了暫時緩和一下與唐朝連年戰爭的緊張氣氛。

在主動提出和親的情況下，頡利可汗自然必須向唐朝顯示出誠意。那麼，怎樣才能讓唐朝相信自己的誠意呢？竊意，在馬邑之戰行將獲勝的時候提出和親，以及攻克馬邑之後主動撤軍，並將馬邑歸還給唐朝，都是頡利可汗的政治策略，是為了把與唐朝的和親談判盡早落實，從而在同西突厥「和親外交」的競爭中占得先機。當然，通過和親談判從唐朝獲得物資供給，也應當是頡利可汗的目的之一。

〔註38〕《舊唐書》卷六二《鄭善果附從兄元璹傳》：「突厥始畢可汗弟乙力設代其兄為叱羅可汗，又劉武周將宋金剛與叱羅共為犄角，來寇汾、晉。詔元璹入蕃，諭以禍福，叱羅竟不納，乃欲總其部落入寇太原，以為武周聲援。未幾，叱羅遇疾，療之弗愈，其下疑元璹令人毒之，乃囚執元璹不得歸，叱羅竟死。頡利嗣立，留元璹，每隨其牙帳，經數年。頡利後聞高祖遺其財物，又許結婚，始放元璹來還。高祖勞之曰：『卿在虜庭，累載拘繫，蘇武弗之過也。』拜鴻臚卿。」（第2379～2380頁）按，叱羅可汗，即處羅可汗，武德二年（619）六月繼承汗位，宋金剛歸服劉武周也恰在此時，這也是宋金剛領兵入寇汾、晉的時間。（《資治通鑒》卷一八七唐高祖武德二年六月，第5857～5858頁）據此可知，鄭元璹奉詔出使突厥，勸說叱羅可汗的時間，即在武德二年（619）六月前後。由於鄭元璹出使突厥不久，叱羅可汗病死，突厥國中懷疑係元璹毒殺，遂將其囚禁；頡利可汗繼位後，繼續扣留元璹，且一直帶在身邊。直到武德五年（622）三月，唐高祖答應頡利可汗的求婚，元璹始得重新歸國。從出使遭拘押，到放還歸國，鄭元璹在突厥充當人質的時間，長達二年零九個月。

武德、貞觀時期關於明堂興造問題的討論

　　作爲中國古代宮室制度最核心、最重要的構成部分之一，明堂制度乃是古今學者討論最多、觀點分歧最多的一個問題。〔註1〕古今學人對明堂所展開的討論，涉及範圍十分廣泛，諸如：明堂的性質、功能，明堂與宗廟、學校、路寢、靈臺等建築之關係，明堂制度產生的淵源，明堂制度在各個時代的狀況，明堂的建築構造、象徵意義等等，在上述所有涉及明堂制度的問題上，均可謂聚訟紛紜，莫衷一是。〔註2〕明堂制度在中國宮室制度、禮儀制度中的重要地位，自是毋庸置疑，歷代圍繞明堂制度所展開的爭論、政治活動中對明堂制度的實踐，以及對明堂禮儀的重視程度，在今人看來或不免顯得有些匪夷所思，但在素稱禮儀之邦的中華傳統社會，人們對明堂制度、明堂禮儀的格外重視，彷彿都是自然而然的事情。

　　作爲中國古代制度發展的重要時期，明堂制度在唐朝也有了進一步的發展，正如有學者所指出的那樣，「唐代是明堂制度史上第二個繁榮時期，也是明堂形制演變史上資料最爲豐富、變化最爲多樣、後人誤解也最多的時期之一。」〔註3〕因此，對唐代明堂制度進行探討，有助於深化對中國明堂制度發展演變歷史的認識和理解。

　　唐代明堂之形制究竟如何，其政治功能又有哪些，明堂又怎樣影響唐代的政治？諸如此類的問題，歷來學人頗多關注者，且曾試加解說，但並未得到完

〔註1〕　王國維氏曾指出：「古制中之聚訟不決者，未有如明堂之甚者也。」（王國維：《觀堂集林》卷三《明堂廟寢通考》，第 125 頁，北京，中華書局，1959。）

〔註2〕　古今圍繞明堂制度所展開的探究及爭論，可詳參張一兵：《明堂制度研究》第一章《前人研究綜論及前人重要論著述評》，第 11～26 頁，北京，中華書局，2005。

〔註3〕　前揭《明堂制度研究》第五章《明堂形制考》，第 393 頁。

全一致的看法。基於對學界諸多研究成果的解讀，本文擬對唐武德、貞觀時期圍繞明堂興造、明堂祭祀等相關理論問題之爭論及探索略加剖析，為下一步深入探討唐代明堂建造的實踐活動，及明堂告朔諸禮等論題，聊作鋪墊焉。

一、武德時期有關明堂祭祀禮儀的討論

傳統文化背景之下的明堂，並非單純意義上的建築群體，而是和現實政治有密切聯繫的禮儀制度之載體，從禮制的角度來說，明堂乃是皇權和神權的雙重象徵，在封建國家的政治生活中具有不可替代的作用。時代發展到唐朝，明堂制度所承載的政治、文化功能也更加豐富。那麼，唐朝統治者究竟從何時開始關注到明堂興造及其禮儀諸問題呢？

就史料所提供的信息來看，從李唐建國伊始，統治者就已經明確認識到明堂制度的重要性了，並且極有針對性地發布了一系列詔令，試圖對明堂祭祀過程中所出現的問題加以指導和裁正。例如，唐高祖李淵於武德初年，曾頒佈過一道法令，其中就涉及南郊祀天、北郊祀地、明堂祭祀等大禮儀的規範。據《舊唐書‧禮儀志》云：

> 武德初，定令：
>
> 　　每歲冬至，祀昊天上帝於圓丘，以景帝（按，景帝，即景皇帝唐太祖李虎，李淵祖父）配。……其牲，上帝及配帝用蒼犢二，五方帝及日月用方色犢各一，內官巳下加羊豕各九。
>
> 　　夏至，祭皇地祇于方丘，亦以景帝配。……其牲，地祇及配帝用犢二，神州用黝犢一，岳鎮巳下加羊豕各五。
>
> 　　孟春辛日，祈穀，祀感帝于南郊，元帝配，牲用蒼犢二。
>
> 　　孟夏之月，雩祀昊天上帝於圓丘，景帝配，牲用蒼犢二。五方上帝、五人帝、五官並從祀，用方色犢十。
>
> 　　季秋，祀五方上帝於明堂，元帝（按，元帝，即元皇帝唐世祖李昞，李淵父親）配，牲用蒼犢二。五人帝、五官並從祀，用方色犢十。
>
> 　　孟冬，祭神州於北郊，景帝配，牲用黝犢二。
>
> 　　貞觀初，詔奉高祖配圓丘及明堂北郊之祀，元帝專配感帝，自餘悉依武德。〔註4〕

〔註 4〕　《舊唐書》卷二一《禮儀志一》，第 819～821 頁。

這道法令具體涉及南北郊祀、祖宗配饗、四時郊祭、祀禮明堂等重大祭祀典禮，內容十分廣泛。此令具體頒佈於武德時期的哪一年，《舊志》並未說明，但既言「武德初」，那就無法排除發佈於李淵受禪建國之時的可能。此令之發布，一則是禮法之要求，受禪建國，郊天祭地、宗廟配饗等禮儀必不可少；二則表明唐朝自建國伊始，對於南、北郊及明堂祭祀等國家重大典禮，已然足夠重視。唯其如此，這才會在叛亂尚未平定、江山尚未一統、萬事百廢待興的情勢下，就發布有關明堂郊祀大典的法令。

武德初年所發布的有關郊祀禮儀，大致為隨後的唐太宗所繼承，至少貞觀初年的南北郊及明堂祭祀等典禮儀式，除奉唐高祖配祀圓丘、明堂、北郊之祀三禮，是對武德禮制的變革以外，其他典禮如元帝專配感帝於南郊等儀式，則完全繼承了武德令所規定的程序。〔註5〕更有甚者，武德時期所頒佈的相關法令，直到唐高宗顯慶時期，還被大臣引為依據的經典，據前揭《舊志》載，顯慶元年（656），太尉長孫無忌領銜給唐高宗上了一道奏章，其中有云：「臣謹上考殷、周，下泊貞觀，並無一代兩帝同配於明堂……又檢武德時令，以元皇帝配於明堂，兼配感帝。至貞觀初緣情革禮，奉祀高祖配於明堂，奉遷世祖專配感帝。此即聖朝故事已有遞遷之典，取法宗廟，古之制焉。」〔註6〕由此可見，至少到唐高宗初年，唐朝國家祭祀大典的法律依據，主要還是武德令所規定的典制。不僅如此，甚至「安史之亂」以後，學者在商議郊天配祀之儀，仍舉武德、貞觀舊制以為說辭，如唐代宗廣德二年（764），春夏之際發生旱災，有人因此上疏言事，說是因為太祖景皇帝追封於唐，如今卻不得配享天地，所以神不降福，以致發生此旱

〔註5〕　《舊唐書》卷二一《禮儀志一》：「貞觀初，詔奉高祖配圓丘及明堂北郊之祀，元帝專配感帝，自餘悉依武德。」（第821頁）按，《舊志》此處句讀有誤，應該這樣斷句：「詔奉高祖配圓丘，及明堂、北郊之祀……」由此可知，在貞觀初年的國家重大祭祀典禮中，圓丘、明堂、北郊之祭祀禮儀，皆以唐高祖配祀，這是有別於武德配祀之制的地方；至於以世祖元皇帝李昞專配感帝（即南郊），以及其他祭祀諸禮，則繼續沿襲武德舊制。據諸同《志》：武德時期，在京城明德門外道東二里處祀昊天上帝於圓丘，配祀以景帝（即唐太祖景皇帝李虎），季秋祀五方上帝於明堂，配祀以元帝（即唐世祖元皇帝李昞），孟冬，祭神州於北郊，配祀以景帝。貞觀初年改訂祭祀禮儀，上述三大祭全部改為以唐高祖配祀；元帝配祀禮，則改為專配感帝；至於唐太祖景皇帝，則不再列入國家的配祀典禮儀式了。

〔註6〕　《舊唐書》卷二一《禮儀志一》，第822頁。

災。〔註7〕代宗因之疑惑,遂下詔百官集議此事,獨孤及因此上了一道奏議,其中有云:「今武德、貞觀憲章未改,國家方將敬祀,事和神人,禘郊之間,恐非所宜。臣謹稽禮文,參諸往制,請仍舊典。」〔註8〕

　　綜合以上可知,唐高祖李淵禪隋建唐以後,即頒佈了旨在規範南、北郊與明堂大禮的相關法令,唐太宗貞觀時期,基本遵行了武德故事,對郊祀大禮只是進行了些微調整而未作較大變革。不過,需要指出的是,唐高祖武德令所確定的南北郊及明堂大禮規範,應當是對隋朝(亦可以說是魏晉南北朝)郊祀禮儀的繼承,而不大可能有較多創新,這主要是由當時的形勢所決定。武德初年,大唐帝國還面臨著削平反叛、穩固政權、統一全國的現實政治任務,並無詳細討論郊天祀地、明堂頒朔等禮儀的條件,因此其重大禮儀必定沿用隋朝的相關制度,這一點自當無可置疑。〔註9〕至於唐太宗貞觀時期,儘管圍繞明堂、郊祀、封禪等重大典禮所進行的理論探索成績卓然,但在明堂興造、明堂告朔等禮儀實踐上仍然沒有較多發明,這也由其時政治形勢所決定,貞觀時期儘管全國已經宣告統一,但對周邊諸族的軍事征伐行動,仍然是帝國最主要的任務,所以包括討論裁定明堂、郊祀、封禪等大典在內的禮儀文化建設,依然未能列入國家政治治理的首選。

二、貞觀時期有關明堂建築形制與明堂禮儀的討論

　　儘管郊祀大典仍未能列入貞觀政治優先考慮的實施目標,但這並不代表統治階層對這個問題的漠視,所謂「國之大事,在祀與戎」,對於祭天祀地等禮儀制度的重要性,唐太宗及其臣僚當然有著足夠的認識。事實上,唐太宗

〔註7〕　《舊唐書》卷二一《禮儀志一》:「至二年春夏旱。言事者云:太祖景皇帝追封於唐,高祖實受命之祖,百神受職,合依高祖。今不得配享天地,所以神不降福,以致愆陽。代宗疑之,詔百僚會議。」(第 842 頁) 按,此處只言「至二年春夏……」,未標示具體年號,然據諸同志,此處敘事乃是接續寶應二年(763)五月黎幹進「十詰十難」奏議之後,而當年七月,改元廣德,故據此可以判斷,《舊志》此處所說「二年春夏」,當指廣德二年(764)春夏也。又,《唐會要》卷九下《郊議下》(第 224 頁),將此事定於廣德二年,甚是。

〔註8〕　《舊唐書》卷二一《禮儀志一》,第 843 頁。按,《舊志》「今武德、貞觀憲章未改,國家方將敬祀事,和神人……」一句句讀顯誤,正文徑改。又,獨孤及此奏議,《全唐文》卷三八六有載,題為《景皇帝配昊天上帝議》。

〔註9〕　《舊唐書》卷二一《禮儀志一》:「神堯受禪,未遑制作,郊廟宴享,悉用隋代舊儀。」(第 816 頁) 同書卷二二《禮儀志二》記述隋唐明堂制度創置諸問題時,亦云:「高祖受禪,不遑創儀。」(第 849 頁) 其意與前揭史料同。

即位不久，就下令全國的知識界對禮儀制度進行修訂。據前揭《舊志》云：

> 太宗皇帝踐祚之初，悉興文教，乃詔中書令房玄齡、秘書監魏
> 徵等禮官學士，修改舊禮，定著《吉禮》六十一篇，《賓禮》四篇，
> 《軍禮》二十篇，《嘉禮》四十二篇，《凶禮》六篇，《國恤》五篇，
> 總一百三十八篇，分爲一百卷。〔註10〕

所謂「悉興文教」、「修改舊禮」，主要內容就是指對承襲自隋朝的禮法進行修
訂。從房玄齡、魏徵領銜的事實來看，唐太宗至少在表面上表現出對於修禮
活動的重視。此次修訂禮法的活動，歷時十餘年，直到貞觀十一年（637）正
月，才由房玄齡領銜進上，唐太宗隨即發布詔敕，令有司行用此新訂之《五
禮》。〔註11〕就《舊志》所載來看，貞觀初年的這次修訂禮法，因革兼有，並
有所創新，但總體精神仍繼承隋禮之內涵。其因革情況大致如下：1. 凡魏晉
南北朝時之典禮被認爲不符合「古典」者，一併刪除；2. 改革漢武帝元封、
漢光武帝建武時期的封禪禮；3. 新增皇太子入學、太常行山陵、天子大射、
合朔、陳五兵於太社、農隙講武、納皇后行六禮、四孟月讀時令、天子上陵、
朝廟、養老於辟雍等禮二十九條，均北周、隋朝所闕之禮典。〔註12〕

　　然而僅就上引《舊志》所載來看，貞觀初年的這次修禮活動，對於明堂、
郊祀等重大禮儀，似乎涉及不多，據此我認爲，《舊志》所載不應該是貞觀時
期禮法修訂的全面內容。實際的情況很有可能，就在房玄齡、魏徵修訂禮儀
的同時，唐太宗已下令對明堂、郊祀諸禮儀問題展開討論。〔註13〕唐太宗修
禮的命令下達之後，唐朝的知識界圍繞明堂、郊祀諸禮的爭論，很可能陷入
了一場曠日持久的激辯之中，因爲直到貞觀五年（631），太子中允孔穎達才
就明堂郊祀諸禮等問題給唐太宗呈上了一道奏章，這是目前文獻所能見到的
唐代第一篇有關明堂諸禮的奏疏。

　　從唐太宗下令討論，到孔穎達提出奏議，其間相隔至少三、四年的時間，
適足表明當時的知識界在明堂郊祀禮儀認識上的巨大歧異，以及論爭之激

〔註10〕　《舊唐書》卷二一《禮儀志一》，第 816～817 頁。
〔註11〕　據《舊唐書》卷三《太宗紀下》：貞觀十一年正月，「甲寅，房玄齡等進所修
　　　　　《五禮》，詔所司行用之。」（第 46 頁）
〔註12〕　《舊唐書》卷二一《禮儀志一》，第 817 頁。
〔註13〕　《舊唐書》卷二二《禮儀志二》：「太宗平定天下，命儒官議其制。」（第 849
　　　　　頁）「太宗平定天下」一句含義不明，但有可能指「玄武門事變」後，高祖禪
　　　　　位，太宗榮登大寶。所謂「其制」，根據前文內容可知，就是指郊祀、明堂諸
　　　　　禮。因此，唐太宗命儒官討論明堂大禮的時間，應當就在其即位不久。

烈，否則不會延宕三四年之久，才有這麼一道奏疏提交給皇帝。孔穎達在奏疏中明確指出，其時諸儒有關明堂郊祀的提議違背古制，請求唐太宗對此「國之大典，不可不慎」。其奏疏云：

> 臣伏尋前敕，依禮部尚書盧寬、國子助教劉伯莊等議，以爲「從崑崙道上層祭天」。又尋後敕云：「爲左右閣道，登樓設祭。」臣檢六藝群書百家諸史，皆名基上曰堂，樓上曰觀，未聞重樓之上而有堂名。《孝經》云：「宗祀文王於明堂」。不云明樓、明觀，其義一也。又明堂法天，聖王示儉，或有蒿蒿爲柱，茸茅作蓋。雖復古今異制，不可恒然，猶依大典，惟在樸素。是以席惟秉秸，器尚陶匏，用蘊栗以貴誠，服大裘以訓儉。今若飛樓架道，綺閣凌雲，考古之文，實堪疑慮。按《郊祀志》：漢武明堂之制，四面無壁，上覆以茅。祭五帝於上座，祀后土於下防。臣以上座正爲基上，下防惟是基下。既云無四壁，未審伯莊以何知上層祭神，下有五室？且漢武所爲，多用方士之說，違經背正，不可師祖。又盧寬等議云：「上層祭天，下堂布政，欲使人神位別，事不相干。」臣以古者敬重大事，與接神相似，是以朝覲祭祀，皆在廟堂，豈有樓上祭祖，樓下視朝？閣道升樓，路便窄隘，乘輦則接神不敬，步往則勞勤聖躬。侍衛在旁，百司供奉。求之典誥，全無此理。臣非敢固執愚見，以求己長。伏以國之大典，不可不慎。乞以臣言下群臣詳議。〔註14〕

孔穎達這道奏疏的核心內容，是在談論明堂的建築格局，而明堂建築格局又直接影響到祭祀天地的儀式。撰諸孔穎達奏疏所論，可知在他之前，至少尚有禮部尚書盧寬、國子助教劉伯莊二人曾分別就祭天禮儀的地點、明堂建築形制等問題，提出過自己的見解。如果按照盧寬、劉伯莊的意見，則明堂至少應該分爲上下兩層，上層用來「祭天」，下層用來「布政」，下層至少有「五室」，從而達到「人神位別，事不相干」的效果。

　　盧、劉二人對明堂建築形制的理解，主要來自漢武帝時期的明堂制度。按，漢武帝明堂祀天的制度，載諸《漢書・郊祀志》，其中有云：「明堂中有一殿，四面無壁，以茅蓋，通水，水圜宮垣，爲復道，上有樓，從西南入，名曰崑崙，天子從之入，以拜祀上帝焉……天子從崑崙道入，始拜明堂如郊

〔註14〕《舊唐書》卷二二《禮儀志二》，第849～850頁。

禮。」〔註 15〕這就是奏疏中所言盧、劉等人「從崑崙道上層祭天」、「爲左右閣道，登樓設祭」的歷史依據。

循孔穎達奏疏之義，盧、劉二人關於明堂形制、明堂禮儀諸問題的倡議，大有被採納的可能，因爲唐太宗至少先後兩次下敕，準備照此辦理。正是在這種情況下，孔穎達上奏提出反對意見，其反對理由如下：1. 綜合所有歷史文獻記載，地基上的建築稱堂，樓上建築稱觀，從未有過樓上建築被稱作堂者——這是從建築學的角度來說。又據《孝經》：「宗祀文王於明堂」，而不言明樓、明觀，由此可證，宗祀文王的地點，在堂而不在樓或觀。2. 稽諸古代文獻，明堂禮儀重在法天示儉，故其建築自古就以簡單樸素爲準則，若「飛樓架道，綺閣凌雲」，則有失明堂禮儀之本義。3. 盧、劉之建議實係模倣漢武帝明堂祭祀制度，而漢武帝多採納方士之說，本已違背經典正道，故不可引以爲憑據。4. 盧寬所謂「上層祭天，下堂布政，欲使人神位別，事不相干」的建議，也是不合古典的臆想，因爲自古以來的朝覲祭祀，都在廟堂上舉行，豈有樓上祭天祀祖，樓下視朝聽政的道理。另外，將祭祀禮儀放到樓上進行，還有其現實的弊端，其弊在於或對神不敬，或於人不便（即所謂「閣道升樓，路便窄隘，乘輦則接神不敬，步往則勞勩聖躬」）。

單就明堂建築形制而言，孔穎達的意見顯然更傾向於一層單殿（單室一殿）式的建築，不贊同「複廟重屋」即分爲上下兩層的建築構造，因爲只有一層單殿式的建築才符合「明堂法天，聖王示儉」之本意。在奏疏最後，孔穎達明確提出，希望唐太宗將自己關於明堂建築形制的意見，交由群臣集議。

就在同一年，時任侍中的魏徵也就明堂建築及郊祀諸禮，給唐太宗上了一道奏章。在這道奏疏中，魏徵表述的觀點適與孔穎達相反。那麼，魏徵奏議是否專門針對孔穎達的意見而發？魏徵的看法有沒有可能代表了群臣集議的觀點？據前揭《舊志》云：

> 侍中魏徵議曰：「稽諸古訓，參以舊圖，其上圓下方，複廟重屋，百慮一致，異軫同歸。洎當塗膺籙，未遑斯禮；典午聿興，無所取則。裴頠以諸儒持論，異端蜂起，是非舛互，靡所適從，遂乃以人廢言，止爲一殿。宋、齊即仍其舊，梁、陳遵而不改。雖嚴配有所，祭享不匱，求之典則，道實未弘。夫孝因心生，禮緣情立。心不可

〔註15〕 【漢】班固撰，【唐】顏師古注：《漢書》卷二五下《郊祀志下》，第 1243 頁，北京，中華書局，1962。

極，故備物以表其誠；情無以盡，故飾宮以廣其敬。宣尼美意，其在茲乎！臣等親奉德音，令參大議，思竭塵露，微增山海。凡聖人有作，義重隨時，萬物斯覿，事資通變。若據蔡邕之說，則至理失於文繁；若依裴頠所爲，則又傷於質略。求之情理，未允厥中。今之所議，非無用捨。請爲五室重屋，上圓下方，既體有則象，又事多故實。下室備布政之居，上堂爲祭天之所，人神不雜，禮亦宜之。其高下廣袤之規，几筵尺丈之制，則並隨時立法，因事制宜。自我而作，何必師古。廓千載之疑議，爲百王之懿範。不使泰山之下，惟聞黃帝之法；汶水之上，獨稱漢武之圖。則通乎神明，庶幾可俟，子來經始，成之不日。」議猶未決。〔註16〕

魏徵首先指出，綜合古訓舊圖的記載，明堂應該是一種「上圓下方，複廟重屋」式的建築。至於魏晉南朝時期通行的單室一殿式明堂形制，不過是裴頠新創的權宜之制，而裴頠之所以新創權宜之制，又是因爲諸儒各執己見，異端蜂起，相互矛盾而無所適從。進而，魏徵指出，裴頠所創之單室一殿式明堂形制，儘管也發揮了「嚴配有所，祭享不匱」的作用，卻不能充分弘揚郊祀天地之大道（即「求之典則，道實未弘」）。在魏徵看來，孔子當初製作禮儀的初衷，原本就出於盡孝心、表人情（即「心不可極，故備物以表其誠；情無以盡，故飾宮以廣其敬」）之動機，因此無論是從孝道，還是從人情的角度來看，將明堂建築加以增廣修飾，都符合聖人制禮作樂的本意。

魏徵還指出，凡事都應該講求變通，即所謂「凡聖人有作，義重隨時，萬物斯睹，事資通變。」基於這種凡事尙權的理念，魏徵進一步闡發說，明堂建築如果按照蔡邕的說法，不免失之於繁複；若依據裴頠的主張，則不免苟簡率略。魏徵於是在奏疏中提出了自己關於明堂建築設計的圖紙──「五室重屋，上圓下方」。在魏徵看來，明堂建築分爲上下兩分層的佈局形式，首先可以明確區分祭祀典禮和國家行政的功能，即「下室備布政之居，上堂爲祭天之所，人神不雜，禮亦宜之。」其次，明堂上、下層建築的尺寸規格，則可以「隨時立法，因事制宜」。爲了讓唐太宗採納自己的建議，魏徵在奏疏中還極力鼓吹「自我而作，何必師古」，力勸唐太宗在明堂制度建設方面要有「廓千載之疑議，爲百王之懿範」的魄力，從而取得「不使泰山之下，惟聞黃帝之法；汶水之上，獨稱漢武之圖」的成就。

〔註16〕《舊唐書》卷二二《禮儀志二》，第 850～851 頁。

　　細析魏徵之明堂建築規劃佈局，除了主張在明堂建築尺寸規格方面可以靈活處理，與前揭盧寬、劉伯莊等人的意見略有不同，其主體精神與盧、劉等人的見解，並無實質性差異。不過，從「議猶未決」一語來看，唐太宗一時之間也沒有採納魏徵的建議。

　　事實上，圍繞明堂興造、明堂郊祀等問題所展開的討論或倡議，此後可能一直未曾稍歇。因為直到貞觀十七年（643），秘書監顏師古還曾就明堂制度建設的問題，先後兩次上疏，申述自己關於建設大唐明堂的主張。其具體情況載諸前揭《舊志》，略云：

十七年五月，秘書監顏師古議曰：

　　明堂之制，爰自古昔，求之簡牘，全文莫覩。始之黃帝，降及有虞，彌歷夏、殷，迄于周代，各立名號，別創規模。眾說舛駁，互執所見，巨儒碩學，莫有詳通，斐然成章，不知裁斷。究其指要，實布政之宮也。徒以戰國縱橫，典籍廢棄；暴秦酷烈，經禮湮亡。今之所存，傳記雜說，用爲準的，理實蕪昧。

　　然《周書》之敘明堂，紀其四面，則有應門、雉門，據此一堂，固是王者之常居耳。其青陽、總章、玄堂、太廟及左个、右个，與四時之次相同，則路寢之義，足爲明證。又《文王居明堂》之篇：帶以弓韣，祠於高禖。下九門磔禳以禦疾疫，置梁除道以利農夫，令國有酒以合三族。」凡此等事，皆合《月令》之文。觀其所爲，皆在路寢者也。《戴禮》：「昔周公朝諸侯于明堂之位，天子負斧扆南向而立。明堂也者，明諸侯之尊卑也。」《周官》又云「周人明堂，度九尺之筵，東西九筵，堂一筵。」據其制度，即大寢也。《尸子》亦曰：「黃帝曰合宮，有虞氏曰總章，殷曰陽館，周曰明堂。」斯皆路寢之徵，知非別處。大戴所說，初有近郊之言，復稱文王之廟，進退無據，自爲矛盾。原夫負扆受朝，常居出入，既在皋庫之內，亦何云於郊野哉？《孝經傳》云「在國之陽」，又無里數。

　　漢武有懷創造，詢於搢紳，言論紛然，終無定據，乃立於汶水之上而宗祀焉，明其不拘遠近，無擇方面。孝成之代，表行城南，雖有其文，厥功靡立。平帝元始四年，大議營創。孔牢等乃以爲明堂、辟雍、太學，其實一也，而有三名。金褒等又稱經傳無文，不

能分別同異。中興之後，蔡邕作論，復云明堂太廟，一物二名。鄭玄則曰：「在國之陽，三里之外。」淳于登又云：「三里之外，七里之內，丙巳之地。」潁容《釋例》亦云：「明堂太廟，凡有八名，其體一也。」苟立同異，競爲巧說，並出自胸懷，曾無師祖。

審夫功成作樂，理定制禮，草創從宜，質文遞變。旌旗冠冕，古今不同，律度權衡，前後不一，隨時之義，斷可知矣。假如周公舊章，猶當擇其可否；宣尼彝則，尚或補其闕漏。況鄭氏臆說，淳于謏聞，匪異守株，何殊膠柱？愚謂不出墉雉，邇接宮闈，實允事宜，諒無所惑。但當上遵天旨，祗奉德音，作皇代之明堂，永貽範於來葉。區區碎議，皆略而不論。

又上表曰：「明堂之制，陛下已發德音，久令詳議。但以學者專固，人人異言，損益不同，是非莫定。臣愚以爲五帝之後，兩漢已前，高下方圓，皆不相襲。惟在陛下聖情創造，即爲大唐明堂，足以傳於萬代，何必論戶牖之多少，疑階庭之廣狹？若恣儒者互說一端，久無斷決，徒稽盛禮。昔漢武欲草封禪儀，博望諸生，所說不同，莫知孰是。唯御史大夫倪寬勸上自定制度，遂成登封之禮。臣之愚誠，亦望陛下斟酌繁省，爲其節文，不可謙拒，以淹大典。」尋以有事遼海，未暇營創。

顏師古的這兩封奏表，對貞觀時期（十七年之前）有關明堂創製的各種爭議進行了大致概括，與此同時，顏師古也提出了自己關於明堂創製的意見。茲將顏師古奏疏內容梳理如下：

1、分析歷代關於明堂制度的文獻記載，以及這些文獻中的自相矛盾之處

顏師古認爲，明堂制度究竟如何，歷來文獻從無完整的文字表述，從黃帝以後，到夏、商、周諸朝，在明堂創制的問題上，實際上處於「各立名號，別創規模」的狀態，從來未曾有過一致的說法。言及明堂制度，歷來學者說法駁雜、各執己見，因此無法判斷哪一種說法可信。不過，總結各家所論之要點，諸家在明堂的性質問題上，卻殊途同歸、意見一致，即：明堂係君主發布政令的宮室（即「究其指要，實布政之宮也」）。

顏師古還將各家說法，進行了一番梳理，具體情況如下：1.《周書》認爲，明堂乃是「王者之常居」，亦即所謂路寢，《周書·文王居明堂》篇所說諸事，與《月令》所載全部相合。2.《戴禮》認爲，明堂是周公朝見諸侯的地方，故

「明堂也者，明諸侯之尊卑也。」3.《周官》所說的周代明堂，也是所謂「大寢」。4.《尸子》認為，明堂就是路寢，只不過黃帝稱為合宮，有虞氏稱為總章，殷商稱為陽館，西周稱為明堂。

在梳理諸家之說的基礎上，顏師古進一步申述了自己的觀點，他指出：以上諸家之說不僅互有扞格，且往往一家之內也或有自相矛盾之處。如，戴聖的《大戴禮記》關於明堂的位置所在，一會說明堂在「近郊」，一會又說明堂就是文王之廟，即屬自相矛盾。又如，《孝經傳》云明堂「在國之陽」（按，「國」，國都、首都也），就是說，明堂在國都的南面，但明堂在國都南面有多遠，卻又不作揭示。

2、反思漢代諸帝創制明堂的歷史

接下來，顏師古較為系統地分析了漢代諸帝創制明堂的情況，通過對漢代諸帝創制明堂歷史的反思，以為唐太宗的決策提供借鑒。漢代諸帝創制明堂的情況大致如下：

1. 漢武帝有意於創制明堂，遂向諸儒垂詢，但由於諸儒各懷異說，始終沒有定論，於是便在汶河上創立明堂以行宗祀之禮。漢武帝所創制的明堂，對明堂的距離、方位，均無太多的考慮。2. 漢成帝擬於城南創制明堂，並下達了相關詔令，但終於未竟其功。3. 漢平帝元始四年（公元 4 年），舉行大朝議，討論創制明堂事宜。孔牢等人認為，明堂、辟雍、太學，三者名異而實同。金褒等人則稱經傳並無記載，因此，明堂、辟雍、太學三者，究竟是否為一，無法判斷。4. 東漢時期，蔡邕撰文認為，明堂太廟，一物二名。鄭玄則說，明堂「在國之陽，三里之外。」淳于登進一步說：明堂在「三里之外，七里之內，丙巳之地。」穎容《釋例》則說：「明堂太廟，凡有八名，其體一也。」顏師古認為，以上四者說法，均出自各人臆想，並無師承祖述。

3、鼓吹「草創從宜，質文遞變」，希望唐太宗在明堂制度建設上應該大膽創新，從而創造出屬於大唐皇朝的明堂

在第一道奏疏的最後，以及第二道奏疏中，顏師古以歷史為借鑒，特別是以兩漢明堂創制方面的實踐及其經驗教訓，鼓勵唐太宗不要為「碎議」所困擾而「久無斷決」，而應該「上遵天旨，祇奉德音，作皇代之明堂，永貽範於來葉」，也就是說，在明堂創制的問題上，唐太宗完全可以遵從上天意旨，獨自做出「聖斷」，創造出能夠垂範後世、屬於大唐皇朝的明堂。

顏師古如此勸勉唐太宗，其中有一個很重要的理由，那就是，「古今不同，

律度權衡，前後不一，隨時之義，斷可知矣」，也就是說，包括律度權衡在內的一切制度，歷朝歷代其實各不相同，都會因為時代變化而變化，因此沒有必要默守前人的規制。顏師古的第二個理由是，自從唐太宗下敕討論明堂制度以來，學者人各異言，爭論曠日持久，始終莫衷一是。顏師古指出，實際上明堂制度「五帝之後，兩漢已前，高下方圓，皆不相襲」，也就是說，從五帝到兩漢期間，歷代明堂制度並不存在遞相沿襲的情況。基於以上兩點，顏師古熱情洋溢地指出，只要唐太宗能夠「聖情創造，即為大唐明堂，足以傳於萬代，何必論戶牖之多少，疑階庭之廣狹？」反過來，如果仍然因為儒者互說一端，而久無斷決，則事必無成。為勸說唐太宗盡快就此進行決斷，顏師古還舉漢武帝草擬封禪典禮之例，認為漢武帝最後能夠完成封禪大典的盛事，乃是因為不被群儒所迷，唯取御史大夫倪寬的建議而自定制度。在第二道奏疏的最後，顏師古再次懇求唐太宗「斟酌繁省，為其節文，不可謙拒，以淹大典。」

　　顏師古的這兩道奏章可能引起過唐太宗的充分關注，但最終還是因為不久之後唐太宗決策東征高麗，而未能付諸實施，亦即「尋以有事遼海，未暇營創。」這也就意味著，唐太宗貞觀時期儘管多次就明堂問題展開討論，並準備加以營造，但大唐的明堂制度，在貞觀時期終究還是沒有能夠創建起來。

三、武德、貞觀時期未建明堂的原因分析

　　大唐皇朝的明堂制度，歷經唐初二帝始終未能建立，與此前魏晉南北朝諸政權多在建國之際或建國不久，就已經確立郊祀明堂諸禮的情況，明顯不同。依理而論，唐朝比起此前的魏、晉（西晉、東晉）、宋、齊、梁、陳諸政權更有條件恢復或重建明堂制度，至少到唐太宗貞觀時期，江山已經一統，政權已經穩固，似乎沒有理由不建立這一象徵皇天授命的「國之大典」。然而，時至貞觀，祚傳二代，能夠代表大唐皇朝風範的明堂卻依然未能建立，其中原因何在？竊意可從如下幾個方面略加分析：

　　1. 可能正如前面所分析的那樣，唐高祖武德年間，大唐帝國還面臨著削平反叛、穩固政權、統一全國等現實政治任務，展開制度文化建設的條件顯然尚不完全具備。在這種情勢下，包括封禪泰山、明堂祭祀、宗廟雅樂等在內，也就唯有沿用前朝制度設施一途，由此造成相關史籍每每言及

的唐承隋舊。徵諸史籍所載，一直到唐太宗貞觀時期，大唐皇朝方始擁有屬於自己的宗廟雅樂，那麼在此之前，宗廟雅樂應該一直使用隋朝之「舊文」。〔註17〕

另一方面我們也注意到，儘管武德時期在包括封禪泰山、明堂祭祀、宗廟雅樂等制度建設方面並無創獲，但並不意味著唐高祖在禮樂文化建設方面的全面停頓。徵諸史載，諸如檢閱、講武、校獵、大射等與武事有關的禮儀活動，在武德時期頻繁進行，這表明唐高祖在當時所關注的禮儀問題，可能主要局限於和軍事活動有關的內容，亦即「五禮」中的軍禮，其原因則在於武事乃是其時大唐帝國壓倒一切的任務。茲據諸史籍所載，將武德時期「軍禮」活動內容，排比如下：

> 武德元年十月，下勅大集諸軍，並將親臨檢閱軍隊。〔註18〕
>
> 武德二年正月，賜群臣大射于玄武門。〔註19〕
>
> 武德四年八月，賜三品以上官員射于武德殿。〔註20〕
>
> 武德五年十一月，「丙申，幸宜州，簡閱將士。十二月丙辰，校獵於華池。」〔註21〕
>
> 武德六年二月，「辛亥，校獵於驪山。」〔註22〕十一月，「校獵於沙苑。」〔註23〕
>
> 武德七年十一月，「戊辰，校獵於高陵。」〔註24〕

〔註17〕 【宋】王溥 撰：《唐會要》卷三十二《雅樂上》：「高祖受禪，軍國多務，未遑改創，樂府尚用隋氏舊文。武德九年正月十日，始命太常少卿祖孝孫正雅樂，至貞觀二年六月十日，樂成，奏之。」（第688頁，上海，上海古籍出版社，1991。）由此可見，「軍國多務」正是造成武德時期「未遑改創」的的主要原因，直到武德九年正月，始命太常少卿祖孝孫修訂屬於唐朝的雅樂，同年六月「玄武門事變」發生，大概耽誤了一些時間，直到唐太宗貞觀二年六月，大唐皇朝的宗廟雅樂始告修成。

〔註18〕 《唐會要》卷二十六《講武》：「武德元年十月四日詔：『殺氣方嚴，宜順天時，申耀威武，可依別勅，大集諸軍，朕將躬自循撫，親臨校閱。』……」（第584頁）

〔註19〕 《唐會要》卷二十六《大射》，第581頁。

〔註20〕 《唐會要》卷二十六《大射》，第581頁。

〔註21〕 《舊唐書》卷一《高祖紀》，第13頁。

〔註22〕 《舊唐書》卷一《高祖紀》，第13頁。

〔註23〕 《舊唐書》卷一《高祖紀》，第14頁。

〔註24〕 《舊唐書》卷一《高祖紀》，第15頁。

武德八年十月，「辛巳，幸周氏陂校獵，因幸龍躍宮。十一月庚子，講武於同官縣。」〔註25〕

以上唐高祖武德時期的情況，除武德三年、九年未有「軍禮」方面的活動外，其他年份至少有一次或一次以上。

唐太宗貞觀時期，大唐皇朝的禮儀制度建設比起武德時期，已經有明顯的進步，因爲到貞觀十一年，房玄齡等人已經在隋制的基礎上，完成了大唐《五禮》的修訂工作，並且經由唐太宗詔令的形式頒行全國。不過我們也注意到，在國家祭祀大典中頗具象徵性意義的明堂建築及明堂配祀等大禮儀的建設，卻仍然沒有取得實質性進展，因爲直到貞觀十七年（643）顏師古連上兩道奏章，所談的核心問題仍然是明堂建築佈局的問題，就足以表明這一點。貞觀時期在明堂制度建設方面所以未能有所創獲，原因仍受限於其時的國內國際形勢，儘管國內平叛戰爭已經結束，但對四夷的攻伐行動，卻方興未艾地展開，這就直接影響到明堂祭祀等禮樂制度的重建步伐。

2. 可能與唐高祖、唐太宗的心態有某種關係。我們注意到，儘管唐初二帝都未能建立唐朝的明堂制度，但其間圍繞明堂制度創建的討論或爭議，卻一直在進行著，對於這種情況，我們或可認爲這是在爲明堂制度建設所進行的理論探索。或許在唐高祖、唐太宗看來，包括郊祀、明堂諸禮在內的宗廟禮儀制度，既然歷來爭議頗多，那就應該更爲慎重地對待，在決策施行之前不妨利用軍國事務尚殷的時機，讓知識界予以更加充分的討論，然後再制訂出能夠反映大唐皇朝風範的一套制度。唐代初二帝的這種心態，在其所發布的相關詔敕中，似乎有所表露。如唐太宗在《定服色詔》中這樣說道：

車服以庸，昔王令典；貴賤有節，禮經彝訓。自末代澆浮，采章訛雜，卿士無高卑之序，兆庶行僭侈之儀。遂使金玉珠璣，靡隔於工賈；錦繡綺縠，下通於皂隸。習俗爲常，流遁亡反，因循已久，莫能懲革。朕繼踵百王，欽承寶運，思宏典制，垂範後昆，永鑒前失，義存釐改。其冠冕制度，已備令文，至於尋常服飾，未爲差等。今已詳定，俱如別式，宜即頒下，咸使聞知。〔註26〕

儘管這道詔書針對的具體對象是當時的服章制度，但從中卻可以看出唐太宗

〔註25〕《舊唐書》卷一《高祖紀》，第15頁。
〔註26〕《全唐文》卷五（太宗皇帝二）《定服色詔》，第60頁下欄至61頁上欄。

對於禮儀制度的一些想法。在唐太宗看來，由於近代以來的服章制度錯亂訛雜，由此造成士庶混淆、貴賤不分的社會無序狀態，而且這種情況已經是「因循已久，莫能懲革」，如今已經到了應該整頓的時候了，既然自己身當君臨天下之重位，那麼就有承擔「思宏典制，垂範後昆」的責任，亦即由自己確定的禮儀制度能夠成為被後世效法的典範。

再如前揭貞觀十一年（637），房玄齡領銜上奏新修訂之《五禮》，唐太宗下詔頒行全國。其詔書有云：

> 朕雖德謝前王，而情深好古。傷大道之既隱，懼斯文之將墜，
> 故廣命賢才，旁求遺逸，探六經之奧旨，採三代之英華。古典之廢
> 於今者，咸擇善而修復；新聲之亂於雅者，並隨違而矯正。莫不本
> 之人心，稽乎物理，正情性而節事宜，窮高深而歸簡易。用之邦國，
> 彝倫以之攸敘；施之律度，金石於是克諧。今修撰既畢，可頒天下，
> 俾富教之方，有符先聖；人倫之化，貽厥後昆。〔註27〕

這道詔書同樣隱約表達出唐太宗「思宏典制，垂範後昆」的心態，也就是說，在唐太宗看來，由他所主導修訂的《五禮》，理應能夠起到教化天下、垂範後世的作用。正是基於「貽厥後昆」的心理，於是我們看到了，唐初修訂禮法的工作一直按部就班、從容有序地推進，自貞觀初年下令修訂《五禮》，至貞觀十一年修訂工作完成，其經歷時間之長久，在歷代都不多見。至於前揭詔書中所云「廣命賢才，旁求遺逸」、「探六經之奧旨，採三代之英華」、「擇善而修復」、「隨違而糾正」、「本之人心，稽乎物理」等語，均非徒逞文采之虛美華辭，而有其實際內涵，無論是修禮人才的選拔、對新舊禮書樂典的徵集考稽、對古今禮儀長短優缺的揚棄駁正，還是對人情物性的關照節制，以上任何一個方面，在這部屬於大唐皇朝的《五禮》中都有充分體現。

貞觀新修《五禮》，多數與普通民眾關係更為直接，唐太宗對其修訂工作提出了較高要求，之所以如此，就在於唐太宗希望能夠制訂出一套充分體現大唐風度、代表大唐形象，並垂範後世的禮儀制度。對於這樣的通行禮法，要求尚且如此嚴格，那麼在更高等級、更加複雜、更多爭議，而又更具皇權與神權雙重象徵意義的明堂郊祀等重大禮儀的修訂上，其要求之高、規定之嚴，自然不難想像。這也就意味著，明堂郊祀大禮的修訂，不僅僅成為當時

〔註27〕 《全唐文》卷六（太宗皇帝三）《頒示禮樂詔》，第70頁下欄至71頁上欄。

唐朝知識界關注的焦點，亦且成爲整個唐朝統治階級矚目的大問題。建造出一座什麼樣式的明堂，制訂出什麼樣的明堂祭祀禮儀，才能夠體現我大唐皇朝的巍巍風度？

3. 唐初二帝明堂遲遲未能建立，以及明堂郊祀諸禮未能全面展開，其中原因還可能與唐高祖、唐太宗以隋煬帝奢侈而亡的教訓爲借鑒，推行儉樸爲政的治國理念有某些關係。事實上，已有學者從這個角度進行過分析，認爲明堂制度之所以沒有能夠在唐高祖、唐太宗時期建立起來，一個重要原因就是唐初政治界對隋煬帝的奢靡政風持有一種嚴肅批判的政治態度。這是因爲明堂建築不同於一般的樓臺館所，在所有的皇家建築中，明堂不僅地位最高，且建築體量十分龐大，修造起來必定大費人力物力。〔註28〕

唐高祖、唐太宗既然每每批評隋煬帝奢靡享樂、大興土木，如果他們在位期間也興造明堂等宏大建築，豈非授人以柄，自貽口實？徵諸史籍所載，唐高祖、唐太宗不僅對隋煬帝的奢侈政風時有批評之語，而且每有毀廢隋朝宮室建築之具體行動。凡此種種，均可證明唐初二帝確有倡導節儉新風、樹立儉樸爲政之施政理念的主觀意識。唐初二帝毀拆隋朝宮室建築，最典型的例子，便是武德四年（621）平定東都洛陽以後，秦王李世民下令毀廢東都宮室建築一事。對於此事，不論是後晉史臣所修撰之《舊唐書》，還是司馬光主編之《資治通鑒》，均有濃墨重彩的記錄，尤其是後者的文字表述，更是重點突出了秦王李世民對隋煬帝「逞侈心，窮人欲」以致國家滅亡的感歎。〔註29〕

〔註28〕 前揭《明堂制度研究》第五章《明堂形制考》，第 395 頁。

〔註29〕 武德四年毀廢洛陽隋朝宮殿建築一事，《舊唐書》卷七三《薛收傳》云：「東都平，太宗入觀隋氏宮室，嗟後主罄人力以逞奢侈。收進曰：『竊聞峻宇雕牆，殷辛以滅；土階茅棟，唐堯以昌。秦帝增阿房之飾，漢后罷露臺之費，故漢祚延而秦禍速，自古如此。後主曾不能察，以萬乘之尊，因一夫之手，使土崩瓦解，取譏後代，以奢虐所致也。』太宗悅其對。」（第 2588 頁）《資治通鑒》卷一八九唐高祖武德四年五月：「秦王世民觀隋宮殿，歎曰：『逞侈心，窮人欲，無亡得乎！』命撤端門樓，焚乾陽殿，毀則天門及闕；廢諸道場，城中僧尼，留有名德者各三十人，餘皆返初。」（第 5918 頁）《舊傳》突出的是薛收進諫，爲秦王李世民認可，從而採取焚燒宮室的行動；《資治通鑒》則突出了秦王李世民對隋宮建築富麗堂皇所發的感歎，及其下令毀宮的行爲。兩相比較，《舊傳》的記載可能更貼近當時的實際情況，原因在於《資治通鑒》的修撰動機，主要是爲帝王儉樸行政提供某種借鑒，故而在陳述此事的時候，有意識地突出了李世民的主觀意識性。

　　唐初二帝刻意樹立儉樸行政的政治形象，還可從停止封禪泰山一事得到驗證。兩《唐書‧高祖紀》均沒有關於武德時期欲行封禪大禮的記載。〔註30〕《唐會要》至唐太宗貞觀時期，提議封禪者尤多，徵諸史載，貞觀時期至少先後六次討論封禪事宜。1. 第一次提議，在貞觀五年（631）正月，朝集使趙郡王李孝恭等人上表請求封禪，被唐太宗婉辭拒絕。〔註31〕2. 第二次提議，在貞觀五年十一月，朝集使利州都督武士彠等人再上奏表，請求封禪，唐太宗答詔拒絕。〔註32〕3. 第三次提議，在貞觀六年。此次提議封禪者人數眾多，只有王珪、魏徵等少數人表示反對。儘管唐太宗公開表揚了魏徵，但他還是親自向禮官咨詢封禪禮儀，並派中書侍郎杜正倫前往泰山，考察歷史上七十二帝的祭壇遺跡。4. 第四次提議，在貞觀十一年。是年，群臣再勸封禪，並著手詳細討論封禪儀式。最後由房玄齡、魏徵、楊師道等人「博採眾議」，確定了封禪禮儀，唐太宗下詔附於貞觀《五禮》之後。〔註33〕5. 第五次提議，在貞觀十四年。是年十月甲戌，荊王李元景（唐高祖第六子，武德三年封趙王，貞觀十年徙封荊王。）等人，上表請求封禪。貞觀十五年四月下詔，決定於來年二月封禪泰山；六月，下詔停封泰山。6. 第六次提議，在貞觀二十年。是年十

〔註30〕 《唐會要》卷七《封禪》轉引《冊府元龜》的一則記載云：「兗州刺史薛胄，以天下太平，登封告禪，帝王盛烈，遂遣博士登太山觀古迹。撰《封禪圖》及儀上之，高祖謙讓不許。」按，此記載有誤。《冊府元龜》所錄薛胄上疏請封禪事，其史源為《隋書》卷五六《薛胄傳》。據《隋傳》，胄為隋人，曾於隋高祖時上疏請封禪。宋人編撰《冊府元龜》，因粗疏大意而張冠李戴，將隋高祖事跡誤植於唐高祖，及至清代，四庫館臣條列各代封禪事跡，因為抄撮古籍，亦未加檢核，繼續為宋人所誤。（今本《唐會要》，包括上海古籍出版社，中華書局兩個版本在內，對此明顯錯誤，均未指出，亦未出注加以說明，不免令人惋惜。）

〔註31〕 據《舊唐書》卷三《太宗紀下》，貞觀五年正月「癸未，朝集使請封禪。」（第41頁）《舊紀》未言朝集使姓名，前揭《唐會要》卷七《封禪》云：「貞觀五年正月，朝集使趙郡王孝恭等僉議，以為天下一統，四夷來同，詣闕上表請封禪。」（第93頁）

〔註32〕 按，貞觀五年十一月武士彠等人奏請封禪，以及唐太宗的答覆詔書，兩《唐書》無載，《唐會要》此處記載轉錄自《冊府元龜》，未知《冊府元龜》何據。又《唐會要》本卷原闕，係據四庫全書本增補。

〔註33〕 《舊唐書》卷二三《禮儀志三》，第882～884頁。據前揭《舊唐書》卷三《太宗紀下》，貞觀十一年正月，「甲寅，房玄齡等進所修《五禮》，詔所司行用之。」（第46頁）按，房玄齡等主持所修《五禮》，於貞觀十一年正月即上奏，並經詔令行用，而討論封禪典禮肯定在正月之後，在討論完畢以後，仍由房玄齡領銜進上，唐太宗下令「附之於禮」（《舊唐書》卷二三《禮儀志三》，第884頁），其中所言「禮」，當即是年正月所上之《五禮》。

月、十二月，以長孫無忌爲首，先後三上奏，請求封禪。貞觀二十一年正月，下詔來年二月有事泰山；同年八月，詔停封禪。

綜合分析六次提議而終於未能舉行封禪的原因，有助於我們把握唐太宗對待封禪的眞實心態。第一、二次拒絕封禪，理由均爲民生凋敝，封禪條件尚不成熟。〔註34〕第三次、四次、第六次，最終取消封禪計劃，都與黃河流域發生嚴重水災有直接關係。〔註35〕第五次，則是因爲發生天象異常變化，從而取消了封禪計劃。〔註36〕儘管貞觀時期封禪始終未能付諸實施，但就唐太宗的主觀意願來說，他面對群臣的反覆提議，其實頗爲心動，並且爲封禪進行了認眞紮實的準備，諸如派人前往泰山考察古代封禪遺跡、討論封禪儀式並附於《五禮》、兩次下詔欲行封禪等行動，都明白無誤地表達了唐太宗內心深處對封禪的渴望。

那麼，終唐太宗在位期間，最終還是未能如願舉行封禪大典，原因何在？我認爲根本原因就在於，唐太宗希望將自己塑造成爲一個儉樸行政、關心民生的政治形象，爲了實現這個政治目標，唐太宗在具體行政過程中，自然就不能不有所顧忌。封禪雖爲帝王盛事，然而歷史上曾行封禪大典之帝王，如秦始皇者，雖有一統六合之豐功偉績，卻仍不免落下一個「奢侈自矜」的形象，相反者如漢文帝，卻因爲躬行節儉，而被認爲是「有德之君」，從這個角度來說，要成爲受人擁戴的明君賢主，並不需要通過舉行封禪大典來實現。〔註37〕

除此而外，唐太宗在執政期間經常言及漢文帝之節儉，並每以漢文帝之行爲自勵，與之相對應，其時大臣上疏勸諫，也往往以漢文帝爲說辭，而漢文帝在歷史上一直以節儉皇帝的形象出現。唐太宗以漢文帝爲政治楷模，主

〔註34〕 據《唐會要》卷七《封禪》，唐太宗答李孝恭詔中有「流遁永久，凋殘未復，田疇多曠，倉廩猶虛」之句；答武士彠等詔中也有「喪亂之後，民物凋殘，憚於勞費」之辭。（第93～94頁）

〔註35〕 《舊唐書》卷二三《禮儀志三》：貞觀六年「兩河水潦，其事乃寢。」（第882頁）《舊唐書》卷三《太宗紀下》：貞觀十一年，「秋七月癸未，大霪雨。穀水溢入洛陽宮，深四尺，壞左掖門，毀宮寺十九所；洛水溢，漂六百家。庚寅，詔以災命百官上封事，極言得失……九月丁亥，河溢，壞陝州河北縣，毀河陽中潬。辛白司馬阪以觀之，賜遭水之家粟帛有差。」（第48頁）貞觀二十一年，「八月壬戌，詔以河北大水，停封禪。」（第60頁）

〔註36〕 《舊唐書》卷三《太宗紀下》：貞觀十五年六月「戊申，詔天下諸州，舉學綜古今及孝悌淳篤、文章秀異者，並以來年二月總集泰山。己酉，有星孛於太微，犯郎位。丙辰，停封泰山，避正殿以思咎，命尚食減膳。」（第53頁）

〔註37〕 《唐會要》卷七《封禪》，第94頁。

觀動機當然不止一端，但在無形之中也進一步強化其儉樸爲政、勤政愛民的政治形象，從而或多或少地影響到貞觀時期大型工程項目的建設或推進，明堂建築、封禪泰山諸事均屬需要耗費大量人力物力的大型工程項目。

明堂創制的構想與唐高宗的政治心態

　　筆者曾撰文對唐高祖、太宗時期的相關情況進行分析，重點討論了武德、貞觀時期圍繞、明堂創制的提議、明堂禮儀的理論探索，以及明堂終究未能建立的原因等問題。[註1] 唐高宗統治期間，明堂仍然是政治界、學術界頗為關注的話題，唐高宗本人高度重視並親自參與明堂形制、明堂禮儀、明堂建造等問題的討論，更加凸顯了明堂制度在其時的重要政治影響。我認為，唐高宗對明堂制度表現出異乎尋常的重視，實際正透露出他試圖擺脫唐太宗政治光環籠罩，實現政治上去貞觀化，以及樹立新的大唐英主形象的政治心態。以下試為發明。

一、「九室」內樣：永徽年間明堂形制的初步構想

　　唐高宗即位不久，即開始籌劃創建明堂。永徽二年（651）七月二日，唐高宗下詔，要求有關部門詳細討論明堂制度諸問題。據《舊唐書・禮儀志》載敕，云：

> 上玄幽贊，處崇高而不言；皇王提象，代神功而理物。是知五精降德，爰應帝者之尊；九室垂文，用紀配天之業。且合宮、靈府，創鴻規於上代；太室、總章，標茂範於中葉。雖質文殊制，奢儉異時，然其立天中，作人極，布政施教，其歸一揆。朕嗣膺下武，丕承上烈，思所以答眷上靈，聿遵孝享，而法宮曠禮，明堂寢構。今

〔註 1〕　李文才：《武德、貞觀時期明堂興造諸問題的討論》，《中華歷史與傳統文化研究論叢》第 1 輯，第 25～43 頁，北京，中國社會科學出版社，2015。按，該文今亦收入本書。

國家四表無虞，人和歲稔，作範垂訓，今也其時。宜令所司與禮官學士等考覈故事，詳議得失，務依典禮，造立明堂。庶曠代闕文，獲申於茲日；因心展敬，永垂於後昆。其明堂制度，令諸曹尚書，及左右丞、侍郎、太常、國子、秘書官、弘文館學士，同共詳議。

〔註2〕

按，此詔又載諸《全唐文》卷一四〔註3〕、《唐會要》卷十一《明堂制度》、宋敏求編《唐大詔令集》卷七十三。四者所載，內容主體及其精神大略相同，唯個別用詞有異或文句間有省略，如「靈符」與「靈府」、「宏文館」與「弘文館」等；其差異較大者則爲文句之簡省，如《唐會要》無「朕嗣膺下武，丕承上烈，思所以答眷上靈，聿遵孝享，而法宮曠禮，明堂寢構」一句；《唐大詔令集》卷七十三所載此詔，除前無「朕聞上玄幽贊……用紀配天之業」之句，與《全唐文》所載差異較大，最後一句「宜令諸曹尚書及左右丞詳議」，不言「侍郎、太常、國子監、秘書官、宏文館學士」諸職，當係省略所致。〔註4〕通過比對，可知《唐會要》、《唐大詔令集》所載此詔，文字均有不同程度的省簡，不如《舊志》、《全唐文》更近原貌。

永徽二年的這道敕建明堂詔，乃是唐高宗即位以後，第一次正式發詔討論明堂制度。唐高宗首先指出，儘管各代明堂制度不盡相同，即所謂「質文殊制，奢儉異時」，但就布政施教的功能而言，卻是殊途同歸（即「歸之一揆」）。接下來，唐高宗說，自己即位以來，就開始思考答謝上天垂愛和祭享祖禰的問題，卻一直受限於明堂尚未建立的事實。如今「國家四表無虞，人和歲稔」，因此「作範垂訓，今也其時」，即創建明堂的條件已經具備。唐高宗因此下令，要求諸曹尚書，會同尚書左右丞、中書侍郎、黃門侍郎、太常、國子監、秘書省官員、弘文館學士等官員，對明堂制度加以詳細探研。

在接到詔敕以後，諸司官員立即著手就明堂形制、禮儀等相關問題展開討論，重點則是討論明堂的建築形制，並形成「五室」、「九室」兩種主要意見。其中太常博士柳宣依據鄭玄之說，認爲明堂建築應爲五室構造；內直丞孔志約則依據《大戴禮》及盧植、蔡邕等人觀點，認爲應以九室爲宜。此外，曹王友趙慈皓、秘書丞薛文思等人，也都各自進獻本人所設計的明堂圖樣。

〔註2〕　《舊唐書》卷二二《禮儀志二》，第853頁。
〔註3〕　《全唐文》卷一四（高宗皇帝四）《建明堂敕》，第164頁上欄。
〔註4〕　【宋】宋敏求 編：《唐大詔令集》卷七十三《典禮》「明堂」條，第409頁，北京，中華書局，2008。

一時之間，諸說紛紜，難有定見。在眾多主張中，唐高宗傾向於九室之議，故下令有司詳細討論明堂形制大小、階基高低，以及辟雍門闕等制度，要求一切「務從典故」，即尊重歷史而持之有據。〔註5〕

自永徽二年（651）七月開始的這場討論曠日持久，直到永徽三年（652）六月二十八日，歷時已近一年。但參與討論的禮官學士，卻各執己見，始終無法就明堂建築的形制形成一致看法。在這種情況下，唐高宗只好從內府拿出「九室」圖樣，令有司酌情損益，於是有司根據唐高宗的指令意圖，對「九室」之制加以闡發以後，提交了一個明堂「內樣」——明堂建築設計圖樣，這個明堂內樣主要涉及如下六個方面：

1. 堂基——堂基有三種上、中、下三種方案可供選擇，三種方案的唯一相同之處，就是都有 12 級臺階。其中：上基方 9 雉（按，雉為古代長度計量單位，長三丈高一丈為一雉。9 雉合 27 丈，每丈 10 尺，合 270 尺。），八角形，高 1 尺；中基方 300 尺，高一筵（按，《說文》引《周禮》云：「度堂以筵，筵一丈。」又，《文選·張衡〈東京賦〉》「度堂以筵，度室以几。」李善注引薛綜曰：「筵，席也，長九尺。」可知，一筵的長度，為一丈或九尺。）；下基方 360 尺，高 1 丈 2 尺。有司建議上基方案為準，基之高度按周代制度，定為 9 尺，方約 148 尺。

2. 九室——每室方 3 筵，開 4 闈、8 窗。〔註6〕室屋圓楣，徑長 291 尺。安置九室之制，太室位於中央，方 6 丈，太室四隅各置一室，稱左右房，各方 2 丈 4 尺；太室四面分別為青陽（東）、明堂（南）、總章（西）、玄堂（北）四室，每室長 6 丈（以應太室），闊 2 丈 4 尺（以應左右房）。每室之間，均有通道相連，通道寬 1 丈 8 尺。

3. 闈、窗——依古制，每室均有 4 闈、8 窗。同時，戶外設而不開。

4. 柱、梁——外有 36 柱，每柱 10 梁；柱根以上至房梁間距，高 3 丈；房梁向上至屋頂，高 81 尺。上圓下方，飛簷。

〔註5〕 前揭《舊志》，並參《唐會要》卷十一《明堂制度》，第 314～315 頁。

〔註6〕 《廣雅·釋宮》：「闈，謂之門。」《白虎通·辟雍》：「明堂，上圓下方，八窗四闈。」又，闈，門屏之間之謂，《詩·齊風·東方之日》：「在我闈兮，履我發兮。」毛傳：「闈，門內也。」陸德明釋文引《韓詩》：「門屏之間曰闈。」

5. 屋蓋形制，依據《考工記》改爲四阿，依禮增爲重簷，並按照太廟規制，在屋檐上安置鴟尾。堂四向五色，四向各隨方色，四面有牆有門。

6. 辟雍、殿垣——辟雍外環水，水寬24步；水上造橋；水外有環形堤。殿垣四門與堂間距離，與太廟南門至廟基距離相同；設四門八觀；四角各造三重魏闕。〔註7〕

以上就是永徽三年（652）六月所製明堂「九室」之內樣圖。然而，根據唐高宗旨意所擬出的這個九室明堂「內樣」，並未壓服「五室」之主張，以致在這個問題上出現了「群儒紛競，各執異議，九室五室，俱有依憑」的局面。尚書左僕射于志寧等人「請爲九室」，太常博士唐眅等人，則仍然堅持「五室」之說。面對這種狀況，唐高宗無法繼續堅持「九室」之說，只好命令有司在觀德殿前，將九室、五室兩種圖樣同時陳設展示，並親自與群臣觀看參議。

在展示過程中，唐高宗向公卿咨詢意見，問：「明堂之制，自古有之。議者不同，未果營建。今設兩議，公等以何者爲宜？」工部尚書閻立德因此上奏，說：「兩議不同，俱有典故。九室似闇，五室似明。取捨之宜，斷在聖慮。」閻立德的說法模稜兩可，在五室、九室兩說之間，並無傾向性，只是說一切應該由聖意決斷。但不知爲何，唐高宗卻因此放棄以前「九室」的主張，改以「五室爲便」。這樣一來，明堂究爲五室，抑或九室，更加無法形成定論，修造明堂的工作也只好「由是且止」了。〔註8〕

永徽二年七月二日至三年六月二十八日，圍繞明堂制度的討論，由於在明堂建築究爲「五室」，抑或「九室」這個核心問題上，沒有能夠形成一致意見，故而明堂建設工作並未眞正付諸實施。在接下來的幾年中，統治集團內部圍繞皇后廢立的現實問題，發生了激烈的權力之爭，因此有關明堂、封禪諸禮的討論等制度建設活動，也暫時被擱置一旁，儘管在當時發布的一些詔敕中，對明堂諸禮也時或提及，但總體來說，有關禮儀制度建設的話題已非統治集團所重點關注的項目了。

永徽六年（655）十月，隨著王皇后廢黜，武則天繼立爲皇后，這場圍繞皇后廢立的統治集團內爭，也暫時告一段落。從此以後，武則天開始名正

〔註7〕 《舊唐書》卷二二《禮儀志二》，第853～855頁。
〔註8〕 《舊唐書》卷二二《禮儀志二》，第855頁。《唐會要》卷十一《明堂制度》亦有此載（第315～317頁），唯個別字詞與《舊志》不同。

言順地介入唐高宗朝的政治，並一步一步擴展其政治影響力。十一月初一，武則天正式接受冊封，並以皇后身份晉謁李唐皇家宗廟，徹底獲得了身份認可。顯慶元年（656）三月，武則天又以皇后的身份，「祀先蠶於北郊」[註9]，第一次在國家重要典禮上公開亮相。隨後的顯慶（656～661）、龍朔（661～663）年間，既是大唐皇朝開疆拓土，不斷在軍事上接連奏凱的時期，同時也是統治集團內部鬥爭繼續深化的時期。然而，這個階段在制度建設上所取得的成績，除了顯慶三年（658）正月下詔頒行長孫無忌領銜上奏之《新禮》外，似乎並無實質性進展，至於封禪、明堂等國家重大典禮，似乎更少受到關注。[註10]這表明包括郊祀封禪、明堂告朔在內的禮儀性政治活動，一旦和現實政治生活中的權力爭奪相比，當然還是次要的事情。

二、「創此宏模，自我作古」：總章時期明堂形制的確定

唐高宗時期，明堂制度再度引起政治界與學術界的關注，始於麟德（664～665）末乾封（665～668）初，乾封、總章（668～670）年間，則為討論的高潮時期。而且有史料表明，圍繞明堂創制所進行的討論，又和封禪活動的展開及其理論探索密切相關。查《全唐文》所載唐高宗時期所發布的詔敕，其中語涉明堂者，除前揭發布於永徽二年七月的《建明堂敕》以外，其他幾篇如《置乾封、明堂縣制》[註11]、《宗祀高祖太宗配帝詔》[註12]、《敕建明堂詔》[註13]、《定明堂規制詔》[註14]，均發布於乾封至總章年間。

唐高宗即位以後，在贏得統治集團內部權力之爭（按，這場權力之爭主要圍繞皇后廢立這一核心問題展開，以擊垮長孫無忌、諸遂良為代表的元老派為標誌。）的一系列勝利之後，又在對外征戰中，接連取得東征高麗、西征薛延陀等軍事勝利，

[註9] 《舊唐書》卷四《高宗紀上》，第75頁。

[註10] 《舊唐書》卷四《高宗紀上》，第78頁。

[註11] 《全唐文》卷一一，第139頁上欄至下欄。按，此敕發布於總章元年（668）二月二十五日，是月十二日，將乾封三年改為總章元年。

[註12] 《全唐文》卷一二，第152頁上欄至下欄。按，又載宋敏求所編《唐大詔令集》卷六十七，題為《祭圜丘明堂並以高祖太宗配詔》（第376頁），據《唐大詔令集》，此詔發布於乾封二年（667）十二月。

[註13] 《全唐文》卷一三，第154頁上欄—第155頁上欄。按，此詔發布時間，諸史不載，但綜合各種信息來看，應該發布於乾封二年到總章年間。

[註14] 《全唐文》卷一三，第155頁上欄—第158頁下欄。按，此詔發布時間，諸史不載，綜合各種信息來看，應該發布時間與前揭《敕建明堂詔》大致相同，即乾封二年到總章年間。

從而延續了貞觀時期的盛世局面。在這種情勢下，唐高宗於麟德三年（666）正月，舉行了大唐皇朝歷史上的第一次封禪活動，從而將唐太宗時期多次欲行而不克的封禪大典，成功付諸實施。如果僅從禮儀制度建設的層面上說，唐高宗所取得的成績遠較乃父唐太宗爲巨大，因爲封禪泰山乃是大唐皇朝在國家重大典禮建設方面的新創獲，意味唐朝在國家禮儀制度建設上取得了里程碑式的進展。就史料所透露的信息來看，唐高宗顯然並不滿足於此，他的下一個目標，就是要將貞觀時期一直議而不決的明堂建設付諸實行，創建一個足以代表大唐皇朝風範的明堂，並在明堂舉行總祭昊天上帝的盛大儀式。

　　唐高宗有意於創建明堂，並產生總祭昊天上帝於明堂的構想，並非始於封禪之後，而是從永徽初年就已經開始。而且有跡象表明，明堂、封禪實爲同步謀劃，這主要因爲封禪、明堂二禮之間，原本就有十分密切的關係，謀封禪者，一般都同時聯想到明堂告朔。唐高宗同時謀劃封禪、明堂二禮，草蛇灰線，伏脈千里，跡象雖不是十分明顯，但也並非無蹤可稽。茲錄《舊唐書‧高宗紀》相關記述，以供分析：

　　　麟德二年（665）五月，以李勣、許敬宗、陸敦信、竇德玄爲檢校封禪使。

　　　麟德二年（665）十月，戊午，皇后請封禪，司禮太常伯劉祥道上疏請封禪。丁卯，將封泰山，發自東都。（以上《舊唐書》卷四《高宗紀上》，第87頁）

　　　麟德三年（666）春正月戊辰朔（初一），高宗親祀昊天上帝於封祀壇，以高祖、太宗配饗。己巳（初二），帝升山行封禪之禮。庚午（初三），禪於社首，祭皇地祇，以太穆太皇太后、文德皇太后配饗；皇后爲亞獻，越國太妃燕氏爲終獻。辛未（初四），御降禪壇。壬申（初五），御朝覲壇受朝賀，改麟德三年爲乾封元年。

　　　乾封三年（668）二月丙寅（十二，是月乙卯朔），以明堂制度歷代不同，漢、魏以還，彌更訛舛，遂增損古今，新制其圖。下詔大赦，改元爲總章元年。二月己卯（二十五），分長安、萬年置乾封、明堂二縣，分理於京城之中。（以上《舊唐書》卷五《高宗紀下》，第89～91頁）

梳理以上所載，可以發現封禪、明堂二禮密切關聯的線索：麟德三年正月初一至初四行封禪禮，初五，改元乾封；間隔一年後，至乾封三年（668）二月，對歷代明堂制度加以釐正，新製明堂圖的同時，即下令改元總章，十三天後，

又分置乾封、明堂二縣。此事清楚地表明，在唐高宗的思想觀念中，乾封、明堂二者密不可分，這應該就是分置二縣，分別命名爲乾封、明堂的原因所在，若非在他腦海中封禪、明堂關係至密，此事就顯得殊爲費解。

不僅以乾封、明堂名縣寓意深長，將乾封改元爲「總章」，也頗有蘊味。蓋「總章」者，其意有二，一爲字面之涵義，總其章程制度之謂也；二，古人或以總章之名稱呼明堂，如前揭顏師古《明堂議》引《尸子》曰：「『黃帝曰合宮，有虞氏曰總章，殷曰陽館，周曰明堂。』斯皆路寢之徵，知非別處。」〔註15〕顏師古同文引穎容釋例亦曰：「明堂太廟，凡有七名，其體一也。」〔註16〕據此可知，唐高宗在封禪之後，分置乾封、明堂二縣，創制明堂新圖，下詔改年號爲總章等一連串政治舉措，均可看成是他爲創制明堂、頒行明堂新禮所做的準備工作，預示了唐高宗在禮儀制度建設方面的下一個大動作，就是要創建能夠體現大唐皇朝風範的明堂。〔註17〕

如果上述《舊紀》所展示的封禪、明堂二禮關係，還較爲曲折隱晦，那麼，唐高宗在封禪之後有意於創建明堂，以及他視封禪、明堂二禮爲一體兩翼之政治理念，還有更爲直接的文字記錄可資考察，那就是乾封、總章時期所發布的一系列詔敕中，有不少直接或間接闡發明堂與封禪關係的內容。如668年二月十二日所發布的《改元總章大赦詔》，略云：

> 朕以寡薄，忝承丕緒。奉二聖之遺訓，撫億兆以初臨，馭朽兢懷，推溝在念。而上元垂祐，宗社降休，歲稔時和，人殷俗阜，車書混一，文軌大同。簡玉泥金，升中告禪，百蠻執贄，萬國來庭，朝野歡娛，華夷胥悅。但爲郊禋嚴配，未安太室，布政敷化，猶闕合宮。朕所以日昃忘疲，中宵輟寢，討論墳籍，錯綜群言。採三代之精微，探九皇之至賾，斟酌前載，製造明堂。棟宇方圓之規，雖兼故實；肆筵陳俎之法，獨運財成。宣諸內外，博考詳求，度其長

〔註15〕 《全唐文》卷一四七（顏師古一）《明堂議》，第 1494 頁上欄至下欄。

〔註16〕 《全唐文》卷一四七（顏師古一）《明堂議》，第 1494 頁下欄。

〔註17〕 按，垂拱四年（688）十二月，武則天建成明堂後，下詔禮官詳定明堂祭享禮儀，其中有云：「伏以高宗往年，已屬意於陽館。故宗輔之縣，預紀明堂之名；改元之期，先著總章之號。朕於乾封之際，已奉表上塵，雖簡宸心，未遑營構。」（《全唐文》卷九六（高宗武皇后二）《令禮官詳定享明堂禮儀詔》，第 988 頁下欄至 989 頁上欄）由此可證，乾封、總章之際分置明堂縣，以及將年號由乾封改爲總章，都是唐高宗準備創建明堂的先期準備工作，其間武則天不僅全程參與，且積極推動，這也是後來武周時期創建明堂的淵源。

短，冀廣聞見。而鴻生碩儒，俱稱盡善，縉紳士子，並奏該通。創
此宏模，自我作古，因心既展，情禮獲申，永言宗祀，良深感慰。
宜命有司，及時赴作，務從折中，稱朕意焉。今陽和在辰，景風扇
物，昆蟲草木，咸獲康寧。朕之百姓，尚多勞止，思覃惠澤，與共
更新。可大赦天下，改乾封三〔註18〕年爲總章元年，大辟罪以下，
皆赦除之。〔註19〕

這道詔書雖然是爲了改年號而發布，但詔書主要內容，卻是關於明堂創建及
其規制等問題。同時我們也注意到，詔書在言及封禪的重要意義時，也說到
了封禪和明堂的關係。其語涉明堂與封禪關係者，主要爲如下幾句：「簡玉泥
金，升中告禪，百蠻執贄，萬國來庭，朝野歡娛，華夷胥悅。但爲郊禋嚴配，
未安太室，布政敷化，猶闕合宮。」這段話的語意可分兩層，「簡玉泥金……
華夷胥悅」一段，主要是說封禪的重大意義，在唐高宗看來，「升中告禪」已
然充分展示了大唐皇朝萬邦來朝、朝野歡娛的盛世景象，此事自屬可喜；後
面幾句，在邏輯上與前面幾句形成轉折關係，指出：國家郊祀大禮建設仍有
缺憾，不僅供奉昊天祖禰的「太室」尚未安穩，布政宣化的明堂也猶自未能
建立（即「但爲郊禋嚴配，未安太室；布政敷化，猶闕合宮」之謂也。）在這道篇幅不長
的改元大赦詔書中，唐高宗刻意地將封禪與明堂創制加以對比，正從某種意
義上表達了他對於創建明堂的態度。

很顯然，在唐高宗看來，自己身爲大唐帝國的最高領袖，如今卻依然面
對「郊禋嚴配，未安太室，布政敷化，猶闕合宮」的情況，那麼，承擔創建
明堂的重任，舍我其誰？所以接下來，唐高宗便開始闡明自己在明堂制度建

〔註18〕 按，《全唐文》卷一二（高宗皇帝二）《改元總章大赦詔》（第 153 頁上欄）此處
「三」作「二」，顯誤，今徑改爲「三」。又，《舊唐書》卷二二《禮儀志二》
載：「至乾封二年二月，詳宜略定，乃下詔曰……於是大赦天下，改元爲總章，
分萬年縣置明堂縣。」（第 855～856 頁），所說「乾封二年」亦誤，當爲「乾
封三年」。

〔註19〕 《全唐文》卷一二（高宗皇帝二）《改元總章大赦詔》，第 153 頁上欄。按，此詔
發布時間，《舊志》、《唐會要》卷十一《明堂制度》定於乾封二年（667）二月
十二日，顯誤（第 317 頁），根據前揭《舊唐書·高宗紀》，此詔發布於乾封三
年二月丙寅（十二）。又，此詔《舊唐書》卷二二《禮儀志二》（第 855～856
頁）亦有載，唯闕「今陽和在辰，景風扇物，昆蟲草木，咸獲康寧。朕之百姓，
尚多勞止，思覃惠澤，與共更新。可大赦天下，改乾封三年爲總章元年，大辟
罪以下，皆赦除之」幾句，且《舊志》將此詔發布時間定於乾封二年二月，亦
誤；《唐會要》所載詔文，亦省略較多。故此處錄《全唐文》所載。

設方面所做的努力，以及他對未來明堂創建的具體設想。為了能夠創制出能夠代表大風範的明堂，他不僅本人「日昃忘疲，中宵輟寢，討論墳籍，錯綜群言」，而且「宣諸內外，博考詳求，度其長短，冀廣聞見」，唐高宗所以要在明堂創制的問題如此煞費苦心，終極目標就是要使大唐皇朝的明堂制度達到「創此宏模，自我作古」的高度。

結合貞觀故事來看，大唐皇朝在明堂創制問題上一直沒有實質性進展，其中一個關鍵原因，就是由於禮學界在明堂具體建築佈局及建築結構上，始終無法形成統一意見。因此，唐高宗要切實推進明堂制度建設，就不能繼續停留在理論探討的層面，必須盡快就明堂建築形制形成定論。有史實表明，在乾封、總章之際，明堂的建築形制可能就已經確定下來了，並通過詔令的形式予以頒佈。大概就在改元總章詔敕發布之後不久，唐高宗就接連頒發兩道關於明堂創制的詔書，其一為《勅建明堂詔》〔註20〕，其二為《定明堂規制詔》〔註21〕。

《勅建明堂詔》在追述歷代明堂制度演變簡史的基礎上，陳述了當時為明堂建築佈局所做的準備工作，並初步勾畫出「重阿複道」、「上圓下方」的明堂基本建築構造；詔書還再次闡述發明堂和現實政治之間的密切關係，指出明堂乃是大唐皇朝「百神執贄，咸尊孝饗之風；萬國來庭，共睹太平之政」的象徵；詔書最後說「制作之規，可依別勅」，這是特別告知全體臣民，大唐皇朝明堂的具體規制，還將另外下發敕書加以闡明。

《定明堂規制詔》，就是《勅建明堂詔》中所說的「別勅」，這道確定明堂規制的詔書《舊唐書・禮儀志》有載，發布於總章二年（669）三月。〔註22〕在唐高宗朝所發布的眾多詔敕中，《定明堂規制詔》乃是篇幅最長的一篇，這道詔敕詳細陳述了唐高宗所確定的大唐明堂「規制」。綜覽整篇詔書，可知此詔所定之明堂規制，與永徽三年（652）六月所確定的明堂「九室」內樣，主體結構基本相同，只不過，《定明堂規制詔》對於明堂結構的規劃更加細化，

〔註20〕 《全唐文》卷一三（高宗皇帝三）《勅建明堂詔》，第154上欄至155頁上欄。

〔註21〕 《全唐文》卷一三（高宗皇帝三）《定明堂規制詔》，第155上欄至158頁下欄。按，此詔《舊唐書》卷二二《禮儀志二》亦有全文記載，第856～864頁。

〔註22〕 據《舊唐書》卷二二《禮儀志二》「明年三月，又具規制廣狹，下詔曰……」（第856頁）。按，《舊志》敘述此詔，係接續《改元總章大赦詔》發布之後，而改元總章詔的發布時間為乾封三年（668）二月丙寅，二月丙寅之後，本年就稱為總章元年了，故可知《舊志》所說「明年三月」，為總章二年（669）三月也。

具體到院、基、堂、室、門、窗、柱、梁、簷各個建築單元，以及每個建築單元的尺寸、數量、分佈、方位，及其所蘊含的意義。從這個角度來說，永徽三年的明堂「九室」內樣，實相當於明堂結構設計草圖；總章二年的明堂「規制」，則可視爲明堂結構設計圖的定本。茲細縷《定明堂規制詔》之內容，將總章二年三月確定的明堂建築基本構架，表述如下：

1. 明堂有院，院爲正方形，每面長 360 步，院當中置堂。院牆每面各開三門，周迴共 12 門（對應每年十二月）。院的四隅各置重樓，共有重樓 4 座，其四面高牆，各依本方顏色。

2. 堂基八面，象徵八方，基高 1 丈二尺、徑 280 尺。基每面 3 階，周迴 12 階，每階 25 級。

3. 基上爲一堂，其宇上圓。堂每面 9 間，各廣 1 丈 9 尺；堂周迴 12 門，每門高 1 丈 7 尺、闊 1 丈 3 尺；堂周迴 24 窗，高 1 丈 3 尺、闊 1 丈 1 尺，23 櫺，24 明。

4. 堂心八柱，各長 55 尺；堂心之外，置 4 柱爲四輔。八柱四輔之外，第一重 20 柱，第二重 28 柱，第三重 32 柱，外面周迴 36 柱，合 120 柱。八柱之外，柱長分爲三等。堂上門檻，周迴共 204 根。

5. 各種建築構件的數量：重楣，216 條。大小節級拱，總 6345 個。重幹，489 枚。下柳，72 枚。上柳，84 枚。枡，60 枚。連栱，360 枚。小梁，60 枚。樟，228 枚。方衡，15 重。南北大梁，2 根。陽馬，36 道。椽，2990 根。大栖，兩重，重各 36 條，共 72 條。飛簷椽，729 枚。

6. 堂簷，徑 288 尺。堂上棟，距離基上面 90 尺。簷，距離地面 55 尺。

以上就是總章二年（669）三月所確定的明堂規制圖樣最終定本的各種數據，大略可以描述出明堂建築的基本結構。

作爲單體規模最大的建築，明堂構造之複雜程度，在世界建築史上可謂絕無僅有，大到整體建築佈局，小到各種具體建築構件，都有極爲精確的設計標準，諸如房舍間數、朝向，門、窗、柱、梁、椽、臺階之數量、高度、尺寸、朝向，建築用材等等，均有具體而微的規定。在建造過程中不僅要遵

循《易》、《書》、《禮》、《道德經》等儒家、道家經典所規定的制式，還要兼顧《史記》、《漢書》、《淮南子》等子史典籍所具列的故事成例。通覽這道詔書，各項指標數據充斥全篇，這些數據多源於《易》、《道德經》等道家經典所載之陰陽八卦之數，也有一些源於《周禮》、《禮記》、《史記》、《漢書》等經史著作。茲舉例言之，如其中講到明堂為何建在臺階之上，以及「其宇上圓」的時候，云：

> 基之上為一堂，其宇上圓。按《道德經》：「天得一以清，地得一以寧，侯王得一以為天下，貞。」又曰：「道生一，一生二，二生三，三生萬物。」又按《漢書》：「太極元氣，函三為一。」又曰：天子以四海為家，故置一堂，以象元氣，并取四海為家之義。又按《周禮》：「蒼璧禮天。」鄭元注：璧圓以象天，故為宇上圓。堂每面九間，各廣一丈九尺。按《尚書》：地有九州，故立九間。又按《周易》：陰數十，故間別一丈九尺。所以規模厚地，準則陰陽，法二氣以通基，置九州於一宇。〔註23〕

「基上建堂」、「其宇上圓」的理論，以及相關數據，其淵源於《道德經》、《漢書》、《周禮》及鄭玄注、《尚書》、《周易》等。如，在闡述明堂為何只能建有一堂的理由，既是運用「一生二，二生三，三生萬物」的道家觀念作為理論基礎，也是基於「天子以四海為家，故置一堂，以象元氣，并取四海為家之義」的儒家大一統觀念。再如，明堂每面九間房舍，每房寬一丈九尺的規定，既是基於天下分為九州，九州合而為一的儒家觀念，也是考慮到《易經》十為陰數，九為最大陽數的道家觀念，按照「規模厚地，準則陰陽」的理論，「一堂九舍」正好與「置九州於一宇」的九九歸一之義相對應。

　　上述所具列的眾多數據，每個數字背後都有相對應的道家或儒家理論作為依據，諸如：明堂周迴為何設置十二門、二十四窗？門窗各高幾何、闊幾何？堂心八柱，柱長幾何？堂心之外，為何設置四柱？其外二十柱、二十八柱、三十二柱、三十六柱……等等，這些數據在我們看來，可能顯得十分枯燥煩瑣，令人心生厭倦。可是唐人並不這麼認為，特別是那些參與討論明堂建築佈局的禮學官員或禮學家，他們都是用一種嚴肅敬畏的態度來對待這些數據，在他們的心目中，上述數據的意義絕對沒有那麼簡單，每一個數字實際上都蘊含著「擬大易之嘉數，通惟神之至賾，道合萬象，

〔註23〕《全唐文》卷一三（高宗皇帝三）《定明堂規制詔》，第156上欄。

理貫三才」〔註24〕的特殊涵義。

由此可見，早在總章元年（668）二、三月間，明堂制度就已經確定下來，但是直到一年以後，即總章二年（669）三月九日，唐高宗才接連發布《勅建明堂詔》、《定明堂規制詔》兩道詔敕，宣佈準備建造大唐皇朝的明堂。關於明堂規制的討論形成定論以後，還是相隔一年以後，才正式以詔敕的形式發布，其中原因應當是就明堂建造的一些細節問題繼續展開討論。之所以如此慎重，主要是因爲唐高宗希望由自己所創制的明堂，能夠代表大唐皇朝的風範，要達到「創此宏模，自我作古」的高度。職此之故，對於唐高宗彼時的心理，我們可作進一步的揣摩。

三、「思革舊章，損益隨時」：唐高宗創制明堂的政治心態

要揣度唐高宗在明堂創制過程中的政治心態，就必須從他即位之後的政治狀況說起。

唐高宗即位初年，永徽政治頗有貞觀遺風，歐陽永叔曾不無讚美地說道：「（長孫）無忌與（褚）遂良悉心奉國，以天下安危自任，故永徽之政有貞觀風。」〔註25〕儘管後世對永徽政局不無讚美之辭，但從唐高宗的角度來看，卻不一定對此狀況感到滿意，因爲「永徽之政有貞觀風」，是以長孫無忌、褚遂良等人把持朝政，以及自己長期處於父皇唐太宗光輝籠罩之下作爲代價。因此，對唐高宗來說，只有成功實現政治上的去貞觀化，才能徹底擺脫父皇的陰影籠罩、才能夠樹立起新的大唐皇帝的崇高形象！可以說，永徽後期開始的圍繞皇后廢立所展開的政治鬥爭，都是由此而起，這場統治集團內部的權力之爭，最終以王皇后廢黜、武則天繼立爲后而暫時告一段落，唐高宗贏得了和長孫無忌、褚遂良爲代表的政治勢力之間權力爭奪的勝利，初步實現了政治上的去貞觀化。

然而，贏得和貞觀老臣權力之爭的勝利，只是唐高宗實現其政治上去貞觀化目標的第一步。因爲政治上除了「廢」以外，更重要的是「立」，「廢」只需要剷除政治對手即可辦到，「立」卻是要建立能夠讓臣民仰之彌高的功業方能實現。那麼，唐高宗要「立」什麼呢？我們注意到，在唐高宗所發布的詔敕中，其中有兩篇是關於宗廟祭祀禮儀，且涉及到明堂祭禮，其中都用到了「思革舊章」這個詞彙。其一爲《宗廟薦享另奠詔》，略云：

〔註24〕 《全唐文》卷一三（高宗皇帝三）《定明堂規制詔》，第 158 上欄。
〔註25〕 《新唐書》卷一〇五《長孫無忌傳》，第 4022 頁。

朕以寡德，嗣守宗祧，雖明發載懷，肅恭禋祀，踐霜露而興感，
奉盥洗以增哀。每惟宗廟至敬，虔誠祼享，而二尊一奠，情有未安，
思革舊章，用崇嚴配。管子曰：「禮者因人之情，緣禮而爲之節也。」
故三王五帝，禮制不同，損益隨時，期於適便。況罔極之恩，既展於
茲辰，終身之慕，情深於是日，豈可以因循經禮，乖違敬誠？自今以後，
宗廟薦享，爵及籩豆登鉶，各宜別奠。其餘牢饌，並依常典。〔註26〕

其二爲《宗祀高祖太宗配帝詔》，略云：

夫受命承天，崇至敬於明祀；膺圖纂錄，昭大孝於嚴配。是以
薦鰷鱣於清廟，集振鷺於西雍，宣雅頌於太師，明肅恭於考室。用
能紀配天之盛業，嗣積德之鴻休，永播英聲，長爲稱首。周京道喪，
秦室政乖，禮樂淪亡，典經殘滅。遂使漢朝博士，空說六宗之文；
晉代鴻儒，爭陳七祀之議。或同昊天於五帝，或分感帝於五行，自
茲以降，遞相祖述，議論紛紜，是非莫定。

朕以寡薄，嗣膺丕緒，肅承禋祀，明發載懷，虔奉宗祧，寤寐
興感。每惟宗廟之重，尊配之儀，思革舊章，以申誠敬。高祖大武
皇帝撫運膺期，創業垂統，拯庶類於塗炭，實懷生於壽仁；太宗文
皇帝德光齊聖，道極幾神，執銳被堅，櫛風沐雨，勞形以安百姓，
屈己而濟四方，澤被區中，恩覃海外。乾坤所以交泰，器物於是咸
亨，掩元闕而開疆，指青邱而作鎮，巍巍蕩蕩，無得名焉。禮曰：
化人之道，莫急於禮。禮有五經，莫重於祭。祭者，非物自外至也，
自內生於心也。是以惟賢者乃能盡祭之義。況祖功宗德，道冠百王，
盡聖窮神，業高千古。自今以後，祭圜丘、五方、明堂、感帝、神
州等祠，高祖大武皇帝、太宗文皇帝崇配，仍總祭昊天上帝及五帝
於明堂。庶因心致敬，獲展虔誠，宗祀配天，永光鴻烈。〔註27〕

另外，在《改封禪器物制》〔註28〕中，也申述了「古今典制，文質不同；至
於制度，隨代沿革。唯祀天地，獨不改張，斯乃自處於厚，奉天以薄……」
云云，所表述的涵義也與「思革舊章」不無共通之處，既然制度都可以隨時
代變化而改變，爲什麼祭祀天地的禮儀、器物，不可以變化呢？

〔註26〕《全唐文》卷一二（高宗皇帝二）《宗廟薦享別奠詔》，第 152 頁上欄。
〔註27〕《全唐文》卷一二（高宗皇帝二）《宗祀高祖太宗配帝詔》，第 152 頁上欄—下欄。
〔註28〕《全唐文》卷一一（高宗皇帝一）《改封禪器物制》，第 136 頁下欄～137 頁上欄。

　　唐高宗在以上三篇詔制中，爲何要反覆表述「思革舊章」或「至於制度，隨代沿革」的政治理念？「思革舊章」的內涵又是什麼？對於這個問題，我們或可從《宗祀高祖太宗配帝詔》找到答案，其中「宗廟之重，尊配之儀」、「祖功宗德，道冠百王，盡聖窮神，業高千古」幾句，可視爲對「思革舊章」內涵的概括，這幾句話的意思，用今天的話來說，就是爲了弘揚唐高祖、唐太宗的豐功偉績。如果僅從字面意義上看，將弘揚高祖、太宗之功業品德，理解爲唐高宗「思革舊章」的內涵，並無甚差錯。然細思之，卻會發現並非如此。儘管「思革舊章」以尊祖敬宗爲名，對「宗廟之重，尊配之儀」欲行更張，理由冠冕堂皇，但在事實上，卻無法掩蓋其與現實政治之間的干係。表面上看，唐高宗要對宗廟祭祀諸禮進行改革，但實際上，仍然和唐高宗致力於在政治上去貞觀化的心態有著直接關係。

　　如前所論，唐高宗要實現其政治上去貞觀化的目標，除了「廢」之外，更重要的是「立」，也就是建立足以同父皇唐太宗相媲美的功業。然而，貞觀時期南征北討，武功鼎盛，唐高宗即位伊始，又如何能及？因此，對唐高宗來說，唯有「文治」一途，或可在某些方面取得超越唐太宗的成績。上述三道詔制，均與宗廟祭祀等國家典禮有密切關係，其中第二道更是言及圜丘、五方、明堂、感帝、神州諸祠，第三道也說到了郊天祭地，因此，唐高宗在詔制中反覆申述的「思革舊章」，必然與這些典禮之間有直接關係，我認爲，尋繹唐高宗「思革舊章」的真實內涵，就應該由此入手。

　　在唐代國家重大典禮中，南郊祭天、宗廟祭祀屬於常規禮儀，凡爲帝王者，必行敬天祭祖之禮，唐高祖、太宗、高宗均行此禮，三者並無區別。唯封禪泰山、創制明堂，卻是前所未有，唐高祖武德時期根本未有關於明堂創制的提議；唐太宗貞觀時期，則多次商議而終無成就。因此，唐高宗「思革舊章」，實現對乃祖乃父的超越，只需突破前人規制，將封禪泰山、創制明堂予以實施，即可完成。一旦將這兩項最爲重大之國家祭祀典禮成功付諸實施，那麼，唐高宗不僅可以建立「永光鴻烈」、超越前輩的功業，還可以徹底實現其政治上去貞觀化的目標！基於此，我認爲唐高宗反覆申述的「思革舊章」，其真正內涵主要在於謀劃封禪和創制明堂二事，因爲落實此二事，乃是他實現政治上去貞觀化，樹立本人崇高政治形象的重要舉措。

　　麟德三年（666）正月，唐高宗順利舉行了封禪泰山的國家大典，將父皇唐太宗多年未能完成的夙願，終於變成了現實，標誌著大唐帝國的禮儀制度

建設實現了重大突破。封禪大典的順利完成，至少從禮儀制度建設的層面上，證明自己已經超越了父皇！我們完全可以想像，唐高宗當時的心情是何等愜意！事實表明，唐高宗對此並不滿足，早在謀劃封禪的同時，他實際上已經著手規劃明堂的創制了！

創建能夠代表大唐風範的明堂，並制定出相應的明堂禮儀，對於唐高宗來說，具有和封禪同樣重大的意義，這並不僅僅因為這是他所精心謀劃的又一個重大禮儀制度建設項目，也是他實現超越父皇、政治上去貞觀化的又一個重要舉措，與封禪泰山呈一體兩翼的關係。進而我們發現，在商議創制明堂和討論明堂禮儀的過程中，唐高宗的政治心態比起討論封禪的時候，還要更加迫切，所投入的熱情也更大。其中原因，不僅因為明堂禮儀本身頗為複雜，更在於圍繞明堂結構爭論，也一直紛紜不決。因此，與封禪泰山相比，創制明堂及制定明堂禮儀，更富於挑戰性。當然，一旦成功創建明堂並舉行明堂總祭昊天諸禮，也就進一步表明，唐高宗在大唐禮儀制度建設史上所取得的成就更加偉大。

除此而外，明堂創制同樣涉及唐高宗的政治心態。正如前文所論述的那樣，在創制明堂和明堂諸禮的過程中，唐高宗本人均親自參與其事，他不僅親自「上考經籍」、「錯綜群言」，還曾直接就明堂究為「五室」，抑或「九室」發表過意見。唐高宗何以事必躬親，不憚煩勞地參與明堂創制的討論呢？歸根到底，是他要建立超越前輩的功業。如果說完成封禪泰山，還只是唐高宗在國家典禮的實踐中上實現了重大突破，那麼，下一步創制明堂，還要達到更高的政治目標，這就不僅僅是「思革舊章」的問題，而是要在明堂制度上達到「創此宏模，自我作古」的高度了。

四、餘論：唐高宗朝明堂未能建立之原因

《敕建明堂詔》、《定明堂規制詔》這兩道詔敕的接連發布，雖然預示明堂建設工作即將啟動，但最終的結局卻是，終唐高宗在位期間，明堂還是未能建立起來。其中原因，前揭《舊志》未作說明，僅言「詔下之後，猶群議未決。終高宗之世，未能創立。」〔註29〕據此所能瞭解的是，《定明堂規制詔》下發之後，圍繞明堂制度的爭論依然紛紜不休。但是，如果以此作為唐高宗時未能創立明堂的理由，顯然並不充分，因為自唐太宗貞觀時期開始討

〔註29〕《舊唐書》卷二二《禮儀志二》，第862頁。

論明堂規制，爭論就從來沒有止歇。那麼，唐高宗時期明堂究竟因何未能建立？

前揭《唐會要》對此似有所陳述，但內容太過簡略，在總章二年（669）三月九日詔敕之後，僅有寥寥數字，云：「屬歲飢而止」。徵諸史載，總章二年在一些地方確實發生了自然災害，主要為是括州、冀州大水，劍南等十九州大旱。〔註30〕按，括州（治括州，在今浙江麗水東南）屬江南東道，大致包括今浙江南部、福建北部的一些地方，人口較少；劍南道受災多雖然達19個州，但也是山多人稀之地；受災地區中，冀州人口最集中，地位最重要，災情能夠給中央政府造成實質性影響者，只有冀州的水災。就全國範圍來看，總章二年水旱災害的影響，仍屬局部可控的範圍。類似這種局部受災的情況，幾乎每年都曾發生，只需翻開《舊唐書》諸帝本紀，隨便就可以找到類似的史料記錄。因此，以「歲飢」作為中止明堂興建的理由，就顯得十分勉強。道理很簡單，在此之前，唐高宗對明堂創制表現出異乎尋常的熱情，不僅三番五次地下詔垂詢，還大規模地組織禮學界進行討論，如今卻因為偶然出現的一次糧食歉收，就將此事戛然終止。這豈非太過匪夷所思？其背後是否另有隱情？

退一步來說，總章二年（669）因為發生饑荒而停止修造明堂，姑且承認其理由充分。但是，總章二年之後，直至弘道元年（683）十二月唐高宗駕崩，時間長達十四、五年，明堂創制再也沒有成為君臣熱衷討論的議題，甚至鮮有提及，就更顯得殊為費解了。總章二年以後，為何不再不討論明堂創制及其禮儀，竊意應該從這個時期統治集團內部的政治鬥爭，尤其是帝后權力之爭的角度尋繹。

對權力和利益的瓜分與爭奪，乃是一切政治活動的根本動力，所有政治上的合作、矛盾或鬥爭，無不圍繞權力之爭這一核心運行。就唐高宗與武則天的關係而言，他們既是日常生活中的夫妻，也是政治上的合作夥伴，從政

〔註30〕《舊唐書》卷五《高宗紀下》：「（總章二年）六月戊申朔，日有蝕之。括州大風雨，海水泛溢永嘉、安固二縣城郭，漂百姓宅六千八百四十三區，溺殺人九千七十、牛五百頭，損田苗四千一百五十頃。冀州大水，漂壞居人廬舍數千家。並遣使賑給。秋七月，劍南益、瀘、巂、茂、陵、邛、雅、嶲、翼、維、始、簡、資、榮、隆、果、梓、普、遂等一十九州旱，百姓乏絕，總三十六萬七千六百九十戶，遣司珍大夫路勵行存問賑貸。癸巳，冀州大都督府奏，自六月十三日夜降雨，至二十日水深五尺，其夜暴水深一丈已上，壞屋一萬四千三百九十區，害田四千四百九十六頃。」（第93頁）

治上講，他們既會因爲權益的分配而攜手合作，當然也會因爲形勢改變而成爲政治上的敵手。唐高宗即位初期的永徽（650～655）年間，唐高宗面臨穩固帝位和政治上去貞觀化的雙重任務，這二者原本又是相互矛盾的一對：一方面，爲了穩固政權，不能不依賴長孫無忌等貞觀老臣的支持；另一方面，爲實現去貞觀化的政治目標，又必須盡早擺脫長孫無忌等老臣對政治的干預，以便樹立自己的政治權威。正是在這樣的背景之下，唐高宗與武則天無論是在私人生活上，還是政治上，都進入了蜜月期，其間夫妻二人通過密切的政治合作，成功地清除長孫無忌、褚遂良爲代表的貞觀老臣勢力，初步實現了政治上的去貞觀化，唐高宗不僅牢固地控制了執政大權，武則天也順利地成爲新的大唐皇后，二人可謂各得其所。此後的顯慶（656～661）年間，唐高宗繼續著內政外交方面的輝煌：對外，軍事行動不斷取得勝利；內政，顯慶新禮如期修訂完成、封禪大典順利舉行。正是憑藉這一系列的文治武功，唐高宗不僅在政治去貞觀化的道路上高歌邁進，也逐步樹立起大唐帝國明君英主的光輝形象。

然而，就在唐高宗一步一步實現既定政治目標的盛世光照之下，他和皇后武則天之間的權力之爭也在潛滋暗長。長期以來，學者所關注的多是唐高宗與武則天之間的政治合作，對於二人之間的權力之爭，卻往往不免輕忽甚至視而不見。實際上，早在「二聖共治」起始的顯慶年間，高宗與武后之間的權力暗戰就已經展開，至遲從龍朔年間（661～663）開始，帝后權力之爭已由此前的暗戰狀態，逐漸浮現到明處了。龍朔三年（663）四月發生的「移宮」事件則爲帝后權力之爭的一次集中體現。龍朔三年四月，武則天以大明宮地勢高爽，有利於唐高宗的身體健康爲由，將聽政地點由太極宮（西內）搬遷至大明宮（東內），此事即所謂「移宮」事件。按，龍朔三年的「移宮」，係武則天一手操縱完成，「移宮」的眞正目的乃是爲了破壞唐高宗和宰相集團之間的政治合作，壯大和發展自己的勢力集團，從而進一步穩固權位。〔註31〕麟德元年（664），唐高宗聯合上官儀，試圖廢黜武則天的皇后地位，則是唐高宗與武則天之間權力之爭的第一次公開化，儘管麟德元年的廢后行動以失敗告終，唐高宗後來對武則天也是「復待之如初」，但此後二人之間的權力之爭，儘管曲折隱晦，卻日趨激烈，乃是不爭之事實。

〔註31〕 李文才、王琪撰：《試論唐高宗龍朔三年「移宮」的原因及影響》，《陝西歷史博物館館刊》第 20 輯，第 31～43 頁，西安，三秦出版社，2013。該文今亦收入本書。

　　綜合而論，自武則天被立為皇后起，她和唐高宗之間的關係就不再單純，他們在政治上一直處於既合作又鬥爭的複雜狀態，二人之間的政治合作，表現在明處；二人之間的權力爭奪，則曲折隱晦。因此我認為，總章二年因為饑荒而取消明堂創建，此後一直不再議及明堂創制的問題，實際上和高宗武后之間愈加激烈的權力之爭這個時代背景有直接關係。換言之，唐高宗最終沒能如願將明堂建成，從而實現其「創此宏模，自我作古」的政治理想，其根本原因在於總章二年以後他和皇后武則天之間愈趨激烈的權力爭奪，從這個角度來說，是現實的政治運作影響了制度文化的建設，兩相比較，現實的權力爭奪總比祭祀封禪等禮儀文化制度的建設更為緊迫和重要。

唐高宗龍朔三年「移宮」之背景及影響

　　龍朔三年（663）四月二十二日，唐高宗移仗大明宮含元殿，從此以後大唐皇朝的聽政地點，就由原宮城（西內）的太極殿，轉移到大明宮（東內）的含元殿，此即唐史所載之龍朔三年「移宮」事件。關於此次「移宮」之原因，諸史記載相對一致，是因為唐高宗患上風濕病，頭疼不已，原宮城太極殿地勢較低，不利於他的身體健康，遂於龍朔二年（662）對地勢較為高爽的原大明宮加以修繕，至次年四月，大明宮修繕工程完成，改名蓬萊宮，並隨即「移仗」於此。

　　如果僅就相關文字記載來看，龍朔三年「移宮」並無複雜深奧之處，至多是大唐皇帝的居住地與聽政地，由「西內」遷往「東內」，不過就是地點改變一下罷了。然而，事情並沒有那麼簡單，龍朔三年「移宮」事件的背後，實際上牽涉到當時統治集團上層權力之爭的內容，造成「移宮」的根本原因實在於唐高宗和武則天之間的帝后權力爭奪，「移宮」的實質是武則天對付唐高宗的一個政治策略或手段，唐高宗的健康狀況只是「移宮」的藉口而已。茲撮取相關史料記載，對此略作闡釋，所論或不免粗陋，冀方家有以教我。

一、龍朔三年「移宮」之背景：以史籍所載為中心

　　唐高宗龍朔三年（663），大唐王朝的聽政地點由太極殿搬到大明宮，對於此次「移宮」的背景，相關史料記載大致相同，是由於唐高宗在龍朔二年（662）患上了風濕病，而太極殿濕氣嚴重，不利於他的身體健康，於是便對地勢較為高爽的大明宮重加修繕，並於次年（663）四月遷入大明宮。為便於下面的分析，茲錄《唐會要》所載「移宮」史料如下：

> 貞觀八年十月，營永安宮。至九年正月，改名大明宮，以備太
> 上皇清暑。公卿百僚，爭以私財助役。至龍朔二年，高宗染風痹，

以宮內湫濕，乃修舊大明宮，改名蓬萊宮，北據高原，南望爽塏。
六月七日，制蓬萊宮諸門、殿、亭等名。至三年二月二日，稅延、
雍、同、岐、鹵、華、寧、廓、坊、涇、虢、絳、晉、蒲、慶等十
五州率口錢，修蓬萊宮。二十五（日），減京官一月俸，助修蓬萊宮。
四月二十二日，移仗就蓬萊宮新作含元殿，二十五日，始御紫宸殿
聽政，百僚奉賀，新宮成也。〔註1〕

據此可知：大明宮即唐太宗貞觀八年所營造之永安宮，至貞觀九年改名大明
宮，準備用作太上皇李淵避暑之處。也就是說，起初修建大明宮的動機，與
現實政治本無關涉。正因為如此，故而在唐高祖駕崩後，大明宮在相當長的
一段時間裏一直處於無人居住的狀態。至唐高宗龍朔二年，重修大明宮，並
改名蓬萊宮；龍朔三年四月，唐高宗「移仗」蓬萊宮含元殿，從此之後，大
明宮就成為唐朝皇帝的聽政地點，並與大唐王朝的政治運作發生密切關係。

從地理位置構成看，由於大明宮在東，太極宮在西，故唐人習慣稱大明宮為
「東內」，太極宮為「西內」。除此東、西兩大內之外，唐人後來又將唐玄宗曾經
居住過的興慶宮稱為「南內」〔註2〕。茲據諸相關記載，將東內、西內、南內在

〔註1〕 《唐會要》卷三十「大明宮」條，第644頁。
〔註2〕 按，《舊唐書》卷三八《地理志一》「關內道・京師」條亦有關於「三大內」之
記述，所言大致確當，唯所云「皇城在西北隅，謂之西內」明顯錯誤，蓋「西
內」者，太極宮是也，太極宮在皇城北面之宮城內是也。歐陽永叔、宋子京《新
唐書》卷三七《地理志一》：「宮城在北……龍朔後，皇帝常居大明宮，乃謂之
西內，神龍元年曰太極宮」云云，即已糾正《舊志》之誤也。《雍錄》卷三「唐
宮總說」條，排比三大內至為精準，云：「唐都城中有三大內：太極宮者，隋
大興宮也，固為正宮矣。高宗建大明宮於太極宮之東北，正相次比，亦正宮
也……太極在西，故名西內。大明在東，故名東內。別有興慶宮者，亦在都城
東南角，人主亦於此出政，故又號南內也。此三內者，皆嘗更迭受朝，而大明
最數。」（第53頁，【宋】程大昌撰，黃永年點校，北京，中華書局，2002。）
關於三大內之地理構成，清人徐松所著《唐兩京城坊考》有更為詳細的說明，
茲據李健超氏增訂之《增訂唐兩京城坊考》（以下簡稱《增訂》為保持所引資
料敘事的完整性，本文凡引用該書內容，均不具體區分徐松原文與李健超氏
增訂文）略述如下：所謂宮城，包括太極宮、東宮、掖庭宮三部分的總稱。
它的位置在長安城的中央最北部。宮城亦曰西內，其正牙曰太極殿。唐龍朔
後，天子常居大明宮，大明宮在宮城東北，故謂大內為西內，景雲元年，改
曰太極宮……興慶宮在皇城之東外郭城之興慶坊，是曰南內，距外郭東垣。（卷
一「宮城」、「興慶宮」，第1～3頁、第35頁，【清】徐松撰，李健超增訂，
西安，三秦出版社，1996。）按，本文「圖一」之「西內」即太極宮，其左
右兩側分別為東宮、掖庭宮，各以一道南北方向的高牆與太極宮相隔。宮城

長安城的具體位置，圖示如下（圖一：唐代長安城暨東內、西內、南內位置簡示圖）：

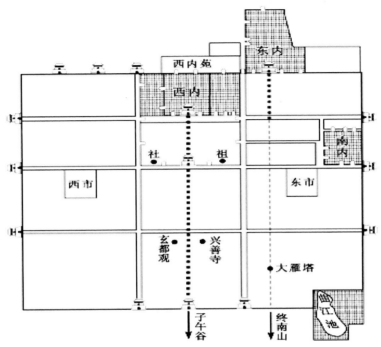

圖一：唐代長安城暨東內、西內、南內位置簡示圖〔註3〕

　　我們這裏所要關注的是，龍朔三年四月「移仗」蓬萊宮含元殿，即聽政地點由太極宮（西內）遷入大明宮（東內）的背景。此次「移宮」的原因，是否真如《唐會要》等諸史所記載的那樣，乃是出於唐高宗身體狀況的考慮？如果是，答案自然簡單多了；如果不是，真正原因又在哪裏？眾所週知，無論古今中外，一個國家或政府移動聽政地點，絕非僅僅將辦公地點從一個地方搬到另外一個地方那麼簡單，必定隱藏有較爲複雜之政治原因，甚而可能意味著政治體制層面上發生重大變化。因此，唐高宗龍朔三年四月「移宮」事件，很可能另有隱情，其原因不可能如《唐會要》等所記載的那樣簡單。本文將結合相關史料記載，對此問題進行探討，進而分析此次「移宮」對唐朝政治所造成的長期影響。

　　之南即皇城，爲「祖」、「社」及百官衙署所在城，宮城與皇城之間，隔以一道東西方向的「橫街」（據《增訂》卷一「皇城」條：街道寬三百步，合441米，既是宮城與皇城之分界線，亦爲二城之間的一個廣場。）

〔註3〕 本圖轉引自任士英、朱士光撰：《從隋、唐長安城看中國古代都城空間演變的功能趨向性特徵》，《中國歷史地理論叢》2005年第4期，第48～56頁。

《唐會要》所載龍朔三年「移宮」的原因，在於太極宮與大明宮在地勢上有所差異，即太極宮因地勢較低而潮濕，大明宮則因海拔較高而乾爽，居住大明宮更加有利於唐高宗的身體健康。原因是否在此？我們首先對兩宮的海拔進行比較，然後再詳加討論。

關於太極宮、大明宮、興慶宮諸宮的地理位置及其地勢，唐人李吉甫在其所著《元和郡縣圖志》中有所記述，或可爲我們探索太極宮、大明宮等興建的原因，及考察其所在之地理形勢提供某些線索，略云：

> 初，隋氏營都，宇文愷以朱雀街南北有六條高坡，爲乾卦之象，故以九二置宮殿以當帝王之居，九三立百司以應君子之數，九五貴位，不欲常人居之，故置玄都觀及興善寺以鎮之。大明宮即聖唐龍朔二年所置。高宗嘗染風痹，以大內湫濕，置宮於斯。其地即龍首山之東麓，北據高原，南俯城邑，每晴天霽景，下視終南如指掌，含元殿所居高明，尤得地勢。大明東南曰興慶宮，玄宗藩邸宅也。〔註4〕

唐長安城即隋大興城，爲隋文帝時宇文愷主持興建。宇文愷利用龍首原以南六條岡阜的自然特點，附會乾卦的六爻，建成太極宮。在宇文愷所確定的「六條高坡」中，九二高坡的地方建成太極宮以爲帝王之居，九三高坡則爲文武百官的辦公機構所在地，至於「九五」高坡，則因爲其地這「貴位」，「不欲常人居之」，故設置玄都觀、興善寺以爲鎮守。後來，唐朝所修建之大明宮，即位於此「九五」高坡之地。

由此可見，無論是太極宮所在之大內宮城，還是文武百司衙署所在之皇城，以及後來的大明宮，均在宇文愷所劃定的「六條高坡」之內，這隱約顯示出上述地域在地形高度上或有差異，但它們之間的差異不應該很大。著名歷史地理學家史念海氏曾對長安城的建造，以及大明宮的興建進行過考察，得出精闢結論，云：「長安城自少陵原北，直至渭河岸邊，是逐漸顯得傾斜的坡地，但並非一直都在傾斜，間有突起的高崗，高崗之間卻較爲平坦，故宇文愷得以從容布置。宇文愷以九二高坡置爲宮城，宮城規模不小，卻未完全據有九二高坡，九二高坡還向東北引伸，唐太宗貞觀初年於其地置永安宮，尋改爲大明宮。這座宮殿『北據高原，南望爽塏，每天晴日朗，南望終南山如指掌，京城坊市街陌俯視如在檻內，蓋其高爽也。』」〔註5〕

〔註4〕 《元和郡縣圖志》卷一《關內道一》「京兆府」條自注，第1～2頁。

〔註5〕 史念海撰：《中國古都和文化》，第506頁，北京，中華書局，1998。

　　史念海氏對於隋唐諸宮所在地勢的判斷，殊爲精當，其中所云「宇文愷以九二高坡置爲宮城，宮城規模不小，卻未完全據有九二高坡，九二高坡還向東北引伸，唐太宗貞觀初年於其地置永安宮，尋改爲大明宮」，對於我們準確理解諸宮地勢之高低十分關鍵。其實，所謂「九五」高坡，也不過是「九二」高坡朝東北方向的自然延伸，也就是說，大明宮與太極宮在地理位置的構成上並無實質性的海拔落差。

　　又徵諸長安城等高線圖（圖二：唐長安城等高線圖），不難發現：410米等高線恰好從太極宮、大明宮中穿過，這清楚地表明兩宮基本處在同一高度。另外，儘管此圖以 5 米作爲間隔，然而 410 米等高線周圍的等高線十分稀疏，這又表明此處地勢很是平緩。如此一來，太極宮、大明宮實際上應該處在相同的海拔高度，所謂「大內（即太極殿所在的宮城西內）湫濕」、「含元殿所居高明，尤得地勢」云云，就很難具有說服力，職此之故，以地勢差異作爲「移宮」之理由，自然就顯得極爲牽強。於是，我們不得不重新考慮龍朔三年「移宮」的眞實背景。

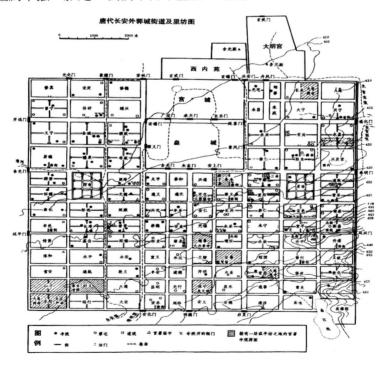

圖二：唐長安城等高線圖〔註6〕

〔註 6〕　本圖採自前揭史念海氏《中國古都與文化》所附之《唐代長安外部街道及里坊圖》，第 492 頁。

二、龍朔三年「移宮」之眞相：帝后權力爭奪

　　既然地勢差異只是龍朔三年「移宮」的藉口，而非其眞正原因。那麼，造成「移宮」的眞實原因，又是什麼？竊意尋繹龍朔三年「移宮」的眞相，應當從唐高宗與武則天權力之爭入手。

　　眾所週知，隨著永徽六年（655）奪宮的勝利，武則天成爲新的大唐皇后，從此便名正言順地涉足唐高宗的政治生活，並開始對大唐皇朝的政治運作造成影響。尤其是隨著唐高宗的身體狀況日趨朝不健康方向發展，他在某些時候不得不主動將一些政務交由武則天代爲處理，武則天干預朝政就不可避免地發生了。不過，我們對於其時武則天政治影響力的估計，不宜過度拔高，儘管武則天參與政治已然屬實，但其間政治大局仍然不出唐高宗的把控。

　　隨著唐高宗身體狀況日漸不佳，武則天對政務的干預越來越多，已經無法避免了。至顯慶（656～660）年間，唐高宗「多苦風疾，百司表奏，皆委天后詳決。自此內輔國政數十年，威勢與帝無異，當時稱『二聖』。」〔註 7〕唐代歷史上所謂「二聖共治」時代，正開始於顯慶時期。「二聖共治」的政治狀態，一方面固然可以說明唐高宗與武則天良好的政治合作關係，另一方面也意味著帝后之間的權力爭奪，已勢所難免。據此我們認爲，唐高宗和武則天之間的權力爭奪，應該開始於「二聖共治」前後。

　　如果說顯慶時期的帝后權力之爭，還處於一種暗戰的狀態，在接下來的龍朔（661～663）年間，武則天與唐高宗的權力爭奪，就開始逐漸浮現到表面。分析龍朔二年（662）修治大明宮，以及次年（663）「移宮」事件，必須聯繫其時帝后權力爭奪的背景考量。易言之，龍朔三年唐朝聽政地點由太極宮移至大明宮，應當與唐高宗、武則天之間的帝后權力爭奪，存在某種聯繫。考慮到「移宮」事件發生於武則天行將全面掌權而權力又未完全穩固之際，因此，我們推測龍朔三年的「移宮」事件，幕後主導人與策劃人很有可能就是武則天，「移宮」被武則天用作同其政治反對者競逐權力的一種手段。

　　綜合考察唐高宗一朝的政治史，其間曾發生過兩次廢黜皇后的政治行動，一次是永徽六年（655）十月廢黜王皇后；一次麟德元年（664）十月，廢黜武則天。史籍對這兩次廢黜皇后的事件，均有較爲詳細的記述，先來看永徽六年廢黜王皇后之事件，史籍略云：

〔註 7〕《舊唐書》卷六《則天皇后紀》，第 115 頁。

初，武皇后貞觀末隨太宗嬪御居於感業寺，（王皇）后及左右數
為之言，高宗由是復召入宮，立為昭儀。俄而漸承恩寵，遂與后及良
娣蕭氏遞相譖毀。帝終不納后言，而昭儀寵遇日厚。后懼不自安，密
與母柳氏求巫祝厭勝。事發，帝大怒，斷柳氏不許入宮中，后舅中書
令柳奭罷知政事，并將廢后，長孫無忌、褚遂良等固諫，乃止。俄又
納李義府之策，永徽六年十月，廢后及蕭良娣皆為庶人，囚之別院。
武昭儀令人皆縊殺之。后母柳氏、兄尚衣奉御（王）全信及蕭氏兄弟，
並配流嶺外。遂立昭儀為皇后。尋又追改后姓為蟒氏，蕭良娣為梟氏。
〔註8〕

再來看麟德元年廢黜武后一事，據《新唐書·后妃傳》略云：

麟德初，后召方士郭行真入禁中為蠱祝，宮人王伏勝發之，帝
怒，因是召西臺侍郎上官儀，儀指后專恣，失海內望，不可承宗
廟，與帝意合，乃趣使草詔廢之。左右馳告，后遽從帝自訴，帝羞
縮，待之如初，猶意其忠，且曰：「是皆上官儀教我！」后諷許敬宗
構儀，殺之。〔註9〕

這兩次廢黜皇后的行動，政治背景自然不同，導火索卻是驚人地相似，都是由
於皇后在宮中行巫蠱之術。第一次，永徽六年廢黜王皇后的行動，曾遭到以長
孫無忌、褚遂良為首的宰相集團的強烈反對，支持者僅李義府、許敬宗、李勣
等少數人，其中除李勣政治份量較重（但無法與長孫無忌、褚遂良相比），餘者均屬
人微言輕，然而唐高宗的廢后行動卻取得了最後的成功。第二次，麟德元年廢
黜武則天的行動，從表面上看，其時武則天既無強硬的親族背景，亦未得到宰
相集團的正面支持。但唐高宗聯合宰相所展開的廢后行動，卻以失敗告終。

前後兩次廢黜皇后的政治行動，前後相隔不過短短數年，結果為何大不
相同？

其中原因自然不止一端，但有一點很重要，即武則天通過龍朔三年的「移
宮」事件，在打壓宰相集團勢力的同時，可能已經培植起支持自己的政治實
力，至少通過「移宮」造成了唐高宗與宰相集團之間的政治合作，已經不再
那麼順暢。為便於後面的分析，茲據諸相關史載，將武則天攫取權力的線路，
表列如下（表一：武則天掌權線路表）：

〔註8〕 《舊唐書》卷五一《后妃傳上·高宗廢后王氏傳》，第2170頁。
〔註9〕 《新唐書》卷七六《后妃傳上·高宗則天順聖皇后武氏傳》，第3475頁。

表一：武則天掌權線路表

時　　間	事　　件
永徽六年（655）	「冬十月己酉，廢皇后王氏爲庶人，立昭儀武氏爲皇后，大赦天下。」〔註10〕
顯慶元年（656）	「帝自顯慶已後，多苦風疾，百司表奏，皆委天后詳決。自此內輔國政數十年，威勢與帝無異，當時稱爲『二聖』。」〔註11〕
顯慶五年（660）	十月，「上初苦風眩頭重，目不能視，百司奏事，上或使皇后決之……由是始委以政事，權與人主侔矣。」〔註12〕
龍朔二年（662）	「龍朔二年，高宗染風痺，以宮內湫濕，乃修舊大明宮，改名蓬萊宮。」〔註13〕
龍朔三年（663）	（四月）二十五日，「始御紫宸殿聽政，百僚奉賀，新宮成也。」〔註14〕
麟德元年（664）	「誅（上官）儀及（王）伏勝等，並賜太子忠死，自是政歸武后，天子拱手而已。」〔註15〕
上元三年（676）	「高宗以風疹欲遜位，令天后攝知國事，與宰相議之。」〔註16〕
弘道元年（684）	十二月丁巳，高宗崩，太子顯即位，「既將篡奪，是日自臨朝稱制。」〔註17〕

　　在永徽六年十月被冊立爲皇后之前，武則天爲獲得參政權力進行過十分艱苦的努力，卻一直沒有能夠真正接觸政治事務，更談不上弄權干政。武則天真正接觸政治權力，是在她被冊立爲皇后之後，也就是從顯慶時期開始。自顯慶年間開始干政，到麟德元年（664），唐高宗聯合上官儀準備廢黜武則天時，其間只不過有短短的幾年時間（若從 656 年算起，有 8 年左右；若從 660 年算起，則只有 5 年左右），也就是說，武則天接觸政治權力僅四五年時間，不僅已經引起唐高宗的警覺，甚至讓唐高宗萌生將之廢黜的想法，這隱約透露出武則天對於政治的干預，已然超出唐高宗的容忍限度。

〔註10〕　《舊唐書》卷四《高宗紀上》，第 74 頁。
〔註11〕　《舊唐書》卷六《則天皇后紀》，第 115 頁。
〔註12〕　《資治通鑒》卷二〇〇唐高宗顯慶五年（660）十月，第 6322 頁。按，此條材料與前揭《舊紀》所載顯慶元年「帝自顯慶已後……當時稱爲『二聖』」，實爲同一內容。《資治通鑒》將這條史料放到顯慶五年敘述，蓋因其編年體敘事體例的緣故。本文爲顯示武則天「掌權」的脈絡，故將此條史料分兩次列出。特此說明。
〔註13〕　《唐會要》卷三十「大明宮」條，第 644 頁。
〔註14〕　《唐會要》卷三十「大明宮」條，第 644 頁。
〔註15〕　【唐】劉肅撰：《大唐新語》卷二，第 24 頁，北京，中華書局，1984。
〔註16〕　《舊唐書》卷八四《郝處俊傳》，第 2799 頁。
〔註17〕　《舊唐書》卷六《則天皇后紀》，第 116 頁。

　　然而，當唐高宗下決心準備將廢后行動付諸實施，卻很快以失敗告終，這也就意味著，在短短的四、五年時間裏，武則天不僅牢牢鞏固了皇后地位，而且在與唐高宗的權力爭奪中，已經佔據相對優勢的地位，這似乎預示著大唐王朝的最高權力格局可能已經發生了較大變化。那麼，武則天是如何鞏固自己的政治地位，或曰，如何培植自己的政治勢力呢？

　　拉幫結派、培植私黨，目的在於固位奪權，手段自然不止一端，龍朔三年的「移宮」事件，就是武則天培植勢力、鞏固地位十分重要的一步。相較於太極宮所在的宮城，大明宮與文武百官衙署所在的皇城之間，空間距離進一步拉開，由此直接造成唐高宗與朝臣政治聯繫的更加疏離，以宰相為首的朝臣集團勢力無形中已然受到削弱。與此同時，武則天通過拉攏出身較低之庶族、啓用「北門學士」以分宰相之權等手段，培植起聽命於己的親信力量，這才是麟德元年，皇帝聯合宰相集團竟也不能動搖其皇后地位的關鍵性原因。

　　事實上，龍朔三年「移宮」事件，對於唐朝政治發展的影響不止於此，武則天通過「移宮」在鞏固政治地位、培植政治實力的基礎上，不僅撼動大唐王朝的政治根本，亦奠定了改李家天下改為大周王朝的政治基石。那麼，武則天是如何通過「移宮」，鞏固地位和培植勢力的呢？

　　茲列太極宮和大明宮示意圖如下（圖三：唐太極宮示意圖、圖四：唐大明宮示意圖），以供分析：

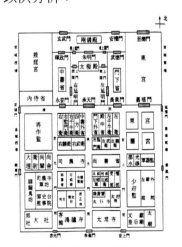

圖三：唐太極宮示意圖〔註18〕

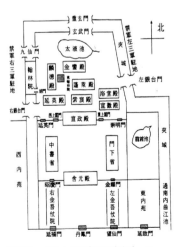

圖四：唐大明宮示意圖〔註19〕

〔註18〕　本圖採自袁剛：《隋唐中樞體制的發展演變》，第204頁，臺北，文津出版社，1994。
〔註19〕　本圖採自前揭袁剛同著，第205頁。

　　結合圖二、圖三、圖四之地理構成，可以看到：龍朔三年「移宮」以後，大明宮取代太極宮成爲唐朝中央政治決策的新中樞，中書、門下兩省隨之一起搬入大明宮，尚書省、九寺五監等中央執行機構（包括中書外省、門下外省在內），繼續留在皇城，由此造成政治運作機制的較大變化，這個變化主要表現爲，中樞決策機構與中央執行機關之間的空間距離，被進一步拉大。當皇帝居太極宮時，尚書省、九寺五監等中央執行機關與中書、門下中樞決策機構之間，僅隔以一道「橫街」（亦即宮城與皇城之間的隔離），彼此間的音訊通傳及人員往來，均較爲方便，尚書省、九寺五監首長觀見天顏的機會亦相對容易。然而，當皇帝移居大明宮以後，不僅尚書省、九寺五監與中書、門下兩省之間的距離被拉開，各省、臺、監、寺長官觀見皇帝也不似原先那麼容易了。

　　另據近年考古發掘資料所顯示，大明宮中朝與外朝的分隔與太極宮明顯不同，太極宮的中朝和外朝之間只有街道作爲隔斷（即宮城與皇城之間隔以「橫街」），大明宮的中朝和外朝之間則建立起高高的宮牆。〔註20〕結合「圖二」可知，隔離「移宮」之後中、外朝的高牆，亦即大明宮南城牆，據今復原之西安大明宮國家遺址公園可見，丹鳳門巍峨高大，以之爲南向主門的城牆同樣高峻挺拔，尚書省、九寺五監之朝參官觀見皇帝時，只能穿過原宮城東側的狹長「複道」後，再從丹鳳門進入大明宮之含元殿；如果要到中書、門下兩省辦事，尚需經過含元殿左右的昭慶門或金耀門才能夠到達。由此可知，太極宮與外朝中央機構所在地皇城之間隔以街道，「移宮」之後大明宮與中央外朝之間隔以高牆，並非僅僅是隔斷形式上的不同，實際上意味著中央權力運作機制，尤其是權力中樞佈局已經發生重大變化。

　　結合相關史料所載，我們可以將龍朔三年四月「移宮」所造成的唐代中央政治權力運作機制的主要變化，概括爲如下三個方面：

　　1. 尚書省政治地位進一步下降。眾所週知，尚書省在魏晉南北朝時期爲決策機構之一，到唐朝初年已經演變爲執行機構，基本退出決策中樞，權力已經大爲削弱；龍朔三年「移宮」以後，尚書省和中書、門下兩省在空間上的距離進一步拉大，從而完全退出中央決策中樞機構的序列，徹底變成一個執行機構。有唐一代，尚書省在中央職官序列中，儘管一直在名義上仍然屬於最高級別的職官，其首長的官品甚至高於中書、門下兩省長官，但因爲不再參與中央決策而實權遠不如以上二省，龍朔三年「移宮」之後，由於徹底

〔註20〕馬得志撰：《唐代長安與洛陽》，《考古》1982年第6期，第640～646頁。

變成執行機構，尚書省的實際政治地位又大幅下降。及至唐代中後期，隨著使職差遣制度的逐漸盛行，尚書省所屬諸司的權力又漸被各使職機構攘奪，其在中央政治權力構成中，地位進一步沒落。

2. 中書、門下兩省的權力也受到一定削弱，逐漸呈現出「外朝」化的趨勢。龍朔三年「移宮」時，中書、門下兩省也隨而一起移入大明宮，政治處境從表面上看強於尚書省，但實際上也受到較大影響，這主要表現為，中書、門下兩省雖一同移入大明宮，但其外圍機構「中書外省」、「門下外省」卻繼續滯留原地〔註21〕，並未一同遷入大明宮，這勢必對兩省的運作機制產生負面影響。因為如「圖三」所顯示，當太極宮作為決策中樞時，中書、門下兩省和它們的外省之間信息通傳較為方便，移入大明宮後，它們之間的交通也變得大為不便。這是中書、門下兩省自身所發生的變化。

另一方面，由於其它一些近侍機構的出現，中書、門下兩省的機要地位也呈現下降的態勢。從「圖四」可知，中書、門下二省位於含元殿之後、宣

〔註21〕 按，前揭袁剛所具列之太極宮、大明宮示意圖（即本文之「圖三、圖四」），經與徐松所撰《唐兩京城坊考》所繪之圖，並參考程大昌《雍錄》所附之「隋大興宮為唐太極宮圖」、「閣本大明宮圖」、「唐西內太極宮圖」、「六典大明宮圖」、「太極宮入閣圖」等相比照，可知袁著所繪之圖，並無舛誤。唯中書、門下兩省先後位於太極宮、大明宮（即位於宮城），與相關正史所載之三省及九寺五監等中央機關全部位於皇城，似乎自成矛盾。其中扞格之處，當作何解釋？抑或徐松、程大昌諸氏所繪宮圖有誤？竊意：中書、門下兩省作為中央決策部門，機構龐大，不可能將全部機關入住於宮城（太極宮或大明宮），而必然是將其核心部分入於宮城，較為龐大的衙署則置於皇城，也就是說，中書、門下兩省實際是分為兩個部分，核心決策部分置於宮城大內，具體辦事機關則置於皇城。至於尚書省，則因為是執行機關，故置於皇城，而不能入宮城也。何以言之？決策機關分為兩個部分，其實自漢魏之際三省制開始形成時即然，如尚書省在還是決策機構的漢魏時期，即分為「尚書上省」和「尚書下舍」兩個部分（據唐人徐堅《初學記》〔北京，中華書局，1962。〕卷一一「尚書令」條引《十洲記》云：「崇禮門在東掖門內，路西即尚書上省。崇禮門東、建禮門內，即尚書下舍之門。」）「尚書上省」、「尚書下舍」的區別在哪裏，因史料侷限，一時還難以釐清，但有一點可以肯定，即：作為一個龐大的中央機關，即使它是決策機構，也不可能將所有辦事機構和辦事人員都彙聚於宮城，因為宮城畢竟空間有限，無法容納，故只有將其分割成為幾個部分。到了隋唐時期，尚書省變成執行機關，中書、門下成為中央決策機構以後，同樣可能分成兩個部分，即位於宮城大內的中書省、門下省，以及位於皇城的「中書外省」、「門下外省」，兩省及其外省是何關係？諸史無載，竊意位於大內的中書省、門下省為核心決策部分，外省則為其外圍機構，隨著中書、門下省移入大明宮，它們與其外圍機構中書外省、門下外省之間的溝通，也不如從前近便，從而影響到兩省職能的發揮。

政殿之前，含元殿爲大朝會之處，宣政殿爲皇帝常朝之所，兩省長官參加大朝會或常朝均較爲近便，但如果要參加機密性要求更高的紫宸殿會議（稱「入閣」）或延英殿會議，就不是那麼方便了。與「北門學士」以及後來的翰林院學士等相比，中書、門下兩省長官參與核心決策或是與皇帝當面決策的機會，大爲不及，因此兩省就在實際上呈現出「外朝化」的趨勢，作爲百官之長，中書、門下兩省長官參與核心決策機會的減少，只能意味著宰相權力的削弱和政治影響力的下降。

　　3. 造成南衙系統官員與皇帝關係的疏遠。由於大明宮建築佈局的特點，中書、門下兩省爲主體的「南衙」官員因爲與皇帝空間距離上的疏遠，及兩省機構自身的割離，而呈現「外朝化」趨勢，由此進一步造成皇帝與南衙系統官員之間的關係無形中也日漸疏遠。然而，政治事務並不會因爲南衙系統官員的疏離而有所減少，日趨繁多的政務需要相應的辦事人員承擔，於是「北門學士」的政治作用一時凸顯，在一定程度上攘奪宰相的部分權力。按，由於皇權專制政治體制的特點，皇帝經常起用身邊親近而地位不高的官員並委以重任，從而造成某一職官機構的崛起和發展，這一點已經爲漢唐職官制度的發展歷史所證明，從西漢武帝時期的尚書取代三公，再到魏晉之際的中書、門下分割尚書權力，都是如此。因此，龍朔三年「移宮」，如果從形式上看，不過是歷史的又一次重演，亦即以新的親信攘奪三省爲首的權力而已。在武則天被確立爲皇后之後，到唐高宗試圖聯合上官儀將其廢黜的幾年時間裏，這些看似卑微的「北門學士」，在幫助武則天穩固權力的過程中實是大有力焉，「移宮」則進一步增強他們在政治上的作用。〔註22〕

〔註22〕　按，唐代「北門學士」的性質爲何，究竟屬不屬於唐代職官體系中的一員？史籍所載確有含混之處，如《舊唐書》卷四三《職官志二》「中書省・翰林院」條下有云：「乾封中，劉懿之劉禕之兄弟、周思茂、元萬頃、范履冰，皆以文詞召入待詔，常於北門候進止，時號北門學士。」（第1853頁）後晉史官的說法，語意含混，似是而非，但其既將「北門學士」列入「中書省・翰林院」條，表明其傾向認爲這是一種職官。對於「北門學士」的性質，宋人程大昌（1123～1195）曾有過論斷，云：「唐世嘗預草制而眞爲學士者，其別有三，太宗之洪文館（按，即弘文館），元宗（按，即玄宗）之麗正、集賢，開元二十六年以後之翰林，此三地者，皆置學士，則是實任此職，眞踐此官者也。若夫乾封間號爲北門學士者，第從翰林院待詔中選取能文之士，特使革制，故借學士之名，以爲雅稱，其實此時翰林未置學士，未得與洪文、集賢齒也，故曰北門學士，言其居處在在洪文、集賢之北也。其曰北者，大明一宮皆在太極（宮）東北，而翰林院又在大明宮之北，觀其地位，謹並北范牆南，則其

　　由此我們可以得出結論認爲，唐高宗龍朔三年的「移宮」事件，其眞實背景乃是武則天爲穩固權力地位所採取的一項重要政治舉措，正是通過這次「移宮」，武則天不僅排擠和打擊了對她掌權干政進行百般阻撓的宰相集團，進一步穩固了自己皇后的地位，使得唐高宗聯合宰相集團亦不能將其搖動；進而，「移宮」又發展壯大了武則天的政治勢力，爲以後武則天以周代唐奠定了政治上的基石。龍朔三年的「移宮」充分體現了武則天的政治智慧，因爲它將以上所有這些政治變動，全部巧妙地隱藏在皇帝住所的變動中，而皇帝住所變動的藉口又是如此冠冕堂皇，乃是出於對皇帝身體健康的考慮，可謂高明之極！

入内雖自西銀臺，入而皆在洪文、集賢之北也。」（前揭《雍錄》卷四「南北學士」條，第73～74頁）很顯然，在程大昌看來，「北門學士」只是借學士之名，以爲雅稱，並非眞有「北門學士」之職也。清代四庫館臣言及《全唐詩》「元萬頃」小傳，則明確指出：「按，《舊唐書》本傳作：『會赦還，拜著作佐郎，入禁中修撰，朝廷疑議皆令參決，以分宰相之權，時人謂之北門學士。』非有官名北門學士也。此誤。」（【清】王太岳等纂輯：《欽定四庫全書考證》卷九十八《集部‧御定〈全唐詩〉》，上海古籍出版社縮印文淵閣四庫全書《集部考證四》，第1500冊第611頁），四庫館臣的說法是否受到程大昌的影響，不得而知，但其對「北門學士」性質的判斷，卻與程氏不謀而合。

　　現代學界對「北門學士」一職的性質，已頗有關注者，如劉健明氏《論北門學士》（《中國唐史學會論文集》，西安，三秦出版社，1989。）、李方氏《唐李元規墓誌所見的北門學士》（《文物》1992年第9期）、李福長氏《唐代學士與文人政治》（長沙，嶽麓書社，2005。）。上述學者研究路徑、學術觀點不盡相同，但都認爲「北門學士」乃是唐代一種職官或「使職差遣」（如劉健明氏指出，「北門學士」作爲一種職官，始設於上元年間；李方氏云：「北門學士」是唐高宗時武后爲順利干政而權置的一種差遣職」；李福長氏則說：「北門學士」或許不是一個嚴格意義上的政治職官設置，而是武則天時期出現的一種臨時差遣的職務。）趙文潤氏、王雙懷氏則指出：「『北門學士』與弘文館學士與翰林學士不同，不是職官名稱，而是當時人對這批『文學之士』的稱呼。」（《武則天評傳》，第86頁，西安，三秦出版社，2000。）上述諸說，筆者贊同趙文潤、王雙懷兩氏的判斷。有關「北門學士」的最新研究成果，爲好友孔祥軍博士所撰《唐代「北門學士」新探》一文，孔文通過對相關文獻典籍的考索，結合對學界已有成果的詳細梳理考辨，對「北門學士」之成立時間、性質、作用、影響進行了全方位剖析，得出「北門學士」並非職官名稱，亦非使職差遣，而是臨時設置以供自己驅使的特殊官員群體，「北門學士」之產生，完全出於武則天奪權之政治需要，故武則天一俟政權穩固，「北門學士」即消逝於歷史舞臺等重要結論。因謬承孔博士相邀閱審大作，故得以提前拜讀，並從中深受教益，謹此致以謝忱。（按，該文係孔博士參加「2013年中國‧廣元 國際武則天學術研討會暨中國武則天研究會第十一屆年會」而提交的大作，今已刊登於王雙懷、梁詠濤主編：《武則天與廣元》，第139～147頁，北京，文物出版社，2014。）

唐高宗龍朔三年的「移宮」事件，也是唐代中樞政局所發生的最大變動之一，其影響可謂深遠。武則天爲鞏固本人權力，曾經採取過很多措施，如風聞、酷吏之類，但是這些措施的影響，多數只表現在一時一事，龍朔三年的「移宮」，其影響卻一直持續到唐末。關於這一點，本文接下來將作進一步分析。

三、龍朔三年「移宮」之影響：南衙北司之爭與皇位繼承制度的變化

唐高宗龍朔三年「移宮」，大唐皇朝的聽政地點由太極宮轉移到了大明宮，中央決策地點所發生的這個變化，直接引了唐朝中央權力重心的轉移，這是因爲中央各司的位置及各司成員的政治地位也隨之發生了變化。由武則天所操縱主持的龍朔三年「移宮」事件，對此後大唐皇朝的中樞體制及政治運作產生了深刻影響，這些影響主要可以概括爲如下幾個方面：

（一）三省地位發生改變

龍朔三年「移宮」，尚書省及九寺五監等中央執行機構的位置，均未發生變動，繼續留居原處；中書省、門下省雖然一起移入大明宮，但其外圍機構中書外省、門下外省也仍然留在皇城原來位置；由於大明宮的特殊佈局結構，中書、門下兩省雖一同移入大明宮，但在權力構成上卻呈現出「外朝化」的趨勢，和由「翰林院」等機構所組成的新中朝之間，也間隔以重重門禁。以上諸般變化，直接造成唐代三省運作機制發生顯著變化：一方面，尚書省與中書、門下兩省之間空間距離拉大，彼此之間的訊息通傳效率下降；另一方面，三省與與皇帝之間的政治距離，也被無形中進一步拉開。

正是由於中央中樞體制所發生的上述變化，儘管唐代從來沒有降低三省地位之明文規定，但由於和皇權的逐漸疏遠，三省的實際政治地位呈明顯下降趨勢，則是不爭之事實。徵諸史載，原爲宰相的三省長官，其權力逐漸遭到侵奪，正開始於唐高宗時期，尤其是龍朔三年「移宮」之後，三省權力的下降呈加速之勢。其中最明顯的一點是，三省長官如果不加「同中書門平章事」或「同中書門下三品」之頭銜，就已經不再是宰相了。後人在論及這個變化時，常引用《舊唐書》中有關中書令職掌變化的一條史料，略云：

> 武德、貞觀故事，以尚書省左右僕射各一人及侍中、中書令各二
> 人，爲知政事官。其時以他官預議國政者，云與宰相參議朝政，或云

平章國計，或云專典機密，或參議政事。貞觀十七年，李勣爲太子詹事，特詔同知政事，始謂同中書門下三品。自是，僕射常帶此稱。自餘非兩省長官預知政事者，亦皆以此爲名。永淳中，始詔郭正一、郭待舉、魏玄同等，與中書門下同承受進旨平章事。自天后以後，兩省長官及同中書門下三品并平章事，爲宰相。其僕射不帶同中書門下三品者，但釐尚書省而已。總章二年，東臺侍郎張文瓘，西臺侍郎戴至德等，始以同中書門下三品著之入銜。自是相承至今。永淳二年，黃門侍郎劉齊賢知政事，稱同中書門下平章事，自後兩省長官，及他官執政未至侍（中）中書令者，皆稱同中書門下平章事也。〔註23〕

據此可知，武德（618～626）、貞觀（627～649）時期，眞正的宰相爲尚書左、右僕射、中書令（中書省首長）、侍中（門下省首長），共四人，當時雖然也有「以他官預議國政」，但均屬臨時性參議朝政，肯定不能算作宰相。貞觀十七年（643），李勣以太子詹事之職，特詔同知政事，始有「中書門下三品」之稱謂，儘管這只是一個特例，卻隱約預示出唐朝宰相制度將要發生某種變化。果然，從李勣特詔同知政事以後，尚書僕射已不再成爲宰相，他們要成爲宰相，就必須帶此「同中書門下三品」的職銜。這就在事實上宣告尚書省地位的下降，而此時的中書令、侍中則一仍其舊，也就是說，中書、門下兩省長官仍爲「天然」宰相。其他所有官員，只要不是中書、門下兩省長官（中書令、侍中）者，如果要想「預知政事」，那就必須帶「同中書門下三品」之銜。

然而，尚書省地位下降的命運，終於還是在中書、門下兩省重演，因爲從永淳（682～683）時期開始，即便是中書、門下兩省長官，也必須帶「同中書門下三品」或「同中書門下平章事」，否則就不再是宰相了。考察唐代宰相制度的這個變化，其發生的時間就在武則天全面把持朝政前後。因爲就在弘道元年（683）十二月初四〔註24〕，唐高宗駕崩辭世，武則天全面接掌大唐朝政。自永淳以後，尚書僕射若不加「同中書門下三品」或「同中書門下平章事」銜，就只能掌尚書事，而不被認爲是宰相，不能參與決策。這就是唐代宰相制度（或曰中樞體制）所發生的重大變化！

〔註23〕《舊唐書》卷四三《職官志二》「中書省」條自注，第1849頁。
〔註24〕據《舊唐書》卷五《高宗紀下》，永淳二年「十二月己酉，詔改永淳二年爲弘道元年。」（第111頁）據諸陳垣氏《二十史朔閏表》，唐高宗永淳二年十二月甲寅朔，不可能有「己酉」，陳垣氏已然指出，「舊紀正甲午，不合，十二月丁巳改元弘道。」（前揭《二十史朔閏表》，第90頁）十二月丁巳，即十二月初四。

　　及至唐玄宗開元以後，隨著使職差遣制度的流行，中書、門下長官參與中樞決策的機會也越來越少了。其時之宰相，儘管仍然是事無不統的最官職官，但是卻「不以一職名官，自開元以後，常以領他職，實欲重其事，而反輕宰相之體。」〔註25〕再到後來，中書、門下兩省長官由於參與中樞決策的機會越來越少，竟開始從事詔令的執行工作，而這原本是尚書省的職掌，史籍略云：

> 初，三省長官議事于門下省之政事堂，其後，裴炎自侍中遷中
> 書令，乃徙政事堂於中書省。開元中，張說為相，又改政事堂號「中
> 書門下」，列五房於其後：一曰吏房，二曰樞機房，三曰兵房，四曰
> 戶房，五曰刑禮房，分曹以主眾務焉。〔註26〕

中書、門下分五房主事，其機關構成已儼然類似原先尚書省，機構組成的變化，往往意味職能的變化。中書門下（政事堂）的職掌，何以發生如此變化？其中一個重要原因，就是由宮殿佈局的改變所引起。因為當初龍朔三年「移宮」時，尚書省滯留原地，中書、門下二省隨而遷移，為辦事方便及提高決策、行政的效率，遂於「中書門下」設立五房分曹辦事，就不能不成為解決的辦法。這樣一來，就不可避免地動搖了從隋朝就已全面實行的三省六部制，因為中書門下「五房」越俎代庖，侵奪了原本屬於尚書六部的職能。所以說，三省六部制向使職差遣制轉變，一個很重要的原因就在於尚書省失去了執行權，而究其起始原因，竟源於龍朔三年「移宮」所導致的宮殿佈局所發生的變化。

（二）近習權力膨脹

　　龍朔三年「移宮」，造成移入大明宮的中書、門下兩省呈「外朝化」趨勢，兩省與中朝之間有不易逾越的宮牆門禁。在這種情況下，皇帝只能重新倚重其他一些能夠自由出入宮禁的官員，例如能出入禁宮的北門學士、大明宮的中朝官——翰林學士、皇帝身邊的宦官等。

　　徵諸史實，武則天統治期間所倚重的政治力量，在相當長的一段時期主要就是所謂的「北門學士」。眾所週知，武則天自干政乃至全面掌權，經歷了艱苦的鬥爭，因為自其預政伊始，反對派的力量也一直頗為強大。這讓武則天深切感受到，必須培植起為己所用的政治勢力，要實現這個政治目標，首先就要將原本反對自己的人物清除出決策中樞，代之以支持自己的成員。由

〔註25〕《新唐書》卷四六《百官志一》，第1183頁。
〔註26〕《新唐書》卷四六《百官志一》，第1183頁。

於原中央決策中樞的勢力根深蒂固，所以武則天在網羅羽翼的時候，只能從品級較低的官員中物色，唐史上所謂 「北門學士」就應運而生了。據《資治通鑑》唐高宗上元二年（675）三月載：

> 天后多引文學之士著作郎元萬頃、（胡注：唐著作郎，從五品上，掌修撰碑誌、祝文、祭文，屬秘書省。）左史劉禕之等，（胡注：龍朔改起居郎為左史。）使之撰《列女傳》、《臣軌》、《百僚新戒》、《樂書》，凡千餘卷。朝廷奏議及百司表疏，時密令參決，以分宰相之權，時人謂之北門學士。（胡注：不經南衙，於北門出入，故云然。）〔註27〕

從中可知，唐代「北門學士」多以文學見長而品級較低的秘書省著作官員充當，他們的職務本與文化事業聯繫較為密切，與現實政治權力的運作較少關涉，如元萬頃、劉禕之等人，在武則天將他們引入參政之前，主要任務就是供備皇室撰著之用。然而，由於武則天為實現其分宰相之權的目的，遂為這批「北門學士」提供了顯赫於現實政治的機會，北門學士從獲得秘密參決朝廷奏議及百司表疏開始，到後來出入宮禁，全面參與中樞決策運作，其權力擴張的過程，完全出於武則天謀劃奪權的需要。又由於北門學士全為品級較低，且出自非關隴集團的政治新人，因此他們在政治傾向上，完全聽命於武則天。不過，由於「北門學士」之出現，純粹出於武則天奪權之政治需要，因此他們雖然曾經在政治舞臺上活躍一時，終究因為其存在缺少制度層面的保障，故而武則天一俟政權穩固，就會棄之如敝履，「北門學士」在武則天全面掌控朝政以後，很快就完全退出歷史舞臺，原因即在於此。

如果說「北門學士」的出現，只是唐代權力中樞變化過程中轉瞬即逝的一朵浪花，那麼，翰林學士之崛起於政治舞臺，就開始長期影響到大唐帝國中後期權力中樞的運作，進而全面影響其政治歷史發展的走向。考察翰林學士所以崛起的原因，亦可以從龍朔三年「移宮」入手，從某種意義上可以說，翰林院之崛起，正是由大明宮的建築佈局所決定，這是因為大明宮的禁中只有翰林院一個職官機構。儘管宰相也可以進入大明宮延英殿議事，但「延英集議」有時間限制，有事方可到延英議論，事情討論結束，宰相就必須離開。翰林學士與之不同，因為翰林院就設在禁中，翰林學士可以常居於此，因而與皇帝接觸也就最為方便。所以，龍朔三年「移宮」之後，翰林學士受到皇帝的重用，就只是時間早晚的問題了。

〔註27〕 《資治通鑑》卷二〇二唐高宗上元二年（675）三月，第6376頁。

翰林學士可以近距離接觸皇帝，體現在兩個方面，一者，翰林學士可以更為近便、更為主動地當面向皇帝提出建議或意見；二者，皇帝也有條件主動在宮中便殿召見翰林學士，與之商討軍國大政。如唐憲宗元和五年（810）六月，就曾因大臣上奏，而決定在麟德殿召見他們，與之當面謀議大政，史云：

> 六月，甲申，白居易復上奏，以為：「臣比請罷兵，今之事勢，又不如前，不知陛下復何所待！」是時，上每有軍國大事，必與諸學士謀之。嘗踰月不見學士，李絳等上言：「臣等飽食不言，其自為計則得矣，如陛下何！陛下詢訪理道，開納直言，實天下之幸，豈臣等之幸！」上遽令「明日三殿對來」。（胡注：三殿，麟德殿也；殿有三面，故曰三殿。三殿之西即翰林學士院。對來者，言明日當召對，可前來也。時召對廷臣，詔旨率有對來之語。）〔註28〕

我們注意到，李絳之所以要上呈這樣一道奏章，乃是因為唐憲宗經常在大明宮與翰林學士商討軍國大事，已經成為故事或慣例。故而，當唐憲宗逾月不見翰林學士，李絳等人就開始上疏，希望唐憲宗能夠主動「詢訪理道，開納直言」。在接到李絳等人的奏疏以後，唐憲宗作出的反應，也是立即下詔，決定第二天在翰林學士院東邊的麟德殿接見他們。

皇帝會見翰林學士的具體地點，並非只有麟德殿一處，大明宮中的其它殿廷也都具有這方面的功能。如，李絳曾「因浴堂北廊奏對，極論中官縱恣，方鎮進獻之事……（唐憲宗）遽宣宰臣，令與改官，乃授中書舍人，依前翰林學士。」〔註29〕此處所說「浴堂」，指位於紫宸殿東面的浴堂殿，這是說李絳曾在浴堂殿的北廊中，向唐憲宗奏論時政。又如段文昌，唐憲宗時任翰林學士，後遷中書舍人、翰林承旨學士，唐穆宗即位後，「屢召入思政殿顧問，率至夕乃出。俄拜中書侍郎、同中書門下平章事。」〔註30〕這是說唐穆宗曾多次召見翰林學士段文昌，地點則在大明宮的思政殿。又如，唐文宗大和元年（827）三月，「對翰林學士於思政殿。」〔註31〕又如，唐文宗開成三年（838）十一月，「於麟德殿召對翰林學士柳公權、丁居晦，因便授居晦御史中丞。」

〔註28〕 《資治通鑑》卷二三八唐憲宗元和五年（810）六月，第 7676 頁。
〔註29〕 《舊唐書》卷一六四《李絳傳》，第 4287 頁。
〔註30〕 《新唐書》卷八九《段志玄附三世孫文昌傳》，第 3763 頁。
〔註31〕 【宋】王欽若 編：《冊府元龜》卷五八《帝王部·勤政》，第 651 頁，北京，中華書局，1960。

〔註32〕是唐文宗在麟德殿與翰林學士商議朝政，並在議政之後，任命丁居晦為御史中丞。從以上記述可知，皇帝召見翰林學士的地點比較靈活，舉凡大明宮禁內的宮殿均可能成為皇帝與翰林學士議政的場所，然就諸史所載來看，麟德殿、思政殿、浴堂殿則是較為常見的幾個議政場所。

由於大明宮中只有翰林學士院一個職官機構，因此機構單一就成為龍朔三年「移宮」以後中朝的最顯著特點。另外，大明宮在建築構造的佈局方面，也和原太極宮有明顯不同，太極宮的中朝與外朝之區別，主要就在宮城與皇城之間，以中書、門下兩省為代表的「中朝」，與尚書省為代表的「外朝」之間，其間相隔的是「橫街」；大明宮的「中朝」與「外朝」之間，不是高高矗立的宮牆，就是警衛森嚴的重重門禁，以「翰林院」為代表的「中朝」與已經「外朝化」的中書門下之間，訊息通傳尚且不易，更遑論還要經過狹長「複道」才能到達尚書、九寺五監等所在的皇城了。大明宮這種「九重城闕」的建築佈局，就使得能夠和皇帝近距離接觸的人員，局限於更小的範圍之內。

在聽政地點移居大明宮之後，能夠經常和皇帝近距離接觸的人員，除了翰林學士以外，就只有侍奉皇帝日常起居的宦官。眾所週知，宦官專權乃是唐朝中後期政治上的一個突出特點，如果追溯唐代宦官專權的歷史，我以為龍朔三年的「移宮」事件，可能就已經埋下了種子。當然，在武則天以「移宮」之計展開奪權行動，並為此精心設計的大明宮政治格局中，原本並未將宦官考慮在內。然而，由於中央權力機關的佈局深受大明宮建築格局的影響，所以，隨著時間的推移，這種影響還是不可避免地表現出來，宦官專權也終究因此出現於中晚唐的歷史。以下試舉唐文宗大和九年（835）發生的「甘露之事」為例，剖析大明宮建築佈局對唐代宮廷政治，特別是對統治集團內部權力之爭，所造成的重大影響。「甘露之變」諸史記載較詳，茲列《資治通鑑》所載如下，以供分析：

> （太和九年十一月）壬戌，上御紫宸殿。百官班定，韓約不報平安，奏稱：「左金吾聽事後石榴夜有甘露，臣遞門奏訖。」因蹈舞再拜，宰相亦帥百官稱賀。（李）訓、（舒）元輿勸上親往觀之，以承天貺，上許之。百官退，班於含元殿。（胡注：紫宸，內殿也；含元，前殿也。上欲往觀甘露，故百官自紫宸退而出，立班於含元殿，以左、右金吾仗在含元殿前左右也。）日加辰，上乘軟輿出紫宸門，升含元殿。先命宰相

及兩省官詣左仗視之，良久而還。訓奏：「臣與眾人驗之，殆非眞甘露，未可遽宣布，恐天下稱賀。」上曰：「豈有是邪！」顧左、右中尉仇士良、魚志弘帥諸宦者往視之。宦者既去，訓遽召郭行餘、王璠曰：「來受敕旨！」璠股栗不敢前，獨行餘拜殿下。時二人部曲數百，皆執兵立丹鳳門外，訓已先使人召之，令入受敕。獨〔河〕東兵入，邠寧兵竟不至。

　　仇士良等至左仗視甘露，韓約變色流汗，士良怪之曰：「將軍何爲如是？」俄風吹幕起，見執兵者甚眾，又聞兵仗聲。士良等驚駭走出，門者欲閉之，士良叱之，關不得上。士良等奔詣上告變。訓見之，遽呼金吾衛士曰：「來上殿衛乘輿者，人賞錢百緡！」宦者曰：「事急矣，請陛下還宮！」即舉軟輿，迎上扶升輿，決殿後罘罳，疾趨北出。訓攀輿呼曰：「臣奏事未竟，陛下不可入宮！」金吾兵已登殿；羅立言帥京兆邏卒三百餘自東來，李孝本帥御史臺從人二百餘自西來，皆登殿縱擊，宦官流血呼冤，死傷者十餘人。乘輿迤邐入宣政門，（胡注：宣政門，宣政殿門也。）訓攀輿呼益急，上叱之，宦者郗志榮奮拳毆其胸，偃於地。乘輿既入，門隨闔，宦者皆呼萬歲，百官駭愕散出。訓知事不濟，脫從吏綠衫衣之，走馬而出，揚言於道曰：「我何罪而竄謫！」人不之疑。王涯、賈餗、舒元輿還中書，相謂曰：「上且開延英，召吾屬議之。」兩省官詣宰相請其故，皆曰：「不知何事，諸公各自便！」士良等知上豫其謀，怨憤，出不遜語，上慚懼不復言。〔註33〕

結合「圖四」可知，左仗即位於含元殿東側之「左金吾仗院」，李訓等人原本想在此誅殺仇士良爲首的宦官，事情暴露後，仇士良等宦官立即通過金耀門，趕赴宣政殿挾持唐文宗，欲返回宣政殿北面的「禁宮」大內。李訓等人正好相反，他們要想獲得勝利，就必須阻止唐文宗被帶回大內，當時雙方爭奪的焦點，就在於宣政門，即宣政殿的大門。唐文宗能否回到大內，乃成爲當時決定爭奪雙方生死存亡的關鍵，仇士良等人能夠將唐文宗順利帶入宣政殿，並關閉大門，則宦官宣告勝利；李訓等人若能夠將唐文宗帶離宣政門，到達南面的中書、門下二省所在地或含元殿，「挾天子以令諸侯」，則朝官贏得勝利。最終，唐文宗被宦官擡回宮禁，並立即關閉宮門，李訓等人便「知事不濟」，遂走馬而逃，剿滅宦官的行動就此失敗。

〔註33〕 《資治通鑑》卷二四五唐文宗太和九年（835）十一月，第7911～7913頁。

宣政門所以成為雙方誓死力爭的地點，完全由大明宮的建築佈局所決定。據諸「圖四」所示，大明宮的「中朝」（翰林學士院為主）、「外朝」（中書省、門下省為核心）之間有一道以宣政殿為中心的宮牆，以宣政殿為中心，其左為西上閣門、延英門，其右為東上閣門、崇明門，串連這一殿四門的高高宮牆，便隔斷了「中朝」與「外朝」的聯繫。承擔一殿四門守衛工作的禁軍，全部操諸宦官之手。因此，「甘露之變」發生後，以仇士良為代表的宦官，欲將唐文宗挾持回大內宮禁，首先就要穿過宣政（殿）門，或上述其它四門（其它四門平時一般不開），一旦他們回到大內宮禁（即「中朝」所在地），李訓等人就只能束手無策、徒喚奈何了，因為負責宮禁防衛之禁軍，其統帥全部由宦官擔任。在宮禁之內，除了皇帝、嬪妃外，能夠自由出入者就只有宦官，以及人數不多且毫無軍事指揮權的翰林學士。職此之故，一旦掌握兵權的宦官弄權，居於宮禁的皇帝，就很難調動外界力量將其剿滅。

回眸大唐皇朝政治鬥爭的歷史，武則天無論如何也不會想到，當初她為了鞏固權力而將聽政地點從太極宮移至大明宮，卻由此滋生了為害子孫的一大政治禍患——宦官專權；武則天同樣不會想到，她當初為了把宰相排擠出權力中樞，而在中、外朝之間修築起高高的宮牆，在將她本人送到權力頂峰之後，卻也種下了子孫「受制於家奴」的惡果——以宰相為首的朝官因為宮牆的阻隔而與皇帝日趨疏遠，宦官則因可以近距離接觸皇帝，且掌握禁衛軍權而干預中樞決策，從而造成朝官無力和內廷宦官相抗衡的政治局面。

（三）東宮衙署的位置對繼承制度的影響

李樹桐氏在《唐代帝位繼承研究》一文中，曾把唐代帝位繼承分成三個時期，即：前期（從高祖到肅宗）是武力爭取時期；中期（代宗到穆宗）則是嫡長子和平繼承時期；後期（文宗到昭宗）是皇帝由宦官擁立的階段。〔註34〕李氏所言唐朝後期，帝位繼承進入由宦官擁立的階段，其形成原因自然不止一端。我認為主要可以從宦官與皇帝兩方面尋找：

其一，從宦官的角度來說，作為一股特殊政治勢力，宦官集團政治實力坐大，且因為控制中央禁軍，故造成皇帝受制於家奴的政治局面。關於這一點，前文「近習權力膨脹」一節已有所闡釋，茲不贅述。

〔註34〕 李樹桐撰：《唐代帝位繼承研究》，原文刊於臺北中國歷史學會編：《史學集刊》第四期（1972年5月），後收入氏著《唐代研究論集》第一輯，第113～175頁，臺北，新文豐出版公司，1992。

其二，從皇帝的角度來說，可以歸結爲皇帝能力不足，皇帝能力之所以不足，又和大明宮的建築佈局有某種關係。綜合「圖三」、「圖四」所展示，在太極宮的建築佈局中，太子東宮位於宮城右側，與大內（西內太極宮）及百司位置，均甚接近。龍朔三年「移宮」之後，太子東宮並未隨之搬入大明宮，而是繼續留居原地。如此一來，太子在繼承大統前，既不能很好地從老皇帝那裏接受教誨，亦無由在即位前接受足夠的鍛鍊。君臨天下，卻沒有足夠的君王威儀；身爲帝王，只知重用近臣，而無御臣正道；有心剿滅專權宦官，卻沒有精密的通盤考慮，又缺乏得力朝臣的支持。這也就難怪唐朝後期宦官廢立皇帝，易如兒戲了。

綜合以上所論，唐高宗龍朔三年的「移宮」事件，其發生背景及原因，並非如史籍所載的那樣簡單，所謂「高宗染風痹，以宮內湫濕」，顯然只是「移宮」之藉口。「移宮」的眞實背景，乃是武則天爲達到打壓宰相集團、鞏固權力、培植私黨的目的，所採取的一種政治對策。通過龍朔三年的「移宮」，武則天不僅贏得了和唐高宗之間帝后權力爭奪的勝利，進而爲其後來以周代唐打下了堅實的政治基礎。

龍朔三年的「移宮」事件，對唐朝政治所造成的影響十分深遠，絕不止於唐高宗、武則天兩朝，而是一直延續到唐末。龍朔三年的「移宮」事件，對唐朝職官制度、宮廷政治形態等方面都產生不同程度的影響，無論是三省六部制向使職差遣制的轉變，還是唐朝後期皇位繼承制度所發生的變化，均或多或少地與此有關。「移宮」之所以能夠對唐代政治造成影響，又在很大程度上又由大明宮的建築佈局所決定，大明宮建築阻隔「中朝」、「外朝」的佈局特點，不僅直接將翰林學士推上政治前臺，使其在唐朝後期的政壇扮演了重要角色，還進一步弱化了三省長官在權力構成上的地位，促進了使職差遣成爲唐代中後期職官制度發展的主流；大明宮的建築佈局，在造成皇帝與外臣接觸面進一步狹小的同時，卻強化了皇帝和宦官的密切關係，爲宦官擅政專權創造了更加有利的條件，從而嚴重干擾了皇位繼承制度。

河西、隴右、朔方三節度使之軍事地位及其成因

　　唐玄宗開元二十一年（733），對行政區劃進行大規模調整，此次行政區劃調整的指導精神，包括政治、軍事兩個層面。以言政治層面，主要是強化中央對地方的監察權力，具體做法則是將天下劃分為15道，每道置採訪使，檢察非法，如漢代刺史之職；以言軍事層面，主要是強化邊境地區的軍事防衛能力，即「邊境置節度、經略使，式遏四夷」，一共設置了10個節度使（安西、北庭、河西、朔方、河東、范陽、平盧、隴右、劍南、嶺南五府經略使）、3 個經略守捉使（長樂經略使、東萊守捉、東牟守捉）。〔註1〕這些節度使、經略使根據所處的地理位置，分別負責不同邊境地區的軍事安全任務。

　　徵諸學界所論，言唐代軍事制度變革者，每以節度使制度之形成為說項，認為唐代軍事制度由行軍制總管制全面過渡為節度使制，即始於此十節度使之設置。揆諸史實，此論點確乎可信。然而，開元二十一年創置十節度使所蘊含之意義，竊意仍有許多待發之覆，諸如各節度使之戰略地位、戰略任務、彼此之戰略協作、各節度區之軍鎮構成等方面，均有詳加探討之必要。

〔註 1〕　按，《舊唐書》卷三八《地理志一》所說十節度使，實際上只有九個，蓋嶺南五府未稱節度使，而稱嶺南五府經略使，但因地位相當於節度使，故被列入十節度使。十節度使除嶺南五府經略使所轄包括今兩廣及其沿海地區，其餘九節度使全部位於內陸邊境地區。三經略守捉使則全部位於沿海邊境地區，其中長樂經略使由福州刺史兼領，統兵 1500 人，負責守衛今福建、浙江沿海地帶；東萊守捉由萊州刺史兼領，統兵 1000 人，東牟守捉由登州刺史，統兵 1000 人，此二守捉負責守衛今山東及蘇北沿海地帶。

就史籍所透露的信息來看，在開元二十一年正式公佈的十節度使中，河西、隴右、朔方三節度使獲得了最爲重要的軍事地位。所以如此，主要有地緣構成、制度變革和軍事活動三個方面的原因。從地緣構成來說，自宇文泰「關中本位政策」成立起，西北就是軍事佈防重心，朔方、隴右、河西在地緣構成上密邇相連，其下轄之軍鎮共同組成環京畿地區西北方向的半圓形軍事防線，這條軍事防線東西方向呈大縱深形態，在護衛整個京畿西北方向安全的同時，還承擔著通往西域交通孔道安全守衛工作的任務。特別是這條防線的東部，基本上沿黃河河曲一線分佈，直接承擔京畿近郊地區的作戰任務，一旦京畿地區發生較大軍事行動，它們不僅能夠迅速作出反應，而且彼此間相互照應、協同作戰，從而確保京師長安的安全。〔註2〕從制度變革的角度來說，府兵制之破壞及軍鎮、節度使制的成立，都最先發生於這個地區，而軍鎮、節度使制的成立，又爲三節度使地位的上陞提供了制度保證。從軍事活動的層面來說，河西、隴右、朔方因爲地處西北，故而成爲唐朝前期（開元二十一年以前）軍事活動最爲頻繁的地區，在長期的軍事鬥爭中，三節度使轄區集中了唐初最精銳、最龐大的軍事力量，因此可以認爲河西、隴右、朔方最終成爲軍事實力最強的戰略區，乃是唐朝前期軍事活動的必然結果。

本文擬通過對相關史實的考索，對河西、隴右、朔方三節度使之軍事地位及其形成原因這一問題稍作申述，爲進一步探討三節度使彼此之間、三節度使與其他節度區之間的軍事協作關係等相關深層次問題，或可權充引玉之磚焉。

一、三節度使的兵力配置及其地位

爲便於下文展開討論，茲據《舊唐書》卷三八《地理志一》、李吉甫《元和郡縣圖志》的記載，將河西、隴右、朔方三節度使之治所、所轄軍鎮、兵力配置等情況，分別表列如下（表一、表二、表三）：〔註3〕

〔註2〕 按，朔方、隴右與河西三節度使雖然在軍事戰略方向及作戰重點上有所不同，但由於它們都與京師長安所在的關中地區密切相關，因此它們在軍事上有一個共同任務，那就是京畿地區的安全保衛工作，因爲從方位而言，長安西北乃是三節度使的共同防衛方向，這是由於京畿西北方向最容易受到來自吐蕃、党項、迴紇等少數民族侵擾的緣故。

〔註3〕 說明：表中所列各節度使所轄兵員、馬數、方位距離等指標，均爲唐玄宗開元二十一年成立十節度使時之統計數據，表中資料來源爲《舊唐書》卷三八《地理志一》、李吉甫《元和郡縣圖志》（簡稱《舊志》、《元和志》），表格中如出現兩個數字，則前者出自《舊志》，後者出自《元和志》；如只有一個數字，則該數據出自《舊志》，或二志所載相同。

表一：河西節度使所轄軍鎮情況簡表（資料來源：《舊志》、《元和志》）

軍鎮名稱	兵數（人）	馬數（匹）	治　所	今　地
赤水軍	33000	13000	涼州城內	靈州即今甘肅武威
大斗軍	7500	2400	涼州西 200 餘里	今甘肅永昌西南
建康軍	5300 / 5200	500	甘州西 200 里	甘州即今甘肅張掖
寧寇軍	1700	500	涼州東北 1000 餘里	《元和志》作「甘州東北十餘里」
玉門軍	5200/300	600	肅州西 200 里	肅州即今甘肅酒泉
墨離軍	5000	400	瓜州西北 1000 里	瓜州位於在敦煌、酒泉之間
豆盧軍	4300 / 4500	400	沙州城內	沙州即今甘肅敦煌
新泉軍	1000 / 7000		會州西北 200 餘里	會州在今寧夏靖遠，黃河東岸
張掖守捉	500 / 6500	1000	涼州南 200 里	《元和志》作「東去理所五百里」
交城守捉	1000		涼州西 200 里	今甘肅永昌西
白亭守捉	1700		涼州西北 500 里	今甘肅、內蒙交界騰格里沙漠邊緣
總　計	64500 / 73400	17300 / 18800		

表二：隴右節度使所轄軍鎮情況簡表（資料來源：《舊志》、《元和志》）

軍鎮名稱	兵數（人）	馬數（匹）	治　所	今　地
臨洮軍	15000	8000 / 8400	鄯州城內	鄯州即今青海樂都，湟水北岸
河源軍	4000 / 14000	650 / 653	鄯州西 120 里	湟水南岸，今青海西寧附近
白水軍	4000	500	鄯州西北 230 里	今青海大通河流域
安人軍	10000	350	鄯州界星宿川西	湟水上游，今青海湟源西北
振威軍	1000	500 / 0	鄯州西 300 里	（據《地圖集》，當為鄯州南）
威戎軍	1000	50	鄯州西北 350 里	浩亹水（今大通河，黃河支流）北岸

莫門軍	5500	200	洮州城內	洮州即今青海臨潭,在洮水北岸
寧塞軍	500	50	廓州城內	今青海化隆回族自治縣西,黃河北
積石軍	7000	300 / 100	廓州西 180 里	即今青海貴德
鎮西軍	11000	300	河州城內	今青海東鄉自治縣西南,離水西岸
綏和守捉	1000		鄯州西南 250 里	今青海湟中南
合川守捉	1000		鄯州南 180 里	今青海化隆東南,黃河北岸
平夷守捉	3000		河州西南 40 里	今青海和政西北
總　　計	64000 / 74000	10900 / 10603		

表三:朔方節度使所轄軍鎮情況簡表 (資料來源:《舊志》、《元和志》)

軍鎮名稱	兵數(人)	馬數(匹)	治　所	今　地
經略軍	20700	3000	靈州城內	靈州在今寧夏靈武西南,黃河東岸
豐安軍	8000	1300	靈州西黃河外 80 / 180 里	
定遠軍	7000	3000	靈州東北黃河外	今寧夏平羅南
西受降城	7000	1700	豐州北黃河外 80 里	
東受降城	7000	1700	勝州東北 200 里	今內蒙托克托南
安北都護府	6000	2000	中受降城黃河北岸	
振武軍	9000	1600	單于都護府城內	今內蒙托克托南〔註4〕
總計	64700	14300		

　　鑒於《舊志》與《元和志》所載不盡相同,故這裏首先對三節度使所屬兵馬數略加考證:

　　河西節度使:《舊志》云:「河西節度使治,在涼州,管兵七萬三千人,馬萬九千四百疋,衣賜歲百八十萬疋段。」《元和志》:河西節度使「都管兵七萬三千人,馬萬八千八百匹。」表三中的統計數字,據《舊志》所統計的數字為:兵 64500 人、馬 17300 匹;據《元和志》所統計的數字為:兵 74100

〔註 4〕 按,據《中國歷史地圖集》第五冊《唐 京畿道關內道南部》所示,東受降城、振武軍所在地基本一致,均在今內蒙古托克托以南,黃河東岸。

人、馬 18800 匹。河西節度使每年「衣賜」等軍費開支，《舊志》所載爲 180 萬匹段，《元和志》無載。綜合二志，河西節度使所轄兵馬數當爲：兵 74000 人、馬 18800 匹，軍費開支 180 萬匹段。

隴右節度使，《舊志》云：「隴右節度使，在鄯州，管兵七萬人，馬六百疋，衣賜二百五十萬疋段。」《元和志》：開元二十一年置隴右節度使，「都管兵馬七萬五千人，馬一萬六百匹，衣賜二百五十一萬匹段」。表二中的統計數字，如據《舊志》則各軍府、守捉所統兵數相加共 64000 人，馬 10900 匹；據《元和志》所統計得出的結果是：兵數 74000 人，馬 10603 匹。比較可知，74000 比起 64000 與「七萬」、「七萬五千」更爲接近，馬數 10603，也與「一萬六百匹」更爲接近，因此，《舊志》馬匹數應當漏掉「萬」字。因此，綜合二志所載，隴右節度使所管兵馬數應爲：75000 人、10600 匹，每年「衣賜」等軍費開支則爲 250 萬匹段 (其中《元和志》「衣賜二百五十一萬匹段」當衍「一」字，應爲「二百五十萬匹段」)。

朔方節度使，《舊志》云：「朔方節度使，治靈州，管兵六萬四千七百人，馬四千三百疋，衣賜二百萬疋段。」《元和志》：「朔方節度，管兵六萬四千七百八人，馬二萬四千三百匹。衣賜二百萬匹段。」據表中統計數字，可知：《舊志》所言馬匹數「四千三百疋」，前面少一「萬」字；《元和志》所言兵數衍一「八」字，馬數「二萬四千三百匹」當爲「一萬四千三百匹」。綜合二志所載，朔方節度使所轄兵馬數應爲：兵 64700 人、馬 14300 匹，每年「衣賜」等軍費開支爲 200 萬匹段。

爲直觀起見，茲據上述分析結果，將三節度使的軍鎮設置、兵員、馬匹、軍費開支等兵力構成情況，簡表示之如下 (表四：朔方、隴右、河西三節度使兵力構成簡況表)：

表四：朔方、隴右、河西三節度使兵力構成簡況表

節度使名稱	軍鎮（守捉）數	兵數（人）	馬數（匹）	軍費開支（匹段）
朔方節度使	7	64700	14300	200 萬
隴右節度使	13	75000	10600	250 萬
河西節度使	11	74000	18800	180 萬
總　　計	31	213700	43700	630 萬

「表四」所列數據，即唐玄宗開元二十一年創設十節度使時，朔方、隴右、河西三節度使的軍鎮、兵力配置、軍費開支等情況。由此可以分析三節度使在

其時大唐帝國武裝力量構成中的軍事地位，特別是在野戰軍團中的軍事地位。為此，我們需先瞭解當時唐朝的野戰軍團組成情況，據《舊唐書‧地理志》云：

> 開元二十一年……於邊境置節度、經略使，式遏四夷。（自注：凡節度使十，經略守捉使三。）大凡鎮兵四十九萬人，戎馬八萬餘疋。每歲經費：衣賜則千二十萬疋段，軍食則百九十萬石，大凡千二百一十萬。（自注：開元已前，每年邊用不過二百萬，天寶中至於是數。）〔註5〕

以上十節度使（按，其中嶺南地區為嶺南五府經略使，由於其級別同於九節度使，故《舊志》及相關史籍均徑言十節度使）和三個經略守捉使所轄兵馬，構成了當時唐朝野戰軍團的全部。為直觀起見，茲據《舊志》將唐玄宗開元二十一年野戰軍團的軍鎮設置、兵員馬匹、軍費開支、戰略任務等情況，表列如下（表五：開元二十一年唐野戰軍團情況簡表）：

表五：開元二十一年唐野戰軍團情況簡表

節度使名稱	軍鎮數	兵數（人）	馬數（匹）	軍費開支（匹段）	戰略任務	軍鎮名稱（兵/馬）
安西節度使	4	24000	2700	62 萬	撫寧西域	龜茲、焉耆、于闐、疏勒
北庭節度使	3	20000	5000	48 萬	防制突騎施、堅昆、斬啜	瀚海（12000 / 4200）、天山（5000 / 500）、伊吾（3000/300）
河東節度使	5+3〔註6〕	55000	14800	126 萬 + 軍糧 50 萬石	掎角朔方，以禦北狄	天兵（30000 / 5500）、大同（9500 / 5500）、橫野（3000 / 1800）、岢嵐（1000），雲中守捉（7700 / 2000），忻州（7800）、代州（4000）、嵐州（3000）
范陽節度使	9	93500	6500	80 萬+ 軍糧 50 萬石	臨制奚、契丹	經略（30000 / 5400）、威武（10000 / 300）、清夷（10000 / 300）、靜塞（16000 / 500）、恒陽（3500）、北平（6000）、高陽（6000）、唐興（6000）、橫海（6000）

〔註5〕 《舊唐書》卷三八《地理志一》，第 1385 頁。

〔註6〕 按，表中「5+3」，意指河東節度使下轄武力包括 5 個軍鎮（天兵、大同、橫野、岢嵐四軍，雲中守捉），3 州兵馬（忻、代、嵐三州）。

平盧節度使	4	34800	5300	不詳	鎮撫室韋、靺鞨	平盧（16000／4200）、盧龍（10000/300），榆關守捉（300/100），安東都護府（8500／700）
劍南節度使	6+1+8〔註7〕	30900	2000	80萬+軍糧70萬石	西抗吐蕃，南撫蠻獠	天寶（1000）、平戎（1000）、昆明（5100／200）、寧遠（300）、澄川（2000）、南江（300），團結營（14000／1800），松州（2800）、維州（500）、雅州（400）、黎州（1000）、悉州（5000）、姚州（300）、蓬州（即柘州500）、翼州（500）
嶺南五府經略使〔註8〕	2+4〔註9〕	15400	0	0	綏靜夷獠	經略軍（5400）、清海軍（2000），桂管（1000）、容管（1100）、安南（治安南都護府，即交州4200）、邕管（700）
河西節度使	11	74000	18800	180萬	斷隔羌胡	詳見「表一」
隴右節度使	13	75000	10600	250萬	以備羌戎	詳見「表二」
朔方節度使	7	64700	14300	200萬	捍禦北狄	詳見「表三」
長樂經略使		1500				福州刺史兼領

〔註7〕 按，表中「6+1+8」，意指劍南節度使下轄武力包括6個軍鎮（天寶、平戎、昆明、寧遠、澄川、南江），1個團結營，8個州（松、維、蓬、恭、雅、黎、姚、悉）。

〔註8〕 《舊唐書》卷三八《地理志一》：「嶺南五府經略使，綏靜夷獠，統經略、清海二軍，桂管、容管、安南、邕管四經略使。（自注：五府經略使治，在廣州，管兵萬五千四百人，輕稅本鎮以自給。經略軍，在廣州城內，管兵五千四百人。清海軍，在恩州城內，管兵二千人。桂管經略使，治桂州，管兵千人。容管經略使，治容州，管兵千一百人。安南經略使，治安南都護府，即交州，管兵四千二百人。邕管經略使，管兵七百人。）」（第1389頁）嶺南五府經略使的軍費開支，由其自行解決，即「輕稅本鎮以自給」。

〔註9〕 按，表中「2+4」，意指嶺南五府經略使下轄武力包括2個軍鎮（經略、清海），4個經略使（桂管、容管、安南、邕管）。

東萊守捉		1000			萊州刺史兼領
東牟守捉		1000			登州刺史兼領
總　　計	80	490800	80000	1196 萬	

　　「表五」統計數字，與前引《舊志》所載基本相符合，即有野戰軍 49 萬人、戰馬 8 萬餘匹，每年「衣賜」1196 萬（按，此數字與 1210 萬相差僅 14 萬匹段，這 14 萬匹段有沒有可能是平盧節度使的每年「衣賜」？《舊志》未載平盧節度使「衣賜」數，《元和志》「河北道四」因為亡佚，亦無從查考。不過，有一點可以肯定，即平盧節度使承擔著「鎮撫室韋、靺鞨」的重要軍事任務，不可能沒有「衣賜」，但這樣又有一個問題：平盧節度使野戰軍團數量較大，14 萬匹段的「衣賜」似乎與其軍事地位又不相稱。俟考。）這是唐玄宗開元、天寶時期的野戰軍團數量及每年的軍費開支數。

　　綜合以上諸表所載統計數字，我們約略可以瞭解河西、隴右、朔方三節度使在當時的軍事地位。三節度使所轄之軍鎮數共 31 個，約占全國總數（共 80 個）的 39%〔註10〕；野戰軍兵數為 213700，約占全國野戰軍總數（共 490000 人）的 44%；戰馬 43700 匹，約占全國總數（共 80000 匹）的 53%；「衣賜」等軍費開支 630 萬匹段，約占全國總支出（1210 萬匹段）的 52%。從這組數據可以清楚地看到，在唐玄宗開元二十一年成立節度使時，河西、隴右、朔方三個節度使所轄之野戰軍團，無論是軍鎮設置、兵員、馬匹之配置，還是軍費開支，均佔據全部野戰軍團中的大部分，其中馬匹、軍費開支的數量均超過了全國總數的 50%，由此可見三節度使在大唐帝國軍事戰略配置方面的地位之重。

　　不過，我們更應關注的是，三節度使軍事戰略地位重要性形成的原因。

　　我認為要準確把握河西、隴右、朔方三節度使在當時野戰軍團中的重要地位，首先要對唐朝前期國家軍事戰略有所認識。為此，我們先從宏觀的戰略方向，將唐朝邊境軍事防區劃分為西北、東北、東南、西南四個軍事戰略區。〔註11〕其中西北戰區下轄：安西、北庭、朔方、隴右、河西共 5 個節度

〔註10〕　「表五」中的 80 個軍鎮，並不完全是專職軍鎮，其中包括一些能夠指揮野戰部隊的州（如河東節度使所轄的忻、代、嵐三州，劍南節度使所轄的八個州），如果將這些州排除在外的話，那麼朔方、隴右、河西三節度使所轄軍鎮數所佔的比例更高，接近 45%。

〔註11〕　王永興氏在《唐代前期軍事史略論稿》（北京，崑崙出版社，2003。）一書中，曾專章討論「開天時期的軍事格局」，將開天時期的軍事格局分為西北、北疆、東北、西南四大軍事格局，並分別指出其職能，略云：「1. 西北軍事格局，此

使；東北戰區下轄：范陽、河東、平盧 3 個節度使；西南戰區下轄：劍南節
度使；東南戰區下轄：嶺南五府經略使。在這四個戰略區中，西北、東北二
區和東南、西南二區在軍事力量的配備上，呈明顯的不對稱狀態，西北、東
北二區遠遠強過東南、西南二區。

其次，我們還要注意歷史傳統方面的因素。從這個角度來說，唐朝國防
力量的重心落在西北、東北，具有一定的歷史繼承性。自秦漢以來，中原王
朝的軍事佈防基本上沿著東起今山海關、西至今甘肅嘉峪關的一條貫穿東北
到西北的弧形戰線展開。〔註 12〕這是因為能夠對中原王朝構成實質性威脅的
力量，一直就是游弋在這條弧形戰線附近的北方草原游牧民族。

就唐朝來說，還有更為現實的原因，這個現實原因就是自唐朝建國起，
西北地區一直就是軍事防衛的重點區域。這一點恰如陳寅恪氏所指出的那
樣：「李唐承襲宇文泰『關中本位政策』，全國重心本在西北一隅，而吐蕃強
盛延及二百年之久。故當唐代中國極盛之時，已不能不於東北方面採取維持
現狀之消極策略（見下論高麗事節），而竭全國之武力財力積極進取，以開拓
西方邊境，統治中亞細亞，藉保關隴之安全為國策也。」〔註 13〕循陳氏所論
可知，首都長安所在關中地區既為全國政治、經濟、軍事之中心，保衛京師
及其近畿之安全，從開國起即已成為大唐帝國的基本「國策」，吐蕃長期強盛
給西北邊疆所造成的持續壓力，則直接決定在西北戰區佈防重兵，就成為大
唐帝國國家戰略安全的必然選擇。

格局包括河西節度、北庭節度、安西四鎮節度……防制吐蕃侵略為河西節度、
安西節度、北庭節度的共同職能，為此，三節度構成西北軍事格局……2. 北
疆軍事格局，此格局包括朔方節度與河東節度，因二者均以防禦突厥為其共
同職能，但以朔方節度為主。3. 東北軍事格局，此格局包括范陽節度與平盧
節度，因二者均以防禦東北疆外蕃族為其共同職能，但以范陽節度為主。4. 西
南軍事格局，此格局包括隴右節度與劍南節度，因二者均以防禦吐蕃為其共
同職能，但以隴右節度為主。」（第 167～171 頁）本文所劃分之四個軍事戰
略區，側重自然地理方位，故與王氏四大軍事格局的劃分方法或有不同，但
在關注各節度之間的戰略協作方面，則不無相通之處。

〔註12〕 這條弧形戰線以長城為核心，在南北方向上往往隨中原與北方游牧民族力量
對比的強弱而作南北伸縮，但總體上看，南北縱深不大；東西方向也有一定
變化，東北或延伸到遼河流域，西北或越過敦煌，進入到今新疆維吾爾自治
區。不過，對於中原政權來說，這延伸的區域通常情況下都無法實施切實有
效的統治，均帶有羈縻性質。

〔註13〕 陳寅恪撰：《唐代政治史述論稿》下篇《外族盛衰之連環性及外患與內政之關
係》，第 130 頁，上海，上海古籍出版社，1982。

　　不過，僅從上述國家戰略和歷史傳統兩個因素詮釋三節度使軍事戰略地位之重要性，畢竟顯得過於寬泛。實際上，開元二十一年創設十節度使時所形成的這條重心落在西北的軍事防線，更有其特定的歷史背景。我認爲，正式形成於開元二十一年的重心落在西北、東北（尤其是西北）地區的軍事佈防形勢，既是府兵制破壞背景下大唐帝國對軍事部署進行調整的結果，更是唐朝前期一系列軍事活動的結果，其形成具有一定的必然性。

二、新軍事制度變革與三節度使地位之形成

　　除上述國家戰略和歷史傳承兩個方面的因素之外，河西、隴右、朔方三節度使軍事地位重要性之形成，還有其制度層面的原因。揆諸史實，隋唐時期府兵制度的漸趨破壞，以及爲適應形勢變化而進行的新軍事制度變革，乃是三節度使重要地位形成的時代背景。

　　創始於西魏北周的府兵制度，也是行用於隋至唐代前期的主要軍事制度。以西魏北周而言，其時府兵之主要職責，在於對外征討攻戰以及宿衛京師，至於地方鎮守等軍事任務，則由「鄉兵」維持。但是，府兵制度到隋文帝統治時期即已顯示出弊端，儘管在開皇年間因爲用兵突厥而一時維持這一徵兵制度，然而，到隋煬帝東征高麗的時候，由於大規模兵敗師喪，加上士兵逃亡無數，就已經在事實上宣告，府兵制度已無法適應形勢發展的需要，不得已只好改爲募兵以彌補府兵兵源之枯竭了。〔註14〕唐朝建立後，府兵制度不能滿足其時軍事行動需要的狀況進一步凸顯，特別是唐太宗貞觀時期對東北、西北同時用兵，隨著邊防陣線拉長，兵力更顯捉襟見肘，府兵軍士疲於奔命，這種情況一直到唐高宗、武則天統治時期都沒有多少實質性改善。

　　關於府兵制之破壞及其不堪使用，《新唐書‧兵志》中有這樣一段表述，云：「自高宗、武后時，天下久不用兵，府兵之法浸壞，番役更代多不以時，衛士稍稍亡匿，至是（按，據同志，指唐玄宗開元六年/718，是年「始詔折衝府兵每六歲一簡。」）益耗散，宿衛不能給。宰相張說乃請一切募士宿衛。」〔註15〕這是說自唐高宗、武則天時，由於「天下久不用兵」，故府兵制開始敗壞，至唐玄宗

〔註14〕　隋煬帝大業八年（612），第一次東征高麗慘敗，號稱百萬之師的府兵損失殆盡。大業九年（613）春正月丁丑，隋煬帝準備二征高麗時，只好下詔：「徵天下兵，募民爲驍果，集於涿郡……辛卯，置折衝、果毅、武勇、雄武等郎將官，以領驍果。」（《隋書》卷四《煬帝紀下》，第 83 頁）「募民爲驍果」，就在事實上宣佈府兵制度行將退出歷史舞臺了。

〔註15〕　《新唐書》卷五○《兵志》，第 1326 頁。

時，府兵制愈壞，故宰相張說建議「請一切募士宿衛」，即以募兵製取代府兵制。《新志》此說一度成爲影響學界甚深的主流觀點，然綜考諸史所載，《新志》此說實不能成立，府兵制之破壞及其退出歷史舞臺，歸根到底在於制度本身，在於它已經不能滿足歷史發展的需要，府兵制度不能適應形勢發展的需要，至遲在唐太宗貞觀時期就已經表現出來了。〔註16〕

府兵制之落後於時代需要，原因或不止一端，但最爲主要的一個原因，在於唐朝前期的軍事活動區域廣闊，從東北（包括今朝鮮半島）一直到西北（包括今中亞腹地）的遼闊地域幾乎每年都有戰爭發生，府兵承擔著十分繁重的作戰任務。由於作戰區域廣大，府兵將士動輒要從西向東或從東到西，長途跋涉數千里。綜合考察唐朝前期的多次重大軍事活動，不難發現：成千上萬的士兵因爲戰爭而經常奔波在距離數千公里的東北、西北兩地，領兵將軍在東方戰場指揮作戰時，往往不得不同時考慮西邊某地的軍事安全。如此左支右絀，不免顧此失彼，從而陷入被動，進而直接影響到戰爭的效率。舉例言之，貞觀十九年，唐太宗決定親征高麗，以解決曾經困擾隋朝一世的東北邊防問題，臨行之前，唐太宗首先考慮的卻是西北地區的安全。爲解除東征的後顧之憂，唐太宗先行召見薛延陀使者，對其發出嚴正警告，史云：

> （貞觀）十九年，（太宗）謂其使人曰：「語爾可汗，我父子並東征高麗，汝若能寇邊者，但當來也！」（薛延陀可汗）夷男遣使致謝，復請發兵助軍，太宗答以優詔而止。其冬，太宗拔遼東諸城，破駐蹕陣，而高麗莫離支潛令靺鞨誑惑夷男，啗以厚利，夷男氣懾不敢動。」〔註17〕

儘管高麗秘密聯絡薛延陀是在唐太宗東征高麗，攻拔遼東諸城以後，但高麗和薛延陀之間的結盟行爲，理應在此之前就已經展開，因爲雙方之間的聯繫

〔註16〕 對此，前揭王永興氏曾有精緻論述，他認爲府兵制之破壞由來已久，從唐太宗時就已經開始，其根本原因在於制度本身，在於兵農合一的制度已經無法滿足時代的需要，略云：「又按：《新唐書》卷五十兵志略云：『自高宗、武后時，天下久不用兵，府兵之法浸壞，番役更代多不以時，衛士稍稍亡匿，至是益耗散，宿衛不能給。宰相張說乃請一切募士宿衛。』《新書·兵志》謂府兵制之破壞，由來已久，故曰浸壞；浸壞，逐漸敗壞也；但謂自高宗、武后時，不確，太宗時，府兵之戰鬥力已漸衰微矣。至於因天下久不用兵，府兵制乃壞，亦不確，府兵制之壞，其根本原因乃由於其制度本身之性質，即兵農合一制也。高宗、武后時亦非久爲用兵也。」（前揭氏著《唐代前期軍事史略論稿》，第77～78頁）

〔註17〕 《舊唐書》卷一九九下《北狄·鐵勒傳》，第5346頁。

決不可能是一時起意。作為一個具有戰略眼光的傑出軍事家，唐太宗當然明白，東征高麗，必須在確保後方穩固的前提下，才具有實際意義。另外，他也深知，僅憑一紙警告或口頭訓斥，其實並不足以保證薛延陀不會在東征高麗的某個時候，會趁機在自己的背後捅上一刀。職此之故，唐太宗在通過外交途徑交涉的同時，還在軍事上作出相應部署，就在他啓程東征前夕，唐太宗命令右領軍大將軍執失思力統帥麾下的突厥兵進駐夏州（治朔方，在今陝西靖邊縣白城子，此城原為十六國時期匈奴赫連勃勃所築之統萬城，唐初為雲中等府州之共同治所，係關內道北方防禦的核心城防之一），以防備薛延陀可能發動的突然襲擊。後來發生的事實表明，唐太宗未雨綢繆的安排，確實具有戰略眼光，因為就在他御駕親征，攻取遼東諸城，戰爭進入關鍵時刻之後，西北地區還是遭到薛延陀的攻擊。仍據前揭史載，略云：

> 俄而夷男卒，太宗為之舉哀。夷男少子肆葉護拔灼襲殺其兄突利失可汗而自立，是為頡利俱利薛沙多彌可汗。拔灼性褊急，馭下無恩，多所殺戮，其下不附。是時復以太宗尚在遼東，遂發兵寇夏州，將軍執失思力擊敗之，虜其眾數萬，拔灼輕騎遁去，尋為迴紇所殺，宗族殆盡。其餘眾尚五六萬，竄於西域，又諸姓俟斤遞相攻擊，各遣使歸命。
>
> （貞觀）二十年，太宗遣使江夏王（李）道宗、左衛大將軍阿史那社爾為瀚海道安撫大使；右領軍大將軍執失思力領突厥兵，代州都督薛萬徹、營州都督張儉、右驍衛大將軍契苾何力各統所部兵分道並進；太宗親幸靈州，為諸軍聲援。〔註18〕

眾所週知，唐太宗貞觀末期東征高麗，最終也以失敗告終。本來，攻拔遼東諸城以後，東征高麗已經看到了勝利的曙光，卻在最後時刻功虧一簣，從某個方面可以說，正是由於西北地區遭到了薛延陀的攻擊，易言之，正是西北邊境出現的緊急軍情，迫使唐太宗不得不調整作戰方向，回師去解決西北諸族的擾邊問題。在貞觀二十年大舉征討突厥的軍事行動中，營州都督張儉、右驍衛大將軍契苾何力等部，都是剛剛從遼東戰場撤回，又轉戰於西北地區。

再如，唐高宗龍朔元年至二年（661～662），任雅相、契苾何力、蘇定方、蕭嗣業等率三十五軍東征高麗，諸軍屢敗高麗軍隊，於龍朔元年七月包圍平壤城。隨後，諸軍又在外圍擊破高麗主力部隊，並對平壤城發起攻擊。然而，

〔註18〕《舊唐書》卷一九九下《北狄·鐵勒傳》，第5346～5347頁。

就在平壤行將攻破之時，龍朔二年（662）正月，唐軍主帥蘇定方卻因爲天降大雪而下令撤軍。〔註19〕對於此次東征高麗，平壤城將下之時卻突然撤軍，從史料記載看，似乎是因爲東征軍勞師以遠、後勤保障不力，兼之天氣惡劣（天降大雪）等因素所致，其實主要還是因爲西北邊疆遭到迴紇、同羅、僕固諸部的聯合進攻，邊境出現緊急狀態，唐高宗不得已只好從東征軍中抽調人員回師馳援。〔註20〕

以上諸多事例及邊疆形勢均表明，繼續沿用已明顯落後於時代的府兵制，不僅對全體從征將士的身心健康造成危害，更將嚴重影響到軍隊的戰鬥力，從而無法保障大唐帝國的國防安全！因此，一種新的軍事制度的出現，也就成爲唐朝統治者所必然要思考的問題！對於大唐帝國軍事制度所發生的新變革，著名歷史學家唐長孺氏曾明確指出：「蓋唐代自貞觀以來即有東西二戰線，在攻勢戰略下，使同時企圖消滅兩面之強敵，國力之不能負擔，自不待論，然則非捨西而圖東，即捨東而圖西，如是則苟非兩邊皆有足資禦敵之軍隊，自不免顧此失彼，左右支絀，因此在東線採取攻勢時，西線必須維持其安全，以免牽動，易地亦然。軍區之成立亦所以適應此種局勢，則不獨在守勢戰略時有建立軍區之必要，即採取攻勢戰略時亦必有一方面預爲布置也。」〔註21〕

唐氏所云「軍區之成立」，即爲解決府兵制不堪使用而出現的一種新軍事制度，這種新軍事制度首先要解決的，就是軍隊作戰區域不固定，士兵們經常要在廣袤萬里的疆域東西奔波，從而影響軍隊作戰效率的問題。新軍事制

〔註19〕《資治通鑒》卷二〇〇唐高宗龍朔元年（661）四月至龍朔二年（662）正月，第6324～6327頁。

〔註20〕據《資治通鑒》卷二〇〇唐高宗龍朔元年（661）十月：「回紇酋長婆閏卒，侄比粟毒代領其眾，與同羅、僕固犯邊，詔左武衛大將軍鄭仁泰爲鐵勒道行軍大總管，燕然都護劉審禮、左武衛將軍薛仁貴爲副，鴻臚卿蕭嗣業爲仙萼道行軍總管，（胡注：磧北有仙萼河。）右屯衛將軍孫仁師爲副，將兵討之。」（第6326頁）其中，仙萼道行軍總管蕭嗣業本年四月，曾隨蘇定方等東征高麗，也就是說，他是從東北戰場轉戰至西北地區。又，同卷龍朔二年三月，「以右驍衛大將軍契苾何力爲鐵勒道安撫使，左衛將軍姜恪副之，以安輯其餘眾。」（第6328頁）此役之前，契苾何力也一直在遼東征戰，龍朔二年正月蘇定方久攻平壤不下，因大雪而撤軍，契苾何力也正是在這個時候才從東北戰場撤回，而兩個月後，他又出現在西北戰場。綜合以上可知，唐太宗、唐高宗時多次東征高麗均無功而返，實與西北邊境一直受到突厥、回紇、薛延陀等族的困擾、掣肘有直接關係。

〔註21〕唐長孺撰：《山居存稿續編》，第330～331頁，北京，中華書局，2011。

度所要達到的目標，一是依據實際需要，把全國用兵之地分爲若干區域，每個區域都有相應的駐軍負責；二是改變府兵制「四方有事，則命將以出，事解輒罷，兵散於府，將歸於朝」的統兵方式，從而實現重要軍事區域駐軍的長期化和常態化。〔註22〕這兩個目標結合，就直接促成唐氏所說的「軍區之成立」，或《新志》「府兵法壞而方鎭盛」之局面的出現。

所謂「方鎭盛」即指新的兵制——節度使制的確立，節度使制（或軍區制）能夠有效解決府兵制下士兵作戰區域不固定，以及由長途調防所導致的非戰鬥性消耗，乃是一種適應新形勢下唐代軍事活動需要的新軍事制度。作爲一種新軍事制度，節度使制在實現上述兩個目標的基礎上，直接提高了軍隊的作戰效率，因爲無論是軍事行動上的分區防衛，還是軍隊駐防上的常態化和長期化，都能夠有效避免軍隊勞師以遠等無謂消耗，同時也直接強化了邊境關隘等重要防區的軍事安全。

先來看分區防衛。

實際上，作爲唐朝新軍事制度的產物，分區防衛並非全新事物，而是對唐初邊防守軍梯級防衛制度的改進和拓展。據《新唐書・兵志》云：

> 夫所謂方鎭者，節度使之兵也。原其始，起於邊將之屯防者。
>
> 唐初，兵之戍邊者，大曰軍，小曰守捉，曰城，曰鎭，而總之者曰道……此自武德至天寶以前邊防之制。
>
> 其軍、城、鎭、守捉皆有使，而道有大將一人，曰大總管，已而更曰大都督。至太宗時，行軍征討曰大總管，在其本道曰大都督。
>
> 自高宗永徽以後，都督帶使持節者，始謂之節度使，然猶未以名官。
>
> 景雲二年，以賀拔延嗣爲涼州都督、河西節度使。自此而後，接乎開元，朔方、隴右、河東、河西諸鎭，皆置節度使。〔註23〕

唐初領兵制實行的是行軍總管制，邊防守衛採用「道——軍——守捉（城、鎭）」三級防衛體系，軍、鎭、城、守捉的軍事長官均稱「某某使」，「道」的軍事

〔註22〕 孫繼民氏在《唐代行軍制度研究》（臺北，文津出版社，1995。）一書中指出：唐朝前期軍事活動主要採用「行軍」的方式，即某地出現動亂需要出兵征討，即臨時任命將帥帶領從各地徵調來的府兵前往，戰爭結束，士兵即遣歸原軍府，將帥之領兵權亦隨而告終，此即《新唐書・兵志》所云「若四方有事，則命將以出，事解輒罷，兵散於府，將歸於朝。」可見，行軍制度正是與府兵制相配合的一種領兵制度，行軍制度的最大問題，在於府兵沒有固定作戰區域，士兵隨時可能因爲戰爭的需要而被徵調到任一地方。

〔註23〕 《新唐書》卷五○《兵志》，第1328～1329頁。

長官稱大總管或大都督。遇到軍事任務，就臨時任命一個大總管或大都督，以負其責，軍事任務結束，領兵將帥的軍權也就隨而消失，因此無論大總管還是大都督，實際上都具有臨時差遣的性質。軍、城、鎮、守捉的軍事長官雖然因為駐屯的緣故，軍事職務相對固定一些，但並非絕對，因為府兵由中央兵部直接調遣和分配任務，軍隊正常情況下並不能長期駐守一地。易言之，行軍總管制度下的邊防軍，實際並無固定防區，隨時可能因為軍事需要而趕赴異地作戰。

節度使制下的軍事防衛也是梯級指揮結構，這是與行軍總管制相似之處，節度使轄區作為一個大的軍事防區，其下設置若干軍、城、鎮、守捉，也採用「節度使──軍──守捉（城、鎮）」的梯級指揮層次。但節度使制與行軍總管制畢竟有著本質性差異，最根本的區別就是士兵的作戰區域與府兵不同。作為節度使下轄的一級作戰單位，軍、城、鎮或守捉固然也要隨時聽命於節度使的指揮調遣，但畢竟各軍、城、鎮或守捉都有相對固定防區，即使奉上級調遣，多數情況下也只在本節度使防區內執行作戰任務，一般不會出現唐初府兵從東北到西北那樣長距離、大跨度的軍事調防。

再說駐軍的長期化和常態化。

事實上，駐軍的長期化、常態化與分區防衛有著一體兩面的聯動關係，從某種意義上說，駐軍長期化與常態化，乃是分區防衛的必然結果，因為分區防衛的首要條件就是軍隊能夠長期駐紮某地。以節度使統兵的新軍事制度與府兵制的最大區別，即在於改變唐初府兵「兵農合一」的制度，而為兵農分離，從而促使軍隊朝著職業化的方向邁進。從徵兵方式看，「兵農合一」的府兵制是徵兵服役制，士兵的身份較為特殊，呈現「戰時為兵，平時為民」的特點，府兵所服兵役是一種帶有強制性的義務；節度使制下的「募兵制」則採用招募的方式，實現了兵農分離，強制性大大減輕，而且士兵不需要從事農業生產，而專以戍邊偵防為職業，軍需物資均由政府供給，士兵與國家之間實際上存在某種「契約」關係。可以說，正是由於士兵已擺脫農業勞動者的身份，並呈職業化趨勢，就使得軍隊長期駐防某地具有了可行性。

另外，我們還必須注意，駐軍的長期化和常態化還強化了士兵與主帥之間的關係，和府兵制「兵散於府，將歸於朝」的領兵方式不同，節度使因為長期領兵，更易和士兵建立密切關係，主帥對軍隊的指揮也因之更加得心應手，這對於提高軍隊的戰鬥力和戰爭效率，自然有積極意義。

　　總之，作為一種新軍事制度，節度使制取代府兵制符合歷史發展潮流，它是應大唐帝國軍事活動發生變化的時代形勢而出現的。作為一種新的軍事制度，節度使制區別於府兵制的最大特點，就在於實現了軍事守衛的區域化和駐軍的長期化、常態化，與此特點相適應，在兵力配置上首先要分出輕重主次，按照各邊疆防區軍事戰略地位的特點及重要程度對全國軍事力量進行合理配置。唐玄宗開元二十一年的軍事佈防形勢，其重心落在西北、東北，特別是落在西北地區，應該說就是府兵制已經破壞，實行節度使制之後的國家軍事力量進行重新配置的結果，因為自隋朝以來的軍事活動，尤其是唐初的一系列戰爭，無不表明：西北、東北兩地乃是國家軍事防衛的重點，西北更是軍事防衛的重中之重，以分區防衛為基礎的節度使制，顯然更能適應已經發生重大變化的邊防形勢之需要。

三、唐朝前期軍事活動與三節度使地位之形成

　　河西、隴右、朔方三節度使地位重要性之形成，除上述國家戰略、歷史傳承、制度變革等層面的原因之外，更是唐朝前期（開元二十一年以前）軍事活動的直接結果。

　　首先需要說明的是，本文所要分析的唐朝前期軍事活動，不包括為實現統一所進行的平叛戰爭，而是事關唐朝國家邊防安全，特別是發生在唐朝與周邊諸少數民族政權之間的戰爭。茲據史籍所載，將開元二十一年以前唐與周邊諸族之間的主要戰爭，表列如下（表六：開元二十一年以前唐與周邊諸族主要戰爭簡況表）：

表六：開元二十一年以前唐與周邊諸族主要戰爭簡況表

戰役名稱 （作戰對象）	時　　間	唐軍主要將領	戰略目標
淺水源之戰	武德元/617 年 7～11 月	李世民	鞏固關中
稽胡侵擾唐邊境之戰	武德四/621 年	李建成、段德操、劉旻	保衛關中
突厥侵擾唐邊境之戰	武德四/621 年 3～9 月	王集、李大恩、王孝基、竇琮、尉遲恭	保衛邊疆
唐與突厥新城之戰	武德五/622 年 4 月	李大恩、李高遷	保衛河東地區

唐與突厥汾東之戰	武德五/622 年	李建成、李世民、李子和、段德操	保衛北方邊疆
唐擊吐谷渾洮岷之戰	武德六/623 年 4 月	柴紹	保衛西北邊疆
突厥攻唐馬邑之戰	武德六/623 年 6～8 月	高滿政、李高遷、劉世讓	保衛邊疆安全
突厥攻幽州之役	武德六/623 年 5～9 月	突地稽	保衛東北邊疆
唐與突厥幽州之戰	武德七/624 年 8 月	李世民	保衛關中安全
平定始州獠人反叛	武德七/624 年 2～5 月	竇規、李鳳	保衛西南地區
平定瀧州獠人反叛	武德七/624 年六月	李光度	保衛西南地區
突厥攻靈州、并州之戰	武德八/625 年 6～8 月	蘭彗、李世民、李靖、任瓌、張瑾、李高遷、李道宗	保衛河東地區
對吐谷渾疊、岷州之戰	武德八/625 年 10～11 月	蔣善和	保衛西北邊疆
唐與突厥涇陽之戰	武德九/626 年 8 月	李世民、尉遲敬德	保衛京師、關中
吐谷渾、党項擾邊之戰	武德九/626 年 3～8 月		
磧口之戰	貞觀三～四年（629～630）	李靖、李世勣、柴紹、薛萬徹	徹底擊垮突厥
唐擊吐谷渾涼州之戰	貞觀九/635 年	李靖、侯君集、李道宗、薛萬均、李大亮、執失思力、契苾何力	保衛隴右道、西域通道
唐擊吐蕃松州之戰	貞觀十二/638 年 7～9 月	侯君集、牛進達	保衛西南邊境
唐攻高昌之戰	貞觀十四/640 年	侯君集、契苾何力	有效控制西域
唐擊薛延陀朔州之戰	貞觀十五/641 年	李世勣、薛萬徹	保衛漠南及突厥降眾
唐攻西突厥伊州之戰	貞觀十六/642 年	郭孝恪	捍衛西域領土
唐攻焉耆之戰	貞觀十八/644 年	郭孝恪	捍衛唐在西域利益

唐一攻高麗之戰	貞觀十九/645 年	張儉、張亮、李世勣、李道宗、契苾何力	保衛東北邊境
唐滅薛延陀之戰	貞觀二十/646 年	李道宗、執失思力、契苾何力、薛萬徹、李世勣	解決西北邊防隱患
唐攻擾高麗之戰	貞觀二十一/647 年	牛進達、李世勣	爲進攻高麗作準備
唐擊龜茲之戰	貞觀二十二/648 年	阿史那社爾、契苾何力、郭孝恪、韓威、曹繼叔、薛萬徹、蘇海政	捍衛唐在西域利益
唐擊松外蠻之戰	貞觀二十二/648 年 4～11 月	劉伯英、梁建方	打通西南地區通道，保障西南地區安全
薛萬徹渡海攻高麗	貞觀二十二/648 年	薛萬徹、裴行方、古神感	爲全面進攻作準備
王玄策攻中天竺之戰	貞觀二十二/648 年 5 月	王玄策	維護唐朝外交權益
唐破西突厥牢山之戰	永徽二/651 至三/652 年	梁建方、契苾何力、高德逸、薛孤、吳仁	滅西突厥前哨戰
平定郎州白水蠻之戰	永徽二/651 年 10 月	趙孝祖	穩定西南地區形勢
趙孝祖破西南蠻之戰	永徽三/652 年 4 月	趙孝祖	穩定西南地區形勢
程名振攻高麗之戰	永徽六/655 年 1～5 月	程名振、蘇定方	救援新羅，疲敵之師
唐擊西突厥榆慕谷之戰	顯慶元/656 年 8 月	程知節、周智度	滅西突厥之前哨戰
唐滅西突厥之戰	顯慶二/657 年	蘇定方	綏靖西域
唐擊高麗赤烽鎮之戰	顯慶三/658 年 6 月	程名振、薛仁貴	疲敵之師
唐擊疏勒等三國之戰	顯慶四/659 年 11 月	蘇定方	維護唐在西域利益
唐滅百濟之戰	顯慶五/660 年 3～8 月	蘇定方	救援新羅，準備攻高麗
唐二攻高麗之戰	龍朔元至二/661～662 年	任雅相、契苾何力、蘇定方、蕭嗣業、龐孝泰	確保東北邊防

唐擊鐵勒之戰	龍朔二/662 年	鄭仁泰、劉審禮、薛仁貴、蕭嗣業、孫仁師、契苾何力、姜恪	穩定西北地區形勢
唐攻百濟白江口之戰	龍朔三/663 年	劉仁願、劉仁軌、孫仁師	爲攻滅高麗做準備
唐滅高麗之戰	總章元/668 年	契苾何力、龐同善、高侃、李世勣、郭待封、薛仁貴	保障東北邊防
唐擊吐蕃大非川之戰	咸亨元/670 年	郭待封、薛仁貴	維護唐在西北權益
唐攻新羅之戰	上元元/674 年 1～2 月	李謹行、劉仁軌	確保對高麗的控制
唐攻吐蕃青海之戰	儀鳳三/678 年 9 月	李敬玄、劉審禮	保衛西北地區
突厥反唐之戰	調露元/679 年 10 月	蕭嗣業、周道務、裴行儉	保衛北方邊境
唐擊吐蕃河源之戰	永隆元/680 年 7 月	黑齒常之	保衛西北地區
唐攻突厥雲中之戰	開耀元/681 年 3～閏 7 月	裴行儉、曹懷舜、李文暕	保衛北方邊境
唐擊突厥熱海之戰	永淳元/682 年夏	王方翼	維護唐在西域權益
唐擊吐蕃河源之戰	永淳元/682 年 10 月	婁師德、李孝逸	維護西北地區安全
唐擊突厥雲州之戰	永淳元/682 年	薛仁貴	保衛北方邊防安全
唐擊突厥黃花堆之戰	垂拱三/687 年 2～7 月	黑齒常之	保衛北方邊防安全
唐追擊突厥被殺之役	垂拱三/687 年 10 月	爨寶壁	徹底擊潰突厥餘部
唐擊吐蕃寅識迦河之戰	永昌元/689 年 5～8 月	韋待價、閻溫古	保衛西北地區
唐恢復四鎮龜茲之戰	長壽元/692 年 10 月	王孝傑、阿史那忠節	維護在西域利益
唐擊吐蕃突厥聯軍之戰	延載元/694 年 2 月	王孝傑、韓思忠	維護安西四鎮
吐蕃破唐軍洮州之戰	萬歲通天元/696 年	王孝傑、婁師德	維護西北地區

唐擊契丹硤石谷之戰	萬歲通天元/696 年	曹仁師、張玄遇、麻仁節、王孝傑、蘇宏暉	保衛東北邊防
唐與突厥合擊契丹之戰	神功元/697 年	武懿宗、婁師德、楊玄基、張九節	保衛東北邊防
唐與突厥趙州之戰	聖曆元/698 年 8 月	狄仁傑	保衛北方邊防
唐破吐蕃港源谷之戰	久視元/700 年 7 月	唐休璟	保衛西北邊境
突厥擾鹽、夏、并、代、忻州之役	長安二/702 年 1～7 月	薛季昶、張仁願、李旦	保衛北方邊境
唐與吐蕃茂州之戰	長安二/702 年 10 月	陳大慈	保衛劍南道
突厥攻靈州之戰	神龍二/706 年 12 月	沙吒忠義	保衛西北邊防
突騎施擊唐火燒城之戰	景龍二/708 年	牛師獎	
唐擊奚冷陘之戰	延和元/712 年 6 月	孫佺、李楷洛	收復營州
唐擊西突厥碎葉之戰	開元二/714 年 3 月	阿史那獻	穩定西域形勢
唐擊契丹灤水之戰	開元二/714 年 7 月	薛訥、崔宣道、杜賓客	復置營州，控制東北
唐擊吐蕃武街之戰	開元二/714 年 10 月	薛訥、王晙、王海賓	保衛西北邊境
唐破吐蕃松州之戰	開元四/716 年 2 月	孫仁獻	保衛劍南道
唐擊突厥呼延谷之戰	開元四/716 年 10 月	薛訥、王晙	
突厥擊拔悉密、唐聯軍甘涼之戰	開元八/720 年	楊敬述	保衛河西地區
唐擊破突厥麟州之戰	開元九/721 年	王晙、張說、郭知運、王毛仲、阿史那獻	保衛京師北部
唐擊安南之戰	開元十/722 年	楊思勖	保衛嶺南地區
唐救小勃律之戰	開元十/722 年 8 月	張思禮	維護西域地區

獠族梁大海反唐之戰	開元十四/726 年	楊思勖	安定西南地區形勢
唐擊吐蕃青海之戰	開元十五至十六/727～728 年	王君㚟、趙頤貞、張守珪、蕭嵩、張忠亮、杜賓客	保衛西北地區
平定獠族反唐之戰	開元十六/728 年	楊思勖	保衛嶺南地區
唐攻西南蠻之戰	開元十七/729 年 2 月	張守素	
唐攻吐蕃大同軍之戰	開元十節/729 年 3 月	張守珪、賈師順	保衛隴右道
唐破吐蕃石堡城之戰	開元十七/729 年	李禕	取得防禦吐蕃主動權
唐擊奚、契丹之戰	開元二十/732 年	李禕、裴耀卿、趙含章	保衛東北地區
唐擊靺鞨之戰	開元二十至二十一/732～733 年	葛福順、大門藝	
唐擊契丹都山之戰	開元二十一/733 年閏 3 月	郭英傑	保衛東北地區

說明：本表資料主要參考《中國軍事史》編寫組編：《中國軍事史》附卷《歷代戰爭年表（上）》，北京，解放軍出版社，1985 並參考兩《唐書》、《資治通鑑》。

「表六」所載為唐高祖武德元年至唐玄宗開元二十一年（618～733），唐與周邊諸族之間發生的主要戰爭，共 84 次。其中 11 次發生於西南、東南或內地（今貴州、廣西、雲南等），占總數的 13%，餘者 73 次均發生於從東北到西北的廣大北方邊境，占 87%。在發生於北方邊境地區的 73 次戰爭中，其中發生於東北邊境地區的有 18 次，占總數的 21%；其餘 55 次均發生於沿黃河河曲的北方及西北邊境地區，占總數的 65%。〔註 24〕由此可見，西北地區成為唐朝與周諸之間發生戰爭最多的地區，嚴峻的戰爭形勢決定了唐朝必然要在這個地區佈防重兵。

就具體民族來說，對唐朝邊防構成重大威脅者，主要也是北方民族，如

〔註 24〕 所謂東北、北方、西北只是大致上的區分，唐代所謂東北地區，我們大致以幽州（治今北京）為界，凡幽州以東（包括今河北中北部）的地區，我們稱之為東北；以黃河河曲今內蒙古河套以西，至今新疆、西藏一帶統統劃為西北地區，在河套與幽州之間大致沿黃河、長城一線的東西向地區為北方邊防線。這條北方防線一直是隋唐時期最重要的邊防線，唐與周邊諸族之間的戰爭，絕大多數圍繞這條防線展開。

突厥、薛延陀、契丹、奚、高麗、党項、吐蕃等，它們先後活躍於廣大北方邊境地區，不時騷擾唐王朝邊境地區的安全。尤其要指出的是，吐蕃作爲起源於青藏高原的一股新興少數民族勢力，大概從唐高宗咸亨（670～673）以後，逐漸成爲唐朝西北邊境最危險的敵人。徵諸史載，大約從吐蕃興起以後，東北邊境的緊張局勢稍爲和緩，因爲自總章（668～670）年間高麗敗亡之後，奚、契丹等東北民族也對唐王朝表示出恭敬的態度，因此，唐朝在邊境上所受到的主要威脅開始變成吐蕃，邊境防衛的重心也就隨之轉移到西北。〔註25〕

從宏觀上看，唐朝與周邊諸族的戰爭中對唐帝國影響最大者，莫過於吐蕃。正是與吐蕃之間長期而艱苦的軍事鬥爭，直接影響到唐朝軍事制度的變革，陳寅恪氏曾經指出：「吐蕃強盛之久，爲與唐代接觸諸外族之所不及，其疆土又延包中國西北之邊境，故不能不有長期久戍之『長征健兒』，而非從事農業之更番衛士所得勝任。然則鄴侯家傳所述可謂一語破的，此吐蕃之強盛所給予唐代中國內政上之最大影響也。」〔註26〕徵諸史籍，陳氏所論不虛，吐蕃的確是影響大唐帝國內政最甚之民族。自唐高宗顯慶四年（659），唐朝與吐蕃在河源第一次交兵，到唐穆宗長慶元年（821）雙方之間舉行「長慶會盟」，唐蕃戰爭歷時長達162年之久，從時間延續性來看，超過一個半世紀不可謂不長；從戰爭地域來看，唐蕃雙方在安西、磧西、河西、隴右、劍南近萬里的弧形戰線上均曾兵鋒對峙，地域廣闊空前，但是也有重點交兵區域，雙方的戰事多數發生在河湟地區；從戰爭規模來看，唐蕃雙方在戰爭中均投入了龐大的兵力，物資消耗巨大均非其他諸族可比。

吐蕃與唐朝的長期軍事抗衡，直接影響到唐朝在西北地區的軍事佈防。唐蕃之間雖然戰線漫長，但有幾個相對集中的區域，其中河西、隴右地區是雙方爭奪最爲激烈的地區，戰爭的焦點地區則是位於這個區域的河曲、河源（或稱河湟地區，主要包括今青海黃河河曲、湟水流域），這裏本是吐谷渾故地，適宜放牧，多產良馬。對於唐朝來說，河湟不僅是河西、隴右的戰略屏障，而且是天然牧場，唐朝最重要的軍馬繁育基地建在隴右地區即是因此；從吐蕃一方而言，

〔註25〕 按，吐蕃之困擾唐朝邊境，不僅局限於西北，其西南地區即今之四川及雲南部分地區，亦經常遭到吐蕃的軍事襲擾，本文因爲重在考察河西、隴右、朔方三節度使之軍事地位及戰略協作關係，故而分析唐蕃關係時，著眼於雙方在西北邊疆的爭戰關係。

〔註26〕 前揭《唐代政治史述論稿》下篇《外族盛衰之連環性及外患與內政之關係》，第152頁。

控制河湟，就意味著擁有了進一步東出的孔道和集結地，從而可以更加便捷地進出唐朝的河西、隴右地區。因此，河湟一帶就成爲唐蕃雙方都要極力爭奪、控制的地區，雙方在這一帶進行的戰爭也就格外激烈頻繁。

從戰爭的勝負情況來看，前期唐軍每每失利，主要因爲吐蕃以騎兵爲主，他們深入唐境擄掠即迅速撤回，唐軍被動追擊後往往饋運不繼，吐蕃利用騎兵速度上的優勢迅速集結收縮包圍，從而將深入蕃境的唐軍聚殲。戰爭中的屢次被動局面，迫使唐朝必須改變已有的戰略戰術，唐軍開始在邊境修築城堡，並在附近大力發展屯田，作長期持久的固守，對於前來騷擾的吐蕃騎兵，少則出兵擊之，多則閉關待敵。這樣一來，唐軍不僅逐漸扭轉了在戰爭中的劣勢，一種新的軍事制度也在戰爭實踐中誕生了，這種新軍事制度就是軍鎮的創建。

有史實表明，唐朝邊境地區軍鎮的設置，就是始於隴右、河西一帶。目前史料中所見最早的軍鎮，爲洮州的莫門軍和廓州的積石軍，創置時間均爲唐高宗儀鳳二年（677），稍晚一些的則有儀鳳三年（678）創立於鄯州的河源軍。〔註27〕從軍事構成來看，這三個軍鎮均隸屬隴右節度使，其作戰對象則主要是吐蕃，據此我們可以得出結論：唐朝在隴右、河西地區設置軍鎮，其直接動因應當就是爲了加強對吐蕃的軍事鬥爭。

又據諸史載，儀鳳三年（678）九月唐高宗曾主持召開御前會議，專門商討如何應對吐蕃軍事侵擾的問題：

> （儀鳳）三年九月，帝以吐蕃爲患，召侍臣問：「吐蕃小醜，屢犯邊塞，我比務在安輯，未即誅夷，而戎狄豺狼，不識恩造，置之則疆場日駭，圖之又未聞上策。宜論得失，各盡所懷。」給事中劉景先奏曰：「攻之則兵威未足，鎮之則國力有餘，宜撫養士卒，守禦邊境。」中書舍人郭正一曰：「吐蕃作梗，年歲已深，興師不絕，非無勞費，近討則徒損兵威，深入則未傾巢穴。臣望少發兵募，且遣備邊，明立烽候，勿令侵掠。待國用豐足，即一舉而滅之矣。」給事中皇甫文亮曰：「且令大將鎮撫，蓄養將士，良吏營田，以救糧儲，

〔註27〕《新唐書》卷四〇《地理志四》「隴右道‧鄯州西平郡‧鄯城」條下注：「儀鳳三年置。有土樓山。有河源軍，西六十里有臨蕃城，又西六十里有白水軍、綏戎城……」（第1041頁）同卷「洮州臨洮郡」條下注：「……有莫門軍，儀鳳二年置。」同卷「廓州寧塞郡‧達化縣」條下注：「西有積石軍，本靖邊鎮，儀鳳二年爲軍。」（第1043頁）

必待足食，方可一舉而取之。」帝曰：「朕生於深宮，未嘗躬擐甲冑，親踐戎行。宿將舊人，多從物故。自非授戈俊傑，安能克滅凶渠？海東二蕃，往雖旅拒，高麗不敢渡遼水，百濟未敢越滄波。往者頻歲遣兵，靡費中國，事雖已往，我亦悔之。今吐蕃侵我邊境，事不得已，須善謀之。」中書舍人劉禕之對曰：「臣觀自古聖主明君，皆有夷狄為梗。吐蕃時擾邊隅，有同禽獸，得其土地，不可攸居，被其馮陵，未足為恥。願戢萬乘之威，寬萬姓之役。」給事中楊思徵曰：「聖人御物，貴在從時，今凶奴陸梁，邊夷桀黠，弗能懷德，未肯畏威，和好之謀，臣謂非便。」帝曰：「此賊驕狠，未識恩威，罪跡貫盈，方當就擒，和好灼然未可。」中書侍郎薛元超曰：「臣以為敵不可縱，縱敵則患生，防邊則卒老，不如料揀士卒，一舉滅之。」帝顧黃門侍郎來嘗曰：「自李勣亡後，實無好將。當今唯以張虔助等差為優耳。」嘗奏曰：「昨者洮河兵馬足堪制敵，但為諸將等失於部分，遂無成功。當今更無好將，誠如聖旨。」竟議不定，乃賜食而遣之。

　　是年以吐蕃犯塞，洮州人魏眞宰詣闕上封事，曰：「臣聞理天下之柄有二事焉，文與武也。然則文武之道，雖有二門，至於制勝御人，共歸一揆……」帝覽而善之，授秘書省正字，令直中書省，仗內供奉。〔註28〕

此事載於《冊府元龜》卷九九一《外臣部》「備禦」門，根據所載內容可知，唐高宗所以召開此次御前會議，乃是因為儀鳳（676～678）年間年吐蕃頻頻犯邊，李敬玄、劉審禮西征失利以後，河隴地區陷入空前危機。唐高宗所主持的這次主要由中書、門下兩省「侍臣」人員參加的御前會議，中心議題為商討對吐蕃的和戰問題。《冊府元龜》如此詳細記載此次御前會議的商討意見，足見文章選編者對於此事的重視，編選者所以如此重視這篇「封事」及因此而召開的御前會議，大概主要是由於編選者所處的北宋時期，西北邊境也正面臨著西夏的困擾，北宋西北地區的「備禦」任務也十分艱巨的緣故，可謂於我心有戚戚焉。

　　在記述此次御前會議完畢之後，《冊府元龜》的選編者還不惜筆墨，將魏元忠儀鳳三年所上封事詳細列出。按，《冊府元龜》所言魏眞宰，即魏元忠，

〔註28〕　《冊府元龜》卷九九一《外臣部・備禦四》，第 11643 頁上欄至 11646 頁上欄。

魏氏所上封事,《舊唐書·魏元忠傳》亦有全文記述。〔註29〕魏元忠所上長篇「封事」,極力闡述歷代禦邊之策,希望唐高宗能夠選派良將,加強在西北邊陲的防禦力量,重點則是如何應對吐蕃的進犯。綜合此次御前會議諸臣所論、魏元忠所上「封事」以及唐高宗對魏元忠的賞識,可以直觀地瞭解到,吐蕃確實已經成爲其時大唐帝國西北地區最大的邊患製造者,同時也有助於我們瞭解唐高宗希望臣僚們盡快拿出切實可行之應對策略的迫切心情。

此次由唐高宗親自主持之御前公卿集議,《資治通鑑》繫於儀鳳三年九月丙寅(即九月十二日)之後,也就是在李敬玄率 18 萬大軍慘敗於唐蕃青海之戰以後。〔註30〕河源軍究竟設置於此次御前會議之前,抑或是之後?

對於儀鳳三年唐蕃青海之戰,《舊唐書·高宗紀》亦有記載:儀鳳三年九月丙寅,「洮河道行軍大總管·中書令李敬玄、左衛大將軍劉審禮等與吐蕃戰于青海之上,王師敗績,審禮被俘。上以蕃寇爲爲患,問計於侍臣中書舍人郭正一等,咸以備邊不深討爲上策。」〔註31〕從中可知:1. 此次御前會議,正是在李敬玄、劉審禮西征吐蕃,唐軍在青海之戰敗績之後;2. 李敬玄是以「洮河道行軍大總管」的身份領兵出征。我們要討論的是上述第二個問題,即在儀鳳三年九月的青海之戰中,李敬玄既然仍是以「洮河道行軍大總管」的身份主持軍事,那就表明其時唐軍使用的還是行軍總管制度。於是問題就出現了,這是否意味著其時「河源軍」尚未成立呢?恐怕不好這麼說,儘管李敬玄還是以行軍大總管的身份領兵出征,但並不是說「河源軍」就一定沒有成立。何以言之?

從全局的角度看,儀鳳三年九月的唐蕃青海之戰,確實是以唐軍慘敗收場,但具體到局部戰鬥來說,唐軍也不無收穫。據諸史籍所載,在青海之戰的過程中,左領軍員外將軍黑齒常之曾夜率敢死隊襲擊吐蕃軍營,從而使得

〔註29〕《舊唐書》卷九二《魏元忠傳》:「魏元忠,宋州宋城人也。本名眞宰,以避則天母號改焉……儀鳳中,吐蕃頻犯塞,元忠赴洛陽上封事,言命將用兵之工拙……帝甚歎異之,授秘書省正字,令直中書省,仗內供奉。尋除監察御史。」(第2945～2951頁)

〔註30〕據《資治通鑑》卷二○二唐高宗儀鳳三年(678)九月:「丙寅,李敬玄將兵十八萬與吐蕃將論欽陵戰於青海之上,兵敗……上以吐蕃爲憂,悉召侍臣謀之,或欲和親以息民;或欲嚴設守備,俟公私富實而討之;或欲亟發兵擊之。議竟不決,賜食而遣之。」(第6385～6386頁)儀鳳三年九月乙卯朔,丙寅爲十二日。

〔註31〕《舊唐書》卷五《高宗紀下》,第103～104頁。

主帥李敬玄能夠收聚餘眾返回鄯州，也算是大敗中的小勝。〔註 32〕事後，唐高宗「嘉黑齒常之之功，擢拜左武衛將軍，充河源軍副使。」〔註 33〕黑齒常之被任命為「河源軍副使」的時間，是在青海之戰以後，而在御前會議召開之前。如果《資治通鑑》的記載準確，那麼，河源軍之設置，當在儀鳳三年九月丙寅李敬玄河源戰敗之前。這裏需要解釋的是，唐高宗為何要在青海之戰敗後，召開御前會議以討論吐蕃擾邊問題？其中原因之一，有沒有可能是他對軍鎮的作用產生了疑問？我的意見是，作為一種新軍事制度，軍鎮創置的時間畢竟不長，其在防禦吐蕃侵擾方面的軍事優勢一時還未能發揮出來，因此在面對青海之戰慘敗的嚴酷現實面前，唐高宗產生疑惑自屬正常。

作為一種新軍事制度，軍鎮制度的優勢隨著時間的推移而逐漸呈現，不僅有效防禦了吐蕃的侵擾，制度本身也有了進一步發展。由軍鎮進一步發展而成的，就是我們熟知的節度使制度，節度使是軍鎮之上更高一級的軍事組織。史籍明確記載的第一個節度使出現的時間，是在唐睿宗景雲二年（711），「以賀拔延嗣為涼州都督、河西節度使」。儘管此前節度使的名稱已經出現，但與景雲二年賀拔延嗣出任的節度使，在意義、身份等方面均不相同。在此之前節度使還不是列入國家職官體系的正式官職名稱，在此之後，節度使正式成為大唐帝國地方最高軍事長官，而且隨時間流轉，節度使設置的地域範圍也不斷擴大，由河西、隴右局部地區而擴展至全國各地。〔註 34〕至於節度

〔註 32〕 據《資治通鑑》卷二○二唐高宗儀鳳三年（678）九月：李敬玄兵敗，劉審禮被吐蕃俘虜，「時審禮將前軍深入，頓于濠所，為虜所攻，敬玄懦怯，按兵不救。聞審禮戰沒，狼狽還走，頓于承風嶺，阻泥溝以自固，虜屯兵高岡以壓之。左領軍員外將軍黑齒常之，夜帥敢死之士五百人襲擊虜營，虜眾潰亂，其將跋地設引兵遁去，敬玄乃收餘眾還鄯州。」（第 6385 頁）

〔註 33〕 《資治通鑑》卷二○二唐高宗儀鳳三年（678）九月，第 6386 頁。

〔註 34〕 據《新唐書》卷五○《兵志》：「自高宗永徽以後，都督帶使持節者，始謂之節度使，然猶未以名官。景雲二年，以賀拔延嗣為涼州都督、河西節度使。自此而後，接乎開元，朔方、隴右、河東、河西諸鎮，皆置節度使。」（第 1329 頁）《新志》言節度使一名之出現，是在唐高宗永徽（650～655）以後，而未言具體時間。不過，關於節度使之名出現的時間，司馬溫公有不同說法，他認為節度使之名始於唐睿宗景雲元年（710）十月丁酉（即十二月二十日）薛訥出任幽州鎮守經略節度大使，據《資治通鑑》卷二一○唐睿宗景雲元年十月：「丁酉，以幽州鎮守經略節度大使薛訥為左武衛大將軍兼幽州都督。節度使之名自訥始。」對此，司馬溫公在《通鑑考異》中有一段長長的考證，據胡注引《考異》云：「《統記》：『景雲二年，四月，以賀拔延秀為河西節度使，節度之名自此始。』《會要》云：『景雲二年，賀拔延嗣為涼州都督，充河西節度，始

使的職權範圍，後來又從單純的軍事領域，發展爲兼管政治、民政等一切軍政要務，則是超出本文探討範圍的另外一個問題了。

要言之，隨著吐蕃的興起和強盛，大唐帝國自西南至西北漫長的邊境線，從此軍事衝突不斷，可謂戰火連綿。就吐蕃對大唐帝國邊疆所造成的困擾來看，西北邊境所受影響最大，唐蕃戰爭主要是在今甘肅、青海、寧夏一帶展開，這就意味著，西北地區已經成爲大唐帝國最主要的戰場。既然西北地區戰爭最激烈持久，那麼這一帶軍力佈防最爲雄厚，自然也就順理成章。不過，這裏需要強調指出的是，以河西、隴右、朔方三節度使共同組成的西北軍事防線，並不是一下子就形成的，而是經歷了一個較長的歷史過程，它是唐朝前期在西北地區軍事活動的結果，對於這個問題，我將另外撰文探討。

有節度之號。』又云：『范陽節度自先天二年始除甄道一。』《新表》：『景雲元年置河西諸軍州節度、支度、營田大使。』按訥先已爲節度大使，則節度之名不始於延嗣也。今從《太上皇實錄》。是後天寶緣邊御戎之地，置八節度使，其任愈重。受命之日，賜雙旌、雙節，得以專制軍事。行則建節，樹六纛，入境，州縣築節樓，迎以鼓角，衙仗居前，旌幢居中，大將鳴珂，金鉦、鼓角居後，州縣齎印迎于道左。又唐之制，有節度大使、副大使、節度使；其親王領節度大使而不出閤，則在鎮知節度者爲副大使；其異姓爲節度使者有節度副使。至後唐開成二年七月敕：『項因本朝親王遙領方鎮，其在鎮者，遂云副大使知節度事，但年代已深，相沿未改。今天下侯伯並正節旄，其未落副大使者，衹言節度使。』」（第6656頁）

在節度使之名出現時間的問題上，前揭王永興氏認可司馬溫公的看法，略云：「節度使制之完整制度之實行，《通鑑》雖置於景雲元年之末，但此制度最重要者爲節度使之名則始於景雲元年十月，此司馬溫公之創新卓識，自應從之。」（前揭氏著《唐代前期軍事史略論稿》，第101頁）節度使之名，究竟始於景雲元年薛訥出任幽州節度使，抑或始於景雲二年賀拔延嗣出任河西節度使？容或見仁見智。但無論是哪一年，均與《新志》「高宗永徽以後」並不矛盾，我的理解是：節度使的名稱出現較早，凡唐高宗永徽以後地方都督帶使持節者，均可稱爲「節度使」，所以名此，乃是因爲他們皆屬臨時性「持節」統馭地方，使職差遣的色彩比較濃厚，而薛訥或賀拔延嗣所任之節度使，使職差遣的色彩已經大爲淡化，開始成爲列入國家正式職官體系、固定的地方軍事主官了。